とりはずして使える

MAP

付録 街歩き地図
函館・津軽
弘前・青森・白神山地

切り取り線

許可なく転載、複製することを禁じます

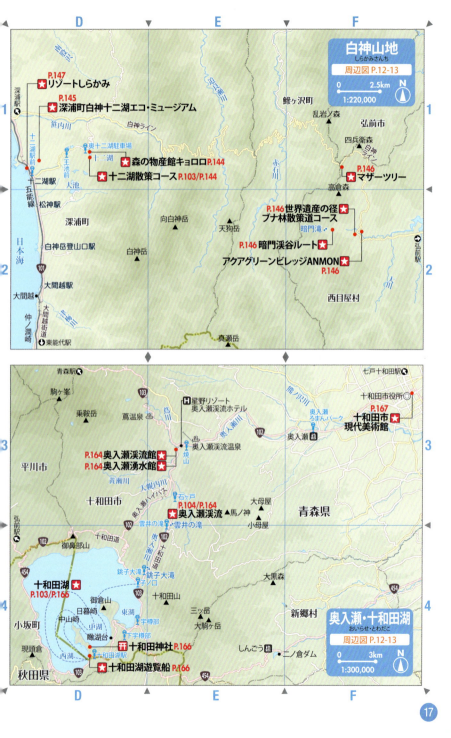

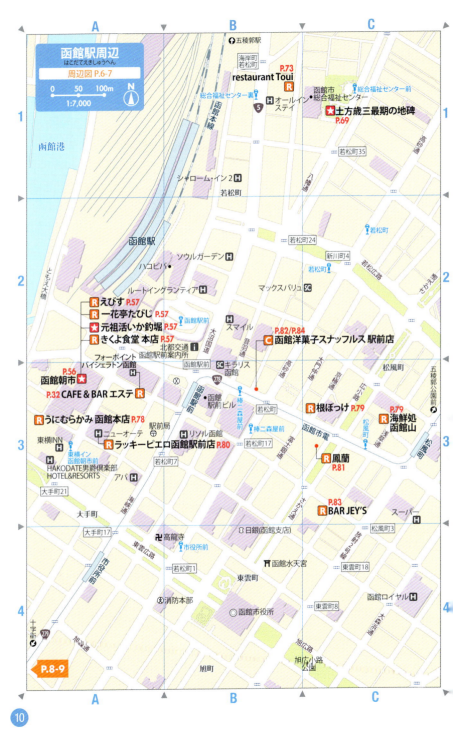

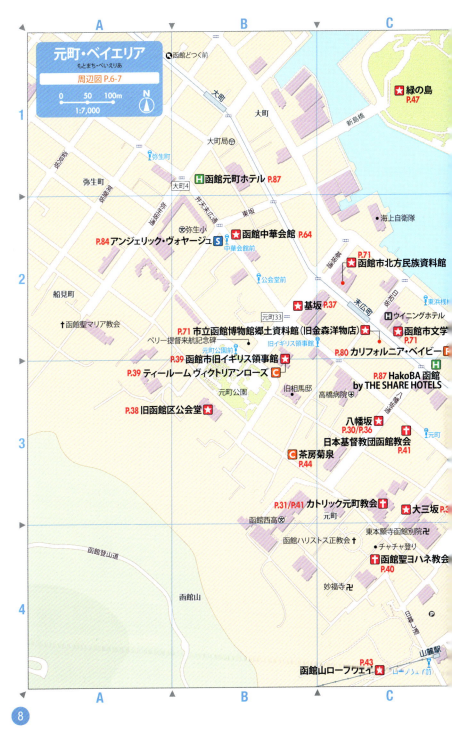

MAP

付録 街歩き地図

函館・津軽
弘前・青森・白神山地

道南広域図 ……… 2
函館市広域図 ……… 4
湯の川温泉 ……… 5
函館市中心部 ……… 6
元町・ベイエリア ……… 8
函館駅周辺 ……… 10
五稜郭周辺 ……… 11
青森広域図／奥津軽 ……… 12
弘前 ……… 14
五所川原／金木 ……… 16
白神山地／奥入瀬・十和田湖 ……… 17
青森市中心部／青森市広域図 ……… 18

函館・津軽
弘前・青森・白神山地

あなただけの
プレミアムな
おとな旅へ！
ようこそ！

GOURMET

カニ、ウニ、
ホッケにイカ。
北海道の恵みを
函館朝市で

函館朝市 ➡ P.56

HAKODATE TSUGARU
HIROSAKI AOMORI SHIRAKAMI-SANCHI

函館・津軽 弘前・青森・白神山地への旅

霧が晴れたら海が見えた
思えば遠くへ来たもんだ

空の広い函館の、坂の上から港を見下ろしていると、なんだか無国籍の気配を感じる。アメリカの西海岸か北欧のどこか。幕末、長崎横浜とともに国際貿易港となった。居留地ができ、外国人墓地も残る。洋館があり教会がある。榎本武揚や土方歳三が新天地を求めて走ったのもこれと無縁ではない。併せて本書で津軽を紹介するのは、新幹線の開通によるものだが、こちらは対照的に日本らしい太い根を張りめぐらした風土だ。津軽から函館に至る旅は興趣が尽きない。

4

異国情緒あふれる港町と
素朴な風土の本州北端の地

SIGHTSEEING

世界的に高い評価を得ている函館を代表する夜景の名所

函館山山頂展望台 ➡ P.43

函館・元町は坂の多い港町
八幡坂をそぞろ歩く

SIGHTSEEING

和の要素を取り入れた洋館。2021年4月にリニューアル

旧函館区公会堂 ➡ P.38

歴史ある名湯に癒やされ、旬の海山の幸を堪能する

函館近郊や津軽には、郷愁へ誘う温泉街が点在

HOTELS

函館市街から市電で約30分。絶景露天が魅力の湯の川温泉

湯の川プリンスホテル渚亭 ➡ P.89

SIGHTSEEING

穏やかな港町が熱く燃える東北を代表する夏祭り

青森ねぶた祭 ➡ P.153

北国の獲れたて海鮮を肩肘張らずゆったり寿司で

函館・津軽
弘前・青森・白神山地

CONTENTS

道南・青森全図 ······ 2
函館・津軽 弘前・青森・白神山地への旅
霧が晴れたら海が見えた
思えば遠くへ来たもんだ ······ 4
函館・津軽 弘前・青森・白神山地は
こんなところです ······ 12
函館・津軽 エリア間の移動 ······ 14
トラベルカレンダー ······ 16

ニュース＆トピックス ······ 18

プレミアム滞在モデルプラン
函館・津軽 おとなの2泊3日 ······ 20

函館

函館はこんな街です ······ 26
特集 函館 光が紡ぐ物語 ······ 28
　　 輝きに包まれた大人の特等席 ······ 32

歩く・観る

元町周辺　34
潮風香る坂の多い港町 ······ 36
街を彩る豪奢な洋館 ······ 38
心洗われる坂の上の教会 ······ 40
絶景！函館山 ······ 42
レトロな和空間で憩う　44
ティータイムに海を眺めて　45

ベイエリア　46
世界に開いた海原へ出航 ······ 48
ベイエリアのお楽しみ ······ 50
街の歴史に寄り添う極上カフェ　52
手仕事をお持ち帰り　53

函館駅周辺　54
美味を求めて賑わう朝市へ ······ 56

五稜郭周辺　58
五稜郭 幕末の軌跡 ······ 60
五稜郭の2大スポット ······ 62

函館をもっと楽しむ ······ 64

歴史 北辺に芽生えた歴史を往く ······ 66
　　 博物館で函館の歴史と文化を知る　71

食べる
- テーブルを彩る美食の劇場 72
- 港町のスペシャリテ 75
- 和の粋を食す喜び 76
- 繊細な味覚に遊ぶ 77
- 豊饒な海の記憶 78
- HAKODATE ソウルフード 80
- 豊かな滋味 塩ラーメン 81
- カフェで贅沢スイーツ 82
- 街角の隠れ家にて 83

買う
- 北国の甘い誘惑 84

泊まる
- 美意識が薫る贅沢宿 86
- 歴史が宿るリノベーションホテル 87
- 風情漂う温泉郷 湯の川に籠る 88

周辺の街とスポット
大沼	90	松前	96
北斗	92	江差	98
木古内	94		

津軽
- 津軽はこんなところです 100
- **特集** 青森に四季の旅あり 102

弘前　　106
歩く・観る
- 弘前公園（弘前城）......... 108
  - 弘前公園で歴史を知る散策 110
- 城下町さんぽ 112
- モダンな洋館物語 114
- 弘前をもっと楽しむ 116
- 爽快！ 津軽富士ドライブ 118

食べる
- 旬を届ける名店の華麗な一皿 120
- 地物を食す歓び 122
- 郷愁を誘う洋館カフェ 124
- 愛される老舗喫茶 125

買う
- 暮らしになじむ逸品 126
- リンゴの街で買う美味セレクション 128

泊まる
- 由緒正しき名湯にて 130
- **歴史** みちのくに花開いた豊かな文化 132

周辺の街とスポット
五所川原 ……………………… 136
金木 …………………………… 138
太宰治のふるさとへ ………… 140

白神山地　142
十二湖散策コース …………… 144
太古の自然に出会う旅 ……… 146
リゾートしらかみの絶景 …… 147

青森　148
歩く・観る
青森県立美術館 ……………… 150
三内丸山遺跡 ………………… 152
青森ねぶた祭 躍動の夜 …… 153
青森をもっと楽しむ ………… 154
津軽半島の旅 ………………… 156
食べる
フレンチ＆イタリアンの名店 … 158
極上寿司で旬の味覚を堪能 … 159
AOMORI 郷土の味 …………… 160

買う おみやげSelection …… 162
泊まる 名宿で大人の休日 … 163

十和田湖・奥入瀬　164
奥入瀬渓流 …………………… 164
奥入瀬渓流散策 ……………… 165
十和田湖 ……………………… 166
十和田市現代美術館 ………… 167

函館・津軽へのアクセス …… 168
函館市の交通 ………………… 170
弘前市の交通 ………………… 172
白神山地／青森市の交通 …… 173
INDEX ………………………… 174

付録地図
道南広域図 ……… 2　　青森広域図／奥津軽 … 12
函館市広域図 …… 4　　弘前 ……………… 14
湯の川温泉 ……… 5　　五所川原／金木 … 16
函館市中心部 …… 6　　白神山地／奥入瀬・十和田湖
元町・ベイエリア … 8　　　　　　　　　　 … 17
函館駅周辺 …… 10　　青森市中心部／
五稜郭周辺 …… 11　　青森市広域図 …… 18

本書のご利用にあたって

● 本書中のデータは2021年4〜5月現在のものです。料金、営業時間、休業日、メニューや商品の内容などが、諸事情により変更される場合がありますので、事前にご確認ください。

● 本書に紹介したショップ、レストランなどとの個人的なトラブルに関しましては、当社では一切の責任を負いかねますので、あらかじめご了承ください。

● 営業時間、開館時間は実際に利用できる時間を示しています。ラストオーダー(LO)や最終入館の時間が決められている場合は別途表示してあります。

● 営業時間等、変更する場合がありますので、ご利用の際は公式HPなどで事前にご確認ください。

● 休業日に関しては、基本的に定休日のみを記載しており、特に記載のない場合でも年末年始、ゴールデンウィーク、夏季、旧盆、保安点検日などに休業することがあります。

● 料金は消費税込みの料金を示していますが、変更する場合がありますのでご注意ください。また、入館料などについて特記のない場合は大人料金を示しています。

● レストランの予算は利用の際の目安の料金としてご利用ください。Bが朝食、Lがランチ、Dがディナーを示しています。

● 宿泊料金に関しては、「1泊2食付」「1泊朝食付」「素泊まり」は特記のない場合1室2名で宿泊したときの1名分の料金です。曜日や季節によって異なることがありますので、ご注意ください。

● 交通表記における所要時間、最寄り駅からの所要時間は目安としてご利用ください。

● 駐車場は当該施設の専用駐車場の有無を表示しています。

● 掲載写真は取材時のもので、料理、商品などのなかにはすでに取り扱っていない場合があります。

● 予約については「要」(必ず予約が必要)、「望ましい」(予約をしたほうがよい)、「可」(予約ができる)、「不可」(予約ができない)と表記していますが、曜日や時間帯によって異なる場合がありますので直接ご確認ください。

● 掲載している資料および史料は、許可なく複製することを禁じます。

■ データの見方

- ☎ 電話番号
- ㊹ 所在地
- 開 開館／開園／開門時間
- 営 営業時間
- 休 定休日
- 料 料金
- 交 アクセス
- P 駐車場
- 室 宿泊施設の客室数
- IN チェックインの時間
- out チェックアウトの時間

■ 地図のマーク

- ★ 観光・見どころ
- 卍 寺院
- ⛩ 神社
- ✝ 教会
- R 飲食店
- C カフェ・甘味処
- S ショップ
- SC ショッピングセンター
- H 宿泊施設
- i 観光案内所
- 道 道の駅
- ♨ 温泉
- ✈ 空港
- ⚓ 乗船場
- 🚏 バス停

旅のきほん 1

エリアと観光のポイント
函館・津軽 弘前・青森・白神山地は こんなところです

北海道南西部と青森県西部に点在する個性あふれる数々の街。
独自の道を歩んだ、北国の歴史が詰まった函館と津軽で
街々の歴史ロマンや豊かな自然を追って、極上の旅へ出かけたい。

北の玄関口として栄えた 異国情緒に富んだ港町
函館 ➡ P.25
はこだて

教会や洋館が立ち並ぶ元町周辺や西洋式の城塞・五稜郭など、西洋からの影響を受けた街の歴史が随所に残る。函館山からの絶景も必見。

人気スポット
- 旧函館区公会堂 P.38
- カトリック元町教会 P.41
- 函館山山頂展望台 P.43
- 五稜郭公園 P.61

函館周辺

緑豊かな沼畔を歩く
大沼 ➡ P.90
おおぬま

水と緑があふれる風光明媚な国定公園で散策を楽しみたい。

注目が集まる新幹線駅
北斗 ➡ P.92
ほくと

北海道新幹線の開通によって道南エリアの新たな観光拠点に。

幕末の史跡が残る
木古内 ➡ P.94
きこない

海と山に囲まれた街に咸臨丸などの歴史スポットが点在する。

最北の城下町
松前 ➡ P.96
まつまえ

松前藩の拠点として古くから栄え、多くの名所、旧跡が集まる。

レトロな街並みを散策
江差 ➡ P.98
えさし

ニシンの廻船問屋や軍艦・開陽丸など往時を伝える名所が残る。

城下町と洋館が共存し、 多彩な魅力にあふれる街
弘前 ➡ P.106
ひろさき

弘前藩の城下町として栄えた街に残る江戸時代の風情と、明治以降に取り入れた西洋文化の名残が調和。リンゴの産地としても名高い。

人気スポット
- 弘前公園（弘前城）P.108
- 仲町 P.112
- 旧弘前市立図書館 P.114
- 岩木山ドライブ P.118

ブナ林や貴重な植物など 太古の自然に出会えるエリア
白神山地 ➡ P.142
しらかみさんち

原生ブナ林が広がる緑豊かな山々に設けられた散策道を歩き、太古の自然にふれられる。津軽西海岸を走る観光列車にも乗ってみたい。

人気スポット
- 十二湖散策コース P.144
- ニシメヤ・ダムレイクツアー P.146
- リゾートしらかみ P.147

縄文のロマンと県ゆかりの アートで名高い観光の拠点
青森 ➡ P.148
あおもり

北海道と本州を結ぶ交通の要所として発展。青森ねぶた祭や縄文遺跡、美術館など多岐にわたる魅力を備えた本州最北の県庁所在地。

人気スポット
- 青森県立美術館 P.150
- 三内丸山遺跡 P.152
- ねぶたの家 ワ・ラッセ P.153
- A-FACTORY P.162

旅のきほん 2

各エリアを結ぶ交通手段と所要時間をチェック
函館・津軽 エリア間の移動

エリア間移動は北海道新幹線と在来線のJR奥羽本線、五能線がメイン。主要エリアから郊外に向かう場合は、私鉄やバスを利用できるが、1日2～3本しかない路線も。複数のエリアを巡る場合は、運行本数や所要時間に注意して、しっかりしたプランを立てたい。

弘前 → 五所川原
- 鉄道利用 ●約45分
  弘前駅⇒JR五能線⇒五所川原
- バス利用 ●約1時間30分
  弘前駅前⇒弘南バス⇒五所川原
- 車利用 ●約50分／27km
  弘前駅前⇒国道339号などを経由⇒五所川原

函館 → 青森
- 鉄道利用 ●約1時間40分～2時間20分
  函館駅⇒JR函館本線⇒新函館北斗駅⇒北海道新幹線はやぶさ⇒新青森駅⇒JR奥羽本線⇒青森
- フェリー利用 ●約3時間40～50分
  函館港⇒青函フェリー⇒青森港

弘前 → 十和田湖・奥入瀬
- バス利用 ●約3時間
  弘前駅前⇒弘南バス⇒十和田湖（休屋）バス停
- 車利用 ●約1時間30分／63km
  弘前駅前⇒国道102・454号を経由⇒十和田湖

青森 → 十和田湖・奥入瀬
- JRバス東北利用 ●約3時間10分
  青森駅⇒みずうみ号（冬季運休）⇒十和田湖（休屋）バス停
- 車利用 ●約1時間50分／72km
  青森駅前⇒県道40号・国道102・103号などを経由⇒十和田湖

14

旅のきほん 3

春夏秋冬さまざまなイベントが目白押し
トラベルカレンダー

春は満開の桜に心奪われ、夏はねぶた（ねぷた）祭の世界に身を委ねる。
秋は旬の味覚を堪能し、冬はイルミネーションを見に街へ繰り出す。
四季それぞれのテーマを押さえたい。

	1月	2月	3月	4月	5月	6月
	寒さが厳しさを増し、降雪量が多い。雪景色が満喫できる時期だ。	積雪量が最も多く、気温もいちだんと低くなる。冬ならではの催しが盛んに。	街の雪は徐々に解け、温泉地などでは本格的な観光シーズンが始まる。	下旬になると桜前線が到来し、GW前あたりから徐々に開花する。	日差しが強く、気温が上昇。遅咲きの桜や新緑、ツツジなどが楽しめる。	真イカ漁や毛ガニ漁が解禁となり、市場や飲食店が活気づくシーズン。

- 函館の月平均気温（℃）　■ 函館の月平均降水量（mm）
- 弘前の月平均気温（℃）　■ 弘前の月平均降水量（mm）

▼ 季節風の影響で日本海側では降雪が多く、太平洋側では晴天が続く

▼ 降水量が少なく日照時間も長いため、年間を通して最も過ごしやすい

気温: -2.4 / -1.5 / -1.8 / -1.0 / 1.9 / 2.3 / 7.3 / 8.6 / 12.3 / 14.3 / 16.2 / 18.3
降水量: 77.4 / 125.5 / 64.5 / 99.9 / 64.1 / 82.3 / 71.9 / 65.8 / 88.9 / 66.3 / 79.8 / 71.9

12〜2月
五稜星（ほし）の夢
特別史跡五稜郭で昭和64年(1989)より始まったイルミネーション。星形の五稜郭が電球で飾られ幻想的に浮かび上がる。

13〜15日
寒中みそぎ祭り
天保2年(1831)から続く神事。選ばれた4人の若者が冷水をかぶり鍛錬を行い、津軽海峡の中で御神体を潔め、豊漁豊作を祈願する。

上旬〜中旬
弘前城雪燈籠まつり
昭和52年(1977)から続く、北東北の冬を代表する「みちのく五大雪まつり」のひとつ。夜になると約300基のミニカマクラが点灯され、弘前公園内が風情ある空気にあふれる。

上旬〜下旬
十和田湖冬物語
十和田湖のシンボル「乙女の像」がライトアップされ、「雪と光のページェント」をテーマにした花火やライトショーが行われる。郷土料理なども楽しめる。

12〜3月
津軽鉄道 ストーブ列車
津軽五所川原駅から津軽中里駅間を、ストーブを設置した列車が走る冬の風物詩。期間中の日中3往復(12月の平日は2往復)のみ運行し、車内は暖かくノスタルジックな雰囲気。

12月1日〜5月GW
サル山温泉
函館市熱帯植物園の冬の風物詩、サル山にある浴槽に温泉が注がれ、ニホンザルが露天風呂に浸かってくつろぐ様子を公開。
※サル山でのニホンザルの姿は通年見学可能

23日〜5月5日
弘前さくらまつり
日本一と称される弘前公園の桜が満開になり、多くの花見客で賑わう。弘前公園周辺が桜色に染まり華やかな雰囲気を堪能できる。

下旬〜5月上旬
金木桜まつり
ソメイヨシノや里桜など約1500本の桜と、約1800本の黒松の老木が芦野湖畔に広がる県立芦野公園の桜祭り。園内を走る津軽鉄道が桜のトンネルに覆われる。

4月下旬〜5月中旬
松前さくらまつり
約1万本250品種の桜が松前公園を彩り、早咲き、中咲き、遅咲きと長期にわたり桜が楽しめる。期間中には武者行列や松前物産フェアなどのイベントを開催する。

第3土・日曜
箱館五稜郭祭
箱館戦争の舞台となった五稜郭にまつわる歴史を現代に伝えることを目的とした祭り。2日間にわたり「土方歳三コンテスト全国大会」や「開城セレモニー」などが行われる。

上旬〜10月上旬
田舎館村 田んぼアート
田んぼを巨大なキャンバスに見立て、色の異なる稲を絵の具代わりに絵を描くイベント。2021年は第2会場でのみ開催。

平成29年第2田んぼアート「桃太郎」

↑桜

↑リンゴの花

↑リンゴ

↑十三湖産ヤマトシジミ

桜 4月下旬〜5月中旬
リンゴの花 4月下旬〜5月中旬
ホッケ 4〜6月
毛ガニ 6〜7月
ウニ 6〜7月

↑五稜星(ほし)の夢

↑十和田湖冬物語

↑函館港まつり

↑はこだてクリスマスファンタジー

7月
日は函館開港記念日。開きき、花火大会、夏りなどが各地で開催。

8月
お祭りムード満載の月。下旬になると短い夏は終わり、秋へと移ろう。

9月
街歩きや登山に最適な気候。鮭やリンゴなど秋の味覚が登場。

10月
昼夜の温度差が大きくなり、紅葉が加速。空気が澄んで夜景が美しい。

11月
初雪に合わせ徐々に街がライトアップされる。冬の味覚、タラが美味。

12月
街がクリスマス一色に染まり、幻想的なイルミネーションが楽しめる。

グラフ値:
- 気温(ピンク): 20.3 / 22.3 / 22.1 / 23.5 / 18.8 / 19.4 / 12.5 / 12.9 / 6.0 / 6.5 / -0.1 / 0.8
- 降水量(青棒): 123.6 / 115.3 / 156.5 / 140.7 / 150.5 / 136.3 / 105.6 / 107.7 / 110.8 / 113.7 / 94.6 / 130.1

日中は暖かいが朝晩は冷え込むこともあるため、上着の持参も忘れずに

毎年11月中旬頃から紅葉前線が到来し、冬の訪れを知らせる

下旬
函館港花火大会
創作花火が音楽に合わせて打ち上がる。函館港の場所を生かした、多彩な創作花火や、大迫力のサラウンドシステムに注目。※開催は未定。詳細は要問い合わせ

下旬
大沼湖水まつり
明治39年(1906)、湖の水難者らを供養することから始まった灯ろう流しは大沼の夏の風物詩。湖上に打ち上がる花火も幻想的。

1〜5日
函館港まつり
函館最大級のイベント。花火をはじめ、港おどりやいか踊りを踊りながら市内を練り歩く「ワッショイはこだて」のパレードが見どころ。※2021年は中止決定。2022年以降の詳細は要問い合わせ

2〜7日
青森ねぶた祭
勇壮な大型ねぶたと跳人(はねと)という踊り子が「ラッセラー・ラッセラー」とかけ声を発しながら市内を練り歩く。

上旬
函館西部地区バル街
スペインの飲食文化「バル」を体感できるグルメイベント。チケットを事前に購入して、函館山の麓にある飲食店で酒や料理を味わい楽しむ。4月下旬にも開催される。

第3金・土・日曜
江差追分全国大会
昭和38年(1963)から続く、全国から選び抜かれた江差追分の唄い手による歌唱大会。約370人が集い日本一の喉を競う。※2021年は中止決定。2022年以降の詳細は要問い合わせ

下旬〜11月上旬
弘前城 菊と紅葉まつり
弘前城植物園を主会場とする秋の祭り。1000本の紅葉に彩られるなか、菊人形や菊のトピアリー、菊花などが弘前城の秋を演出。

10月下旬〜11月中旬
はこだてMOMI-Gフェスタ
道内唯一の国指定文化財庭園・香雪園がライトアップされ、色とりどりのカエデ並木などが夕闇に浮かび、幻想的な雰囲気に。園内ではミニライブや展示会なども催される。

上旬
北斗市 茂辺地さけまつり
鮭鍋を振る舞うほか、鮭のつかみ取りなども行う鮭づくしのイベント。出店コーナーでは食べ歩きなども楽しめる。

12〜2月
はこだてイルミネーション
異国情緒あふれる函館の街並みをライトアップ。「光に包まれた愛の街・函館」をテーマに、約16万個の電球が市内を飾る。

1〜25日
はこだてクリスマスファンタジー
ベイエリアの赤レンガ倉庫群前に約15万球のイルミネーションに彩られた巨大なクリスマスツリーが立つ。毎日行われる点灯式では、花火が打ち上がる。

- 青森ひらめ 9〜12月
- リンゴ 9〜11月
- がごめ昆布 7〜8月
- ホタテ 6〜8月
- 十三湖産ヤマトシジミ 7〜12月

↑青森ひらめ

※開催日程は変動することがありますので、事前にHPなどでご確認ください。

◆ HAKODATE TSUGARU NEWS & TOPICS

ニュース＆トピックス

北海道の玄関口・函館や津軽の中心観光地の弘前に話題のスポットが続々オープン。
リニューアルした施設や一般公開された名所、海山を満喫できる宿泊施設から目が離せない。

函館の名所 旧函館区公会堂 が色鮮やかにリニューアル

明治43年（1910）に建てられた住民の集会所。西洋建築の随所に伝統的な和の要素を取り入れた細やかな意匠など様式美が見どころ。2018年10月から保存修理工事のため休館していたが、リニューアルが完了し外観や内装など往時の姿に。

旧函館区公会堂
きゅうはこだてくこうかいどう
➡ P.38

保存修理により外壁が塗り直され、鮮やかな青灰色と黄色のコントラストが蘇った

北日本を代表する重要な 縄文遺跡 が公開

北海道南西部、渡島半島東岸に位置し、縄文時代早期から後期にかけて（約9000〜約3000年前）の長期間にわたり縄文人の生活の痕跡が残されている垣ノ島遺跡。整備が進められており、2021年6月18日から一般公開を開始。

垣ノ島遺跡
かきのしまいせき

函館 MAP 付録P.3 E-1
☎0138-25-2030（函館市縄文文化交流センター）
所 北海道函館市臼尻町　時 9:00〜17:00（11月は〜16:00）　休 2021年11月まで無休、12月以降は要問い合わせ　料 無料　交 JR函館駅から車で50分　P 無料36台

水産資源豊富な太平洋に面した標高32〜50mの海岸段丘上に立地しているため、漁労が活発に行われていた

函館市教育委員会提供

シードル工場を改修した 弘前れんが倉庫美術館 がオープン

2020年7月オープン

リンゴの発泡酒・シードルが国内で初めて大々的に生産された「吉野町煉瓦倉庫」を改修・整備した美術館。美術館棟の隣には、ミュージアムカフェとショップを有するカフェ・ショップ棟も同時にオープンした。

弘前れんが倉庫美術館
ひろさきれんがそうこびじゅつかん

弘前 MAP 付録P.15 D-3
☎0172-32-8950　所 青森県弘前市吉野町2-1
時 9:00〜17:00　休 火曜（祝日の場合は翌日）
料 展覧会により異なる　交 JR弘前駅から弘南バス・土手町循環で7分、土手町十文字下車、徒歩4分　P なし

7基のタンクでシードルを製造する「A-FACTORY 弘前吉野町シードル工房」を併設

エストニア国立博物館などを手がけた田根剛氏が設計を担当

撮影：小山田邦哉

特別な時間を満喫できる ホテル が函館市街地に続々誕生

函館中心部に宿泊施設がオープン。観光に便利な立地はもちろん、港町の風景や文化を満喫できるのも魅力だ。

2021年4月オープン

最上階の温泉大浴場には露天風呂も設置。海側と街側にあり、男女入れ替え制でそれぞれ楽しめる

2021年4月オープン

北欧のデザイン家具でコーディネートされた客室で港町の暮らしを体験

DinnerA 7260円。地産地消料理を堪能

併設の「レストラン ルアン NIPPONIA HOTEL 函館 港町」。新鮮食材をさまざまな料理で楽しめる

NIPPONIA HOTEL 函館 港町
ニッポニア ホテル はこだて みなとまち

港町の重要伝統的建造物群保存地区に位置する煉瓦倉庫をリノベーションした北欧の雰囲気漂うホテル。ぬくもりある空間で癒やしの時間を。

函館 MAP 付録P.9 D-2
☎0120-210-289(VMG総合窓口) 所函館市豊川町11-8 交市電・十字街から徒歩5分 P8台(有料)
in 15:00 out 12:00 室9室(全室禁煙)
予算 1泊朝食付2万570円〜

東急ステイ函館朝市 灯の湯
とうきゅうステイはこだてあさいち あかりのゆ

函館朝市からすぐの立地で、周辺観光にもアクセス抜群のホテル。全室に洗濯乾燥機があるなど、長期滞在やファミリーにもぴったり。

函館 MAP 付録P.7 E-2
☎0138-27-7109 所函館市大手町22-1-1 交JR函館駅から徒歩4分 Pなし(提携駐車場利用) in 15:00 out 11:00 室175室(全室禁煙) 予算 1泊朝食付7500円〜

全室に空気清浄機、靴乾燥機あり。写真はハリウッドツイン

朝食は、ホテルに隣接する「函館朝市」の提携15店舗から選べる

17階のラウンジからは函館湾や赤レンガ倉庫群を見渡せる

道南初の 通年キャンプ場 が大沼国定公園内にオープン

ファミリープランからペットと泊まれるプランまで、さまざまなスタイルのグランピングを楽しめる。車中泊やコテージのプランも選べる。

BEYOND VILLAGE
ビヨンド ビレッジ

大沼 MAP 本書P.91 B-2
☎0138-86-5895
所七飯町大沼町158
開受付13〜16時
休無休 グランピング1万1000円〜 交JR大沼公園駅から徒歩10分 P16台

2020年1月オープン

GIRLS NIGHT OUTプランは女子会にぴったり

大自然に囲まれたキャンプ場。駅から好アクセスで、近くに飲食店もある

プレミアム滞在 モデルプラン
函館・津軽 おとなの2泊3日

東京駅-新函館北斗駅間を最速約4時間で結ぶ北海道新幹線。新青森駅-新函館北斗駅間は1時間程度なので、函館観光後の津軽への移動もスムーズ。北海道・東北で新しい旅のかたちを体験したい。

⬆函館ハリストス正教会の向こうに広がる函館港。居留地となった元町の中心には教会や洋館が建てられ、和洋折衷の街並みが生まれた

1日目

開港の記憶が残る坂の街を歩く
賑わう市場や教会、洋館を巡り、ロープウェイで函館山の山頂を目指す。

8:00	函館駅
約1分	JR函館駅から徒歩1分
8:05	函館朝市／函館市青函連絡船記念館 摩周丸
約10分	函館市青函連絡船記念館 摩周丸から徒歩10分
11:00	ベイエリア
約5分	金森赤レンガ倉庫から徒歩5分
14:00	元町エリア

プランニングのアドバイス
函館駅から南西の元町エリアまで、見どころは市の中心部にコンパクトに集中しているため徒歩での移動が可能。宿泊は市の中心部にある洗練された宿(P.86)や、湯の川温泉の湯宿(P.88)が快適。函館にもう1泊する場合は、2日目に五稜郭公園(P.61)やトラピスチヌ修道院(P.65)などを訪れてみるのもいいだろう。大沼(P.90)や松前(P.96)など、近郊のエリアへ足をのばすのもおすすめ。

函館駅に隣接する 市場 で朝食&場内散策

函館市青函連絡船記念館 摩周丸 ➡P.55
はこだてしせいかんれんらくせんきねんかん ましゅうまる
函館港に係留・保存されている摩周丸を見学。昭和63年(1988)まで青森と北海道の函館を結んだ連絡船の歴史にふれられる。

函館朝市 ➡P.56
はこだてあさいち
新鮮な魚介を使った海鮮丼を朝食に。各店趣向を凝らしたメニューを用意している。海鮮みやげを探すのも楽しい。

潮風香る ベイエリア で買い物とクルーズ体験

金森ベイクルーズ ➡P.48
かねもりベイクルーズ
函館港を15分ほどで巡るクルーズに出発。船上から函館山の麓に開けた美しい街を眺めたい。

金森赤レンガ倉庫 ➡P.50
かねもりあかレンガそうこ
商港の歴史が感じられるレトロな倉庫群へ。多彩なショップが集まる館内で買い物を楽しむ。

14:00	元町エリア
約15分	函館市旧イギリス領事館から徒歩10分、函館山ロープウェイで山麓駅から山頂駅まで3分
18:00	函館山山頂展望台
約25分	函館山ロープウェイで山頂駅から山麓駅まで3分、山麓駅から市電・十字街まで徒歩10分、市電・十字街から函館市電で市電・函館駅前まで5分、市電・函館駅前からJR函館駅まで徒歩5分
20:00	函館駅

プランニングのアドバイス

西洋文化がいち早く届いた街だけにフレンチ、イタリアン、スパニッシュと洗練されたダイニング（P.72）や洋食（P.75）などが充実。寿司（P.77）や海鮮料理（P.78）、函館朝市の海鮮丼（P.57）など港町ならではの魚介も絶品。グルメスポットは市の中心部や五稜郭エリアに集中しているので、プランニングに組み込みやすい。

山麓駅から頂上展望台まで約3分

世界から賞賛される絶景を求め、函館山の山頂へ

函館山山頂展望台
はこだてやまさんちょうてんぼうだい
➡ P.43

夜が訪れる前にロープウェイに乗って山頂へ。高さ334mの函館山山頂から見下ろす街の夜景は格別。日没時間は事前に調べておきたい。

異国情緒あふれる元町エリアで教会や洋館を訪ねる

カトリック元町教会
カトリックもとまちきょうかい
➡ P.41

大三坂沿いにあり、八角形の大鐘楼が目印。教会の裏にあるルルドの洞窟も見学してみたい。

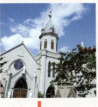

函館市旧イギリス領事館
はこだてしきゅうイギリスりょうじかん
➡ P.39

白壁に瓦屋根の和洋折衷の建築を見学。併設するカフェでアフタヌーンティーも楽しめる。

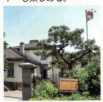

八幡坂 ➡ P.36
はちまんざか

街のシンボル、八幡坂を上り函館港を見下ろす。視界の先に午前に訪れた函館市青函連絡船記念館 摩周丸が見える。

旧函館区公会堂 ➡ P.38
きゅうはこだてくこうかいどう

明治43年（1910）に建てられた洋風建築の代表的建物。2021年4月にリニューアルが完了し、外観も鮮やかに。

2日目

現代アートや建築美と出会える街巡り

地元出身美術家の作品が見られる美術館や、暮らしに根付いた工芸品を探す。

7:40 新函館北斗駅

約1時間10分
JR北海道新幹線はやぶさで新青森駅まで57分、JR奥羽本線に乗り換えて6分、青森駅下車、青森駅から青森市営バス・三内丸山遺跡線で20分、県立美術館下車すぐ

9:20 青森県立美術館／三内丸山遺跡

約1時間30分
三内丸山遺跡からあおもりシャトルdeルートバス（ねぶたん号）でJR新青森駅まで13分、JR奥羽本線・普通に乗り換えて45分、弘前駅下車、弘前駅から弘南バス・土手町循環で17分、市役所前下車すぐ

13:30 旧弘前市立図書館／旧東奥義塾外人教師館

プランニングのアドバイス

青森県の豊かな自然を満喫する場合は以下のプランがおすすめ。日程を調整して組み合わせてみたい。白神山地の散策ならば、青森駅発のリゾートしらかみ(P.147)2号に乗車して、コースの最寄り駅にあたる十二湖駅で下車し、バスに乗り換えてコースに向かう。水風景が美しい奥入瀬渓流(P.164)や十和田湖(P.166)へは青森駅からJR東北バス・みずうみ号が利用できる。バスはいずれも冬季は運休なので注意。 奥津軽で龍飛崎(P.156)などの景勝地を巡る場合は、青森駅や北海道新幹線の停車駅の奥津軽いまべつ駅からレンタカーを利用するのがよい。

©Yoshitomo Nara

現代アートと縄文文化を体感できる2つの施設へ

三内丸山遺跡 ➡P.152
さんないまるやまいせき
日本最大級の縄文集落跡。復元された建物や出土品から縄文文化を学ぶ。

青森県立美術館 ➡P.150
あおもりけんりつびじゅつかん
奈良美智や棟方志功、成田亨など青森出身の美術家の作品を鑑賞する。

13:30	旧弘前市立図書館／旧東奥義塾外人教師館
	↓ 徒歩約15分 日本基督教団弘前教会から中央通りを経由
15:00	大正浪漫喫茶室
	↓ 約20分 徒歩約19分
16:00	green／BUNACO Show Room「BLESS」
	↓ 約15分 徒歩約15分
18:00	弘前駅

プランニングのアドバイス

弘前での食事はフレンチをすすめたい。西洋文化が根付いた街には、地元の食材を使ったフランス料理の名店(P.120)が多い。散策の休憩では、洋館カフェ(P.124)や老舗喫茶店(P.125)を利用したい。

西洋文化を伝える 洋館 を見学

旧東奥義塾外人教師館
きゅうとうおうぎじゅくがいじんきょうしかん
➡ P.114

青森県初の私学校・東奥義塾が雇用した外国人教師とその家族のための住居を見学する。

／ピンク色をした壁紙など特徴的な内装＼

旧弘前市立図書館
きゅうひろさきしりつとしょかん
➡ P.114

赤い屋根を配した八角形の塔を左右に持つ、弘前を代表する建造物。建物内や展示物を見てまわりたい。

洋館カフェ で ひと休み

大正浪漫喫茶室 ➡ P.124
たいしょうろまんきっさしつ

大正ロマンあふれるサンルームでコーヒーとスイーツを味わえば、ノスタルジックな気分に。

津軽の 伝統工芸品 を 扱う店でお買い物

green ➡ P.126
グリーン

江戸時代から続くこぎん刺しをモダンにアレンジした小物が揃う雑貨店へ。

／プレゼントにもちろん、自分用の日常使いにも＼

BUNACO Show Room「BLESS」 ➡ P.126
ブナコ ショー ルーム「ブレス」

ブナの木を使い、洗練とぬくもりを感じさせるインテリアや食器などを多数展開。

プランニングのアドバイス

一日の観光を終えて、弘前駅に戻ってきたら、歴史のある大鰐温泉や黒石温泉郷など弘前周辺の温泉街(P.130)へ足をのばして宿泊するのもおすすめ。なお、新幹線が停車する新青森駅は都市部から離れており、宿泊施設も少ないため、青森駅か弘前駅周辺に宿をとり、旅の拠点にしたい。

23

3日目

歴史ある街の歩みと文豪の原点を知る

弘前公園を散策し、太宰治のふるさと金木へ向かう。

8:40	弘前駅

約20分
JR弘前駅から弘南バス・土手町循環で17分、市役所前下車すぐ

| 9:00 | 弘前公園（弘前城）／石場家住宅 |

約1時間10分
文化センターバス停から弘南バス・土手町循環でJR弘前駅まで10分、弘前駅からJR五能線で50分、五所川原駅下車、徒歩3分

| 12:30 | 太宰治「思ひ出」の蔵／立佞武多の館 |

約30分
津軽五所川原駅から津軽鉄道で20分、金木駅下車、徒歩7分

| 15:00 | 太宰治記念館「斜陽館」 |

約1時間20分
金木駅から津軽鉄道で津軽五所川原駅まで20分、JR五所川原駅からJR五能線で弘前駅まで50分

| 19:00 | 弘前駅 |

プランニングのアドバイス

季節の風物詩に合わせて出かけるのもおすすめ。弘前公園なら、春のさくらまつりを筆頭に、夏のねぷたまつり、秋の菊と紅葉まつり、冬の雪燈籠まつりが見どころ。8月4〜8日の五所川原では、巨大な山車が街を練り歩く五所川原立佞武多が行われる。太宰治のゆかりの地をさらに巡るなら、レンタカーを利用して、津軽半島を北上したい。五所川原、金木には食事処は少ないので、昼食は弘前で早めにとるのがよい。夕食は弘前にある津軽の郷土料理店（P.122）で津軽の食文化を楽しみたい。

四季折々の景観が美しい城下町を探す街歩き

弘前公園（弘前城） ➡ P.109
ひろさきこうえん（ひろさきじょう）

慶長16年（1611）に弘前藩2代藩主・信枚が築城し、以降、弘前藩政の拠点となった。城跡は公園として整備され、桜の名所として知られる。

石場家住宅 ➡ P.112
いしばけじゅうたく

弘前公園の北にある、江戸時代建築の豪商の屋敷。現在は酒店として利用。

津軽半島の玄関口 五所川原 へ

立佞武多の館 ➡ P.136
たちねぷたのやかた

高さ20mを超す巨大な立佞武多を間近で見られる。制作風景の見学もできる。

太宰治「思ひ出」の蔵 ➡ P.137
だざいおさむ「おもひで」のくら

太宰が慕った叔母キヱ（きゑ）宅の蔵を復元。直筆はがきなど貴重な資料を見学。

津軽三味線と太宰治が生まれた 金木 を歩く

津軽三味線会館 ➡ P.139
つがるしゃみせんかいかん

津軽三味線や津軽の民謡などを紹介。毎日開催される津軽三味線の生演奏で力強い音色を聴きたい。

太宰治記念館「斜陽館」 ➡ P.138
だざいおさむきねんかん「しゃようかん」

明治40年（1907）に建てられた太宰治の生家。和洋折衷の豪華な建物で、太宰の愛用品などを展示している。

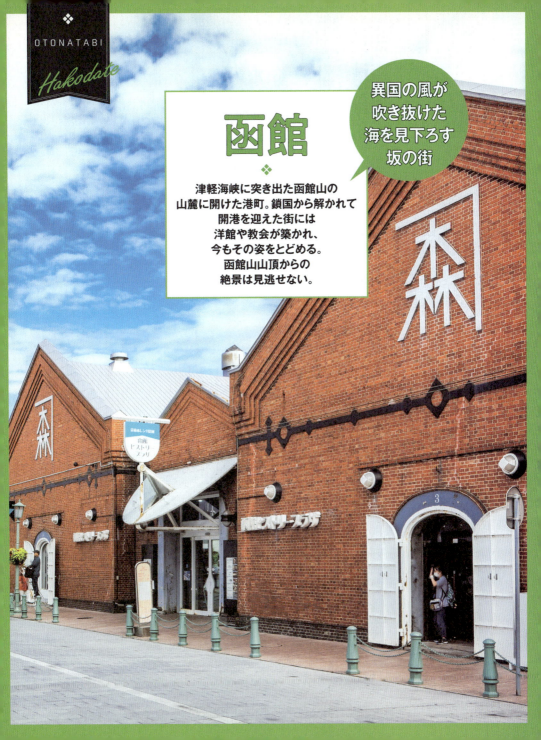

OTONATABI
Hakodate

函館

異国の風が
吹き抜けた
海を見下ろす
坂の街

津軽海峡に突き出た函館山の
山麓に開けた港町。鎖国から解かれて
開港を迎えた街には
洋館や教会が築かれ、
今もその姿をとどめる。
函館山山頂からの
絶景は見逃せない。

旅のきほん

エリアと観光のポイント
函館はこんな街です

異国情緒あふれる建造物など、主要スポットは函館駅の南西に集中。
函館の周辺に点在する城下町や景勝地など、魅力あるスポットにも足を運びたい。

坂道に洋館や教会がいくつも建つ
元町周辺 ➡ P.34
もとまちしゅうへん

函館山の麓に開けたエリア。開港の影響から洋館、教会が建てられ、異国情緒漂う街並みが築かれた。2021年4月には旧函館区公会堂がリニューアル。

人気スポット 旧函館区公会堂 P.38　函館市旧イギリス領事館 P.39
函館山山頂展望台 P.43

港に並ぶ赤レンガ倉庫群
ベイエリア ➡ P.46

北洋漁業の拠点だった頃に使われた赤レンガの建物が今も残り、複合施設として利用されている。赤レンガ倉庫群を発着するクルーズも人気。

人気スポット 金森ベイクルーズ P.48　金森赤レンガ倉庫 P.50
はこだて明治館 P.51

グルメスポットが充実
函館駅周辺 ➡ P.54
はこだてえきしゅうへん

函館観光の拠点。駅周辺に魚介が並ぶ函館朝市やご当地ハンバーガー店があり、食の楽しみには事欠かない。青函連絡船の実物の展示も必見。

人気スポット 函館市青函連絡船記念館 摩周丸 P.55
函館朝市 P.56

激動の時代の跡を残す

五稜郭周辺
ごりょうかくしゅうへん

➡ P.58

人気スポット: 五稜郭公園 P.61　五稜郭タワー P.62　箱館奉行所 P.63

箱館戦争の舞台となった五稜郭を中心とするエリア。五稜郭タワーの展望室から星形の城郭を眺めてみたい。

周辺の街とスポット

大沼 おおぬま ➡ P.90
3つの沼と駒ヶ岳を抱く自然あふれるエリア。水辺の自然が楽しめるアクティビティが揃っている。

北斗 ほくと ➡ P.92
北海道新幹線の終着駅があり、新しい旅の拠点として注目を集める。燈台の聖母トラピスト修道院は必見。

木古内 きこない ➡ P.94
北海道新幹線の停車駅で、海と山に囲まれた自然豊かな街に軍艦や公園などの見どころが点在する。

松前 まつまえ ➡ P.96
道内唯一の城下町。800年以上の歴史を持ち、松前城はじめ史跡が多い。桜の名所としても知られる。

江差 えさし ➡ P.98
江戸時代にニシン漁や北前船交易で栄えた街。いにしえ街道には商家など歴史的な建造物が残る。

交通 information

函館の移動手段
市内の移動は市電が便利。各エリアを網羅しており、函館駅前を中心に、函館どつく方面、谷地頭方面、湯の川方面への路線がある。ほとんどのスポットが市電の停留場から徒歩圏内。元町、ベイエリアでは周遊バスも走っている。

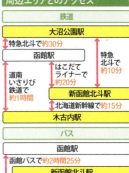

周辺エリアとのアクセス

鉄道

- 大沼公園駅
  - ↕ 特急北斗で約30分
- 函館駅
  - ↕ はこだてライナーで約20分
  - ↕ 特急北斗で約10分
  - ↕ 道南いさりび鉄道で約1時間
- 新函館北斗駅
  - ↕ 北海道新幹線で約15分
- 木古内駅

バス

- 函館駅
  - ↕ 函館バスで約2時間25分
- 新函館北斗駅
  - ↕ 函館バスで約1時間15分
- 木古内駅
  - ↕ 函館バスで約1時間40分　↕ 函館バスで約1時間30分
- 江差　　松前

車

- 大沼
  - ↕ 国道5号、函館新道経由 29km
- 函館
  - ↕ 国道227号経由 19km
- 新函館北斗駅
  - ↕ 道道96号、国道228号経由 40km
- 木古内
  - ↕ 国道227号経由 57km　↕ 国道228号経由 56km
- 松前
  - ↕ 国道228号経由 64km
- 江差

問い合わせ先

観光案内
函館市観光案内所　☎0138-23-5440
函館市観光部観光誘致課　☎0138-21-3323
函館国際観光コンベンション協会　☎0138-27-3535
函館市元町観光案内所　☎0138-27-3333

交通
函館市電(函館市企業局交通部)　☎0138-52-1273
函館バス(函館営業所)　☎0138-51-3137
JR北海道電話案内センター　☎011-222-7111

函館はこんな街です

煌々と輝く街。美しい夜の幻想
函館 光が紡ぐ物語

漆黒の海に2本の扇を広げたように浮かび上がる函館の夜景。
その煌めきを、ゆっくりと心ゆくまで観賞したい。

函館●特集

日没前から徐々に明かりが灯る街をゆっくりと眺めたい

函館山山頂展望台

はこだてやまさんちょうてんぼうだい　→ P.43

世界屈指の夜景が待つ街の人気No.1スポット

函館山 MAP 付録P.6 B-4

函館の全景を見渡すなら、ここ。ロープウェイ山頂駅と直結した展望台にはレストランや売店も併設している。展望台まではロープウェイのほか、バスでも行くことができる。

夜景観賞のポイント

夜景の魅力を満喫するなら、日没30分前には展望台に到着しておきたい。混雑するので事前に日没時刻を確認し、早めに行くのがおすすめ。山頂は麓より気温が2〜3℃低いので、上着も忘れずに。花火大会やクリスマス期間、さらに季節によっても違った魅力が味わえる。

日没時間の目安

月	日没時間	月	日没時間
1月	16:10頃	7月	19:10頃
2月	16:45頃	8月	19:00頃
3月	17:45頃	9月	18:10頃
4月	18:00頃	10月	17:10頃
5月	18:30頃	11月	16:20頃
6月	19:00頃	12月	16:00頃

函館 光が紡ぐ物語

函館●特集

温かな光に包まれロマンティックさ漂う

灯りに照らされた石畳と対岸の摩周丸が印象的

函館港へ延びる約270mの一本道

八幡坂
はちまんざか　→P.36

元町 MAP 付録P.8 C-3
はこだてイルミネーションでライトアップされる並木。期間中は元町地区の坂や街路樹に16万個の電球が灯る。

五稜郭公園
ごりょうかくこうえん

五稜郭周辺 MAP 付録P.11 F-1
冬には堀の周りを2000個の電球で彩る五稜星の夢イルミネーションが楽しめる。春に見られる星形の城郭一面に咲く桜の景色もまた美しい。
→P.61

30

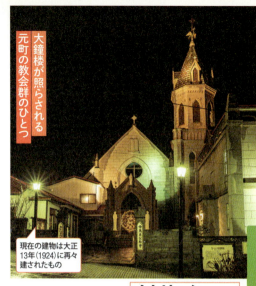

> 大鐘楼が照らされる元町の教会群のひとつ

> 現在の建物は大正13年(1924)に再々建築されたもの

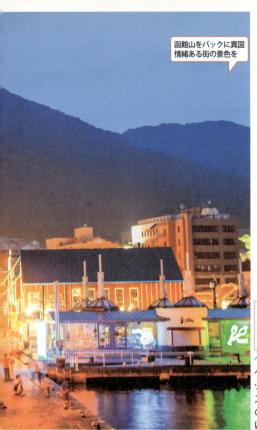

> 函館山をバックに異国情緒ある街の景色を

金森 赤レンガ倉庫
かねもりあかレンガそうこ

ベイエリア **MAP** 付録P.9 D-2

ベイエリアを代表する夜景スポット。12月のはこだてクリスマスファンタジー期間にはツリーの点灯と同時に花火も打ち上げられる。

➡ P.50

カトリック 元町教会 ➡ P.41
カトリックもとまちきょうかい

元町 **MAP** 付録P.8 C-3

格調高いゴシック様式の尖塔に雄鶏を配した大鐘楼がシンボルのローマカトリック教会。ライトアップされた姿が石畳の道に映える。

函館 光が紡ぐ物語

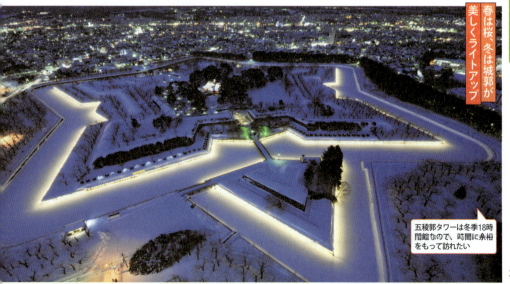

> 春は桜、冬は城郭が美しくライトアップ

> 五稜郭タワーは冬季18時閉館なので、時間に余裕をもって訪れたい

31

函館山から眺める夜景
細やかな演出で至福の時間
レストラン ジェノバ

函館山 MAP 付録P.6 B-4

函館山ロープウェイ山頂から「函館の夜景」が一望できるレストラン。窓際では1日3組限定でコース料理が楽しめ、数カ月前から予約する人も。シェフ自慢の和・洋食料理で特別なひとときを。

☎0138-27-3127
所 函館市函館山 営 11:00～21:00（10月16日～4月24日は～20:00）休 無休
交 函館山ロープウェイ・山頂駅から徒歩1分

予約	要 ※コース料理のみ
予算	ⓓ7500円～

おすすめメニュー
- 函館物語 2800円
- 洋食セット 2800円
- 北海道産牛のシチュー 2600円

1. 店内は照明を暗めに設定。窓ガラスは傾斜をつけ室内光を反射しにくくしてある
2. 函館山山頂展望台の2階にあるレストラン
3. 厳選食材を盛り合わせたお得なセット「函館物語」
4. 店内は茶色をベースに、心身ともにあたたまる設計

夜景が見える ダイニング&バー
輝きに包まれた大人

眼下に光と山のシルエット
最高の景色を眺め一杯
CAFE & BAR エステ
カフェアンドバー エステ

函館駅周辺 MAP 付録P.10 A-3

JR函館駅から徒歩1分、全30席のバー。函館山方向に大きく広がる夜景を眼下に望めるカウンター席が大人気。夜景評論家監修のLED照明の星空演出など、趣向を凝らした空間で特別な時間を。

☎0138-22-0111
（フォーポイントバイシェラトン函館）
所 函館市若松町14-10 フォーポイントバイシェラトン函館13F 営 14:00～22:30
休 無休 交 JR函館駅から徒歩1分

1.「夜景」がいちばんの売りという店のため、カウンター席から埋まっていく
2. カクテルは、スタンダードを中心に多種多様に用意
3. お酒と合わせたつまみも多彩。スイーツもある
4. 函館山と元町界隈の光のショーが目の前に広がる

おすすめメニュー
- オリジナルカクテル 1650円～
- スタンダードカクテル 1100円～
- チーズプレート 1320円

予約	望ましい
予算	ⓓ3000円～

函館 特集

海山の幸を鉄板焼で味わう幸せなひととき

鉄板焼 VUE MER
てっぱんやき ビュメール

函館駅周辺 MAP 付録P.9 F-1

北海道産の黒毛和牛や海鮮など、地産地消にこだわった高級食材を鉄板焼で楽しめる。全席カウンター席で函館の夜景を望む絶好のロケーション。記念日などの特別な日にぜひ訪れたい。

予約 要
予算 D 1万3000円～

☎0138-23-8757
函館市大手町5-10
函館国際ホテル 西館8F
17:00～21:00(LO19:30)
無休　JR函館駅から徒歩8分

おすすめメニュー
恵山コース 1万5750円
駒ヶ岳コース 2万400円
ビュメールコース 3万5000円

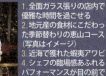

1. 全面ガラス張りの店内で優雅な時間を過ごせる
2. 地元産の食材にこだわった季節替わりの恵山コース（写真はイメージ）
3. 近海で獲れた蝦夷アワビ
4. シェフの臨場感あふれるパフォーマンスが目の前で繰り広げられる

の特等席

函館ならではの極上の時間を過ごすなら函館山の山頂やホテル高層階にあるレストランやバーへ。夜景を眺めながら美景、美食、美酒の饗宴を堪能したい。

輝きに包まれた大人の特等席

1. 函館山とはひと味違った港の光景が目の前に広がる
2.3. バーテンがすすめるここでしか飲めないカクテルが多彩。大切な人との特別な瞬間を演出
4. やわらかな間接照明が夜景を美しく引き立て、ゆったりと光の余韻に浸れる

ベイサイドの夜景を独り占め 最上階ラウンジの素敵な夜

ル・モン・ガギュー

函館駅周辺 MAP 付録P.9 F-1

4. 目の前には、函館港。最上階のラウンジから、煌々とした港や漁火の瞬きを眺めながら、美酒に酔う。季節やイベントごとに出されるオリジナルカクテルも魅力で、チャージ料をとらないのもうれしい。

☎0138-23-8757
函館市大手町5-10 函館国際ホテル 西館8F
20:00～24:00(LO23:30)　無休
JR函館駅から徒歩8分

おすすめメニュー
ホテルオリジナルカクテル
エルズ 1400円、シーセント 1500円
パノラマビュープラン(ドリンク3杯付)
3600円(プラス1000円で90分飲み放題に変更可能)

予約 望ましい
予算 D 2000円～

明治や大正の名残のなか、坂の上からは青い港が見える

元町周辺
もとまちしゅうへん

長い鎖国から開港という歴史の変遷を経験した函館。異国文化と見事に調和した情緒あふれる街を歩く。

↑元町の教会群を望む。手前の茶色い十字形をした屋根の建物は函館聖ヨハネ教会

外国人居留地に花開いた さまざまな国の色彩豊かな文化

　安政6年(1859)、長崎・横浜とともに対外貿易港として開港した函館は、外国の文化をいち早く受け入れた土地。街なかに外国人居留地を定めたことから多くの外国人が住み、元町には領事館や教会が建設された。宗派の異なる教会が隣り合う珍しい光景も、この街ならでは。函館は度重なる大火に見舞われ、洋館や教会も焼失と再建を繰り返したが、エキゾチックな街並みは、現在まで変わることなく息づいている。

観光のポイント

坂道をたどり、教会、洋館を巡る
教会や洋館の多くは坂の途中や上にあるので、坂道をたどりながら目的地を巡りたい

函館山へ向かい絶景を堪能
函館の旅に欠かせないのがとびきりの絶景。山頂展望台から最高の景色に出会える

レトロなカフェでひと休み
大正時代や昭和初期の建物を再利用したカフェや、老舗の味を守るレトロなカフェにもぜひ足を運びたい

交通 information

JR函館駅から市電・函館駅前まで徒歩5分、市電・函館駅前から函館市電で市電・十字街まで5分、市電・末広町まで7分

↑広い道路に並木と港が映える美しい八幡坂

八幡坂
はちまんざか

函館港までまっすぐに延びた270mの坂は、元町でいちばん美しいと評判。
➡ P.36

旧函館区公会堂 ➡ P.38
きゅうはこだてくこうかいどう

明治43年（1910）に建設された色鮮やかなコロニアル様式の集会所。

函館山山頂展望台
はこだてやまさんちょうてんぼうだい

函館の絶景を堪能できる、全天候型の展望台。レストランやカフェも併設。
➡ P.29/P.43

カトリック元町教会 ➡ P.41
カトリックもとまちきょうかい

大三坂の上に建つ、赤い屋根と鳥の飾りが目印の荘厳な教会。

元町周辺

モダンな街を縫うように延びるスロープを歩く

潮風香る坂の多い港町

函館山の麓に広がる元町は、まさに坂の街。
名のある坂だけでも19本。それぞれに個性のある坂をそぞろ歩くのが楽しい。

函館●元町周辺

八幡坂
はちまんざか
MAP 付録P.8 C-3
函館港を見下ろす名物坂
函館港までまっすぐに延びる270mの一本道。函館港と函館市青函連絡船記念館 摩周丸(P.55)を望む美しい坂道は、映画やCMにもたびたび登場している。

注目ポイント
防火のために広げられた坂道の道幅
昭和初期まで、大火の絶えなかった函館の街。美しい坂道の多くは、幅を広げ直線に整備され、防火線としての役割も果たしていた。

二十間坂
にじゅっけんざか
MAP 付録P.9 D-3

**大火に備え
広げられた坂**

道幅が二十間(36m)にわたることに由来する、洋風石畳が印象的な坂道。坂の上には威風堂々とした鉄筋コンクリートの東本願寺函館別院が建つ。

大三坂
だいさんざか
MAP 付録P.8 C-3

**エキゾチックな
雰囲気漂う**

石畳の坂に和洋折衷の建物が映え、「日本の道百選」にも認定された美観を誇る。荘厳なカトリック元町教会(P.41)、秋のナナカマドの紅葉などは必見。

基坂
もといざか
MAP 付録P.8 B-2

開放感あふれる坂道

江戸中期から行政機関などが集まる函館の中心として栄えた。かつては諸外国領事館の洋館が立ち並び、今でも坂の途中に函館市旧イギリス領事館(P.39)が残る。

潮風香る坂の多い港町

↑バルコニーからは元町と函館港が一望できる

↑建設当時の鮮やかなブルーグレーとイエローの配色が再現されている

函館●元町周辺

時代の波を乗り越え、今に残る歴史建築
街を彩る豪奢な洋館

江戸末期の開港で一躍脚光を浴び、明治期に急速に西洋の文化を吸収した函館。今も残る美しい西洋建築に、その歴史を垣間見ることができる。

↑2階にある約430㎡の大広間は音楽会などの行事に利用されていた

函館市地域交流まちづくりセンター
はこだてしちいきこうりゅうまちづくりセンター
MAP 付録P.9 D-3

かつてデパートだった華やかな歴史を物語る

南部坂の麓の交差点に面して建つ青銅屋根のドームが目印。大正12年(1923)に丸井今井呉服店函館支店として建設され、現在は観光案内や地域情報の発信拠点となっている。東北以北最古の手動式エレベーターがある。

↑2007年のリニューアル時、5階建てから大正時代創建時の3階建ての姿に戻し、左後部のエレベーター棟部分のみを残した

☎0138-22-9700　所函館市末広町4-19
開9:00～21:00　休無休(臨時休館あり)　料無料
交市電・十字街から徒歩1分　Pあり(2時間無料)

旧函館区公会堂
きゅうはこだてくこうかいどう
MAP 付録P.8 B-3

華やかな配色が目を引く洋館で明治のハイカラ気分を楽しむ

明治40年(1907)の大火で焼失した商業会議所に代わる施設として建設されたもので、豪商・相馬哲平氏や住民の寄付によって完成。2021年4月にリニューアルオープンし、外壁が改修されたほか館内展示にはARを導入。

☎0138-22-1001　所函館市元町11-3
開9:00～18:00(土・日曜は～19:00、11～3月は～17:00)　休無休(臨時休館あり)　料300円
交市電・末広町から徒歩10分　Pなし

↑瓦の寄棟屋根と白いレンガ造りの壁に青い窓額縁といったシンプルな美しさが際立つ

函館市旧イギリス領事館
はこだてしきゅうイギリスりょうじかん
MAP 付録P.8 B-2

ヴィクトリア調建築に瓦葺屋根のエレガントな和洋折衷が素敵

イギリス領事館は安政6年(1859)の箱館開港時に置かれたが、現在の白壁に瓦屋根の和洋折衷の建築は大正2年(1913)に再建。当時の様子を伝える開港記念館になっているほか、イギリス風カフェも併設する。

☎0138-27-8159 所函館市元町33-14
営9:00〜19:00(11〜3月は〜17:00)
休無休 料300円
交市電・末広町から徒歩5分 Pなし

↑イギリスの雑貨を扱うショップも併設
↑1階記念ホールでは開港当時の箱館を表した鳥瞰図が床一面を覆う

洋館内のカフェでひと休み

函館市旧イギリス領事館

ティールーム ヴィクトリアンローズ

大正2年(1913)、イギリス政府工務省上海工事局の設計によって竣工。以後21年間、領事館として使用された。

MAP 付録P.8 B-2
営10:00〜16:00(LO15:30)
休無休

↑英国から取り寄せた調度品が優雅な時間を演出
↑ケーキと紅茶かコーヒーのポットサービスのセット1500円(1人前)。好みの紅茶が選べる

函館市地域交流まちづくりセンター

cafe Drip Drop
カフェ ドリップ ドロップ

厳選された豆を使用した、香り豊かなコーヒーが自慢のカフェ。焼き菓子や軽食もあるので、観光途中のひと休みに。

MAP 付録P.9 D-3
営10:00〜17:00(LO16:30)
休水曜

↑こだわりのコーヒーを常時7〜8種類揃える
↑観光客だけでなく地元の人も立ち寄る人気スポット

街を彩る豪奢な洋館

函館聖ヨハネ教会
はこだてせいヨハネきょうかい

MAP 付録P.8 C-4

☎ 0138-23-5584
所 函館市元町3-23
開 見学自由(5月1日～11月3日は内観見学可、その他期間は要問い合わせ)
休 無休　料 無料
交 市電・十字街から徒歩15分
P なし

一線を画す近代的デザイン 上から見ると十字架の形

明治7年(1874)に建立された、北海道で最古の英国聖公会の教会。現在の聖堂は昭和54年(1979)に完成したもので、茶色の十字形をした屋根が印象的。パイプオルガンやステンドグラスを施した内部も素敵だ。

◎ 建物のいたるところにある十字架を探してみたい

◎ 内部は5月1日～11月3日まで見学可能で、日曜礼拝やコンサートが行われる

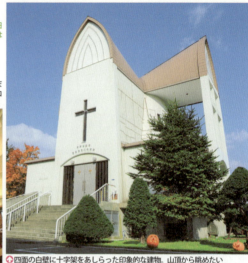

◎ 四面の白壁に十字架をあしらった印象的な建物。山頂から眺めたい

函館●元町周辺

居留地の面影を残す歴史建築。さまざまな意匠にふれる
心洗われる坂の上の教会

世界から多様な文化が届いた街に点在するさまざまな宗派の教会建築。
厳かな空気に包まれた、元町の美しい祈りの場へ。

注目ポイント

元町に集まる各宗派の教会
さまざまな宗派の教会が密集する元町は、世界でも珍しい場所。安政6年(1859)の開港を契機に、街には諸外国の領事館が建てられ、キリスト教が伝来すると同時に、領事館付属の教会も建てられた。元町には、国際港として開かれた街の歴史が色濃く残っている。

- 函館港
- 大三坂
- 二十間坂
- 日本基督教団函館教会　宗派：プロテスタント
- カトリック元町教会　宗派：ローマ・カトリック
- 東本願寺函館別院
- 八幡坂
- 函館ハリストス正教会　※改修工事のため休館中　宗派：ロシア正教会
- 函館聖ヨハネ教会　宗派：英国聖公会
- 函館山

カトリック元町教会
カトリックもとまちきょうかい
MAP 付録P.8 C-3

坂の上に映える赤い屋根
フランス起源のゴシック建築

高くそびえた八角形の大鐘楼が特徴。最初の木造の聖堂は安政6年（1859）に建てられたが、2度焼失、大正13年（1924）に再建された。裏に聖母マリア像を祀る「ルルドの洞窟」がある。

☎0138-22-6877 所函館市元町15-30
時10:00〜16:00（日曜午前中の礼拝時を除く）休聖堂使用時 料無料
交市電・十字街から徒歩10分 Pなし

↓ルドの洞窟には高さ1.5mのマリア像があり、毎年5・10月に信者が祈りを捧げている

↑鐘楼の上にのっている鳥の飾りには、ペトロの否認に関し自戒の意味が込められている

→扉はクリスマスシーズンにリースで飾られる（左）、屋根の上にも、聖母マリア像がある（右）

日本基督教団函館教会
にほんきりすときょうだんはこだてきょうかい
MAP 付録P.8 C-3

ゴシック様式の壮麗な装飾
ハリス宣教師創設の教会

明治7年（1874）に宣教師ハリスによって創設され、現建物は昭和6年（1931）築。ゴシック様式が特徴で、函館山麓の坂に交差した弁天末広通に面する。会堂内の「ひいらぎ文庫」は、地元住民に愛されている。

☎0138-22-3342 所函館市元町31-19
時外観のみ見学自由、礼拝は日曜10:30〜11:45 休無休 料無料
交市電・末広町から徒歩5分 Pなし

↑ドイツ製のパイプオルガンが神聖な音を響かせる

↑尖塔アーチの窓などゴシック様式デザインがいたるところに生かされた教会

函館ハリストス正教会は改修工事中

白い壁と緑の屋根が美しく元町のシンボル的な存在の函館ハリストス正教会。由緒ある歴史的建造物で、現存する聖堂は大正5年（1916）に建てられたもの。2021年1月から2022年12月にかけて、改修工事のため休館中。工事期間中、見学はできない。

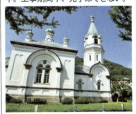

心洗われる坂の上の教会

津軽海峡と函館港の先には駒ヶ岳や横津連峰まで見渡すことができる

函館●元町周辺

334mの山頂から見晴らす心に残る風景
絶景！函館山

両側を海に挟まれ、大きくくびれた独特の地形が生む眺望。世界も認めたその眺めを、時間をかけて楽しみたい

刻々と変わる絶景を堪能!!

夜景がクローズアップされる函館山から見ることができる眺望は、季節や時間帯によっても実にさまざま。夏の早朝や雪化粧をした冬景色もまた絶景だ。

○4〜8月の晴れて気温が下がった早朝に見られる雲海

○日没前から少しずつ浮かび上がる街の明かりをゆっくりと眺めるのがおすすめ

○真っ白な雪に覆われた、冬ならではの美しい景色もぜひ見てみたい

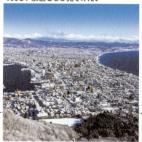

↑津軽海峡に張り出した形の函館山

↑青森県の下北半島まで見えることもある

函館山山頂展望台
はこだてやまさんちょうてんぼうだい
MAP 付録P.6 B-4

まずは函館山の山頂を目指し函館の街の景色を満喫

街を代表する風光、夜景(P.28)に代表される景色は、この展望台からの眺望。展望台にはショップやカフェ、レストランも併設されている。山頂は夏でも気温が低いので羽織るものを持参したい。

☎0138-23-3105(総合案内) ⦿函館市函館山 ⏰10:00〜22:00(10月16日〜4月24日は〜21:00) ❌無休 ¥無料 Ⓟあり

(アクセス information)

展望台までのアクセスはロープウェイのほか、函館山登山バス、定期観光バス(北都交通☎0138-57-4000)などの方法がある。マイカー・レンタカーの場合、4月下旬〜11月上旬の夜景タイムと、冬季は登山道の通行が禁止になるので注意が必要。

函館山ロープウェイ
はこだてやまロープウェイ

山麓駅から頂上展望台まで約3分。125人乗りのゴンドラで通常15分間隔で運行。混雑時は5分間隔も。

MAP 付録P.8 C-4

☎0138-23-3105(総合案内) ⦿函館市元町19-7 ⏰10:00〜22:00(10月16日〜4月24日は〜21:00) ❌無休 ¥往復1500円(片道1000円) 🚃市電・十字街から徒歩10分 Ⓟあり

函館山登山バス はこだてやまとざんバス

4月下旬〜11月上旬に運行。函館駅から函館山の山頂までは約30分。時刻は要問い合わせ。
☎0138-51-3137(函館バス)
¥400円

道南ハイヤー どうなんハイヤー

便利なタクシーは、グループで利用するとお得。
☎0138-46-1100(道南ハイヤー函館本社)

展望台の多彩な魅力 お楽しみスポット

山頂ショップ

展望台の2階にあり、函館山ロープウェイのオリジナルグッズや函館限定商品などおみやげが揃う。

MAP 付録P.6 B-4
☎0138-23-3105(総合案内) ⏰10:00〜21:45(10月16日〜4月24日は〜20:45) ❌無休

レストラン ジェノバ

ガラス張りの絶景レストラン。美しい景色を楽しみながら、家族や友人と特別な時間を過ごしたい。

→ P.32

注目ポイント

要塞としての機能を終えて一大観光名所へと変貌を遂げた

函館山には、明治32年(1899)から昭和21年(1946)まで47年もの間、ものものしい軍事要塞として、一般の立ち入りを禁止していた時代があった。それまで348mあった標高もこの要塞の築造で削られ、現在の334mになったという。かつての軍道や車両道も今では「旧登山道」「薬師山コース」などのトレッキングコースとして親しまれ、砲台跡などを見ることができる。美しい観光地・函館は 意外な歴史を歩んでいたのだ。

絶景！函館山

GOURMET 食べる

明治の歌人や文豪も愛した風情ある建物でゆったりお茶を

茶房ひし伊
さぼうひしい

📍 MAP 付録P.9 E-4

宝来町で市電を降り、高田屋嘉兵衛像そばにある甘味処。明治期築の質蔵だった建物を大正10年(1921)に建て増し、当時の雰囲気をそのまま残す。2階吹き抜けも趣深く、元町散歩の休憩がてら足を向けたい。

📞 0138-27-3300
所 函館市宝来町9-4
営 11:00～17:00(LO16:30) 休 水曜
交 市電・宝来町から徒歩2分 P あり

おすすめメニュー
白玉抹茶クリームあんみつ 770円
あずき白玉パフェ 830円

1. 明治38年(1905)建造の土蔵を基に、アンティーク家具を配した店内。2階の座敷も居心地がよい
2. 自家製の黒蜜と寒天を使っている
3. 茹でたてでモチモチの白玉パフェ
4. 併設ショップでは質蔵のイメージそのままに和洋骨董やランプなどを扱う
5. 昔は質屋。黒漆喰の外壁が目印だ

函館●元町周辺

歴史が薫る蔵や古民家でひと休み

レトロな和空間で憩う

往時の面影を残すレトロな建物に一歩足を踏み入れると、店主のこだわりが随所に光る個性的な空間が広がる元町のカフェ。明治、大正の街の歴史を感じ、極上の時を過ごす。

1. かわいい「とうふ白玉」がたっぷり
2. おいしい抹茶とおすすめがセット
3. 道南の正月料理のくじら汁と、北海道文化の甘納豆の赤飯が楽しめる
4. 家具はしっくり落ち着いた雰囲気
5. 大正10年(1921)築、切妻の純和風の建物。函館市指定「伝統的建築物」

古き良き「大正」へタイムスリップ 喫茶メニュー&郷土料理を堪能

茶房菊泉
さぼうきくいずみ

📍 MAP 付録P.8 B-3

一番人気の「とうふ白玉パフェとコーヒーのセット」1060円は、自家製餡とごまアイスとの相性が抜群。郷土料理のくじら汁や甘納豆の赤飯も提供。レトロな空間のなか、時間を忘れそうだ。

📞 0138-22-0306
所 函館市元町14-5 営 10:00～17:00
休 木曜(祝日の場合は営業)
交 市電・末広町から徒歩8分 P なし

おすすめメニュー
抹茶セット「S」1060円
くじら汁と赤飯のセット 810円

元町西端のシービューカフェで過ごす午後
ティータイムに海を眺めて

賑やかな元町中心部を離れ
外国人墓地周辺で、
海を望む隠れ家に流れる
穏やかな時間に浸る。

おすすめメニュー
嬉野茶 600円
抹茶 1000円

↑函館湾が一望できる景観を瞳に映しながら、和みのひとときを過ごせる

レトロな和空間で憩う ティータイム

函館湾を眼前に望みながら 日本茶の香りに包まれるひととき

ティーショップ夕日
ティーショップゆうひ

MAP 付録P.6A-2

明治18年(1885)に函館検疫所として建築された建物を、2014年に日本茶カフェとしてリニューアル。オーナーが世界各地から集めた食器や家具、オルゴールがアンティークな空間を演出する。

☎0138-85-8824
所 函館市船見町25-18 営10:00~日没
休 水・木曜、12月下旬~3月上旬
交 市電・函館どつく前から徒歩15分 Pあり

↑日本茶に合う和菓子などのお茶うけが付く

↑いたってシンプルな建物が、ノスタルジックな雰囲気を漂わせる

↑きめ細かに泡立てることで、やさしい甘さを引き立てる宇治茶

港を見下ろす崖の上のカフェ サクサクのピロシキもどうぞ

カフェテリア・モーリエ

MAP 付録P.6A-2

ロシア語で「海」を意味する店名どおり、窓いっぱいの海に圧倒される。ジャガイモとひき肉入りのピロシキは、油で揚げないサクサクの口当たり。GLAYの曲『ホワイトロード』のPVの舞台にもなった。

☎0138-22-4190
所 函館市船見町23-1 営11:00~18:00(LO17:30)
休 不定休、1・2月
交 市電・函館どつく前から徒歩15分 Pなし

↑ピロシキやパンは注文を受けてから焼き上げる
↑海の方向へせり出しているテラスルーム

おすすめメニュー
ピロシキセット 950円
シナモンロールセット 850円

↑席からちょうど目線の高さに海が広がり、西向きの窓からは夕日がよく見える

海辺に並ぶレンガ建築から漂う豊かな旅情
ベイエリア

赤レンガ倉庫群を中心に広がる函館を代表するショッピングゾーン。歴史ある建物が役割を変えて、今も多くの人々で賑わう。

函館●ベイエリア

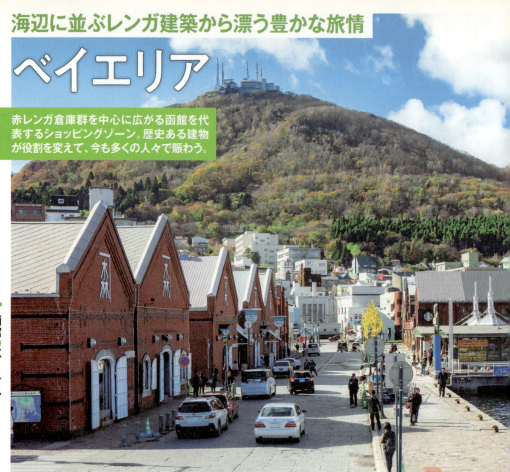

↑ノスタルジックな明治の面影をとどめる金森赤レンガ倉庫群

港町の情緒漂う街並み散歩とバラエティ豊かな買い物を楽しむ

　幕末に国際貿易港として開港した函館港は北海道の玄関として、また北洋漁業の本拠地として賑わった。西洋風の街づくりが推進されたことから、洋館や和洋折衷の建物が点在する街並みが生まれ、港には金森赤レンガ倉庫をはじめ、明治期に建てられたレンガ造りの倉庫群が今も残る。かつて活躍した建造物は、個性あふれるショッピングモールやカフェにリノベーションされ、夜には美しくライトアップされた姿で楽しませてくれる。

観光のポイント

函館港でクルーズを体験
函館港内を15分〜1時間で一周し、海から函館の街が眺められる各種クルーズに注目

赤レンガの倉庫でショッピング
スイーツや雑貨、輸入品までバラエティ豊かに揃うベイエリアのショッピングゾーン

リノベーションカフェで憩う
函館ならではの和洋折衷の建物を改装した古民家カフェで、港町の雰囲気を楽しみながらひと休み

交通information

JR函館駅から市電・函館駅前まで徒歩5分、市電・函館駅前から函館市電で市電・十字街まで5分、市電・末広町まで7分

↑伝統的建造物の相馬株式会社本社前を通る

46

金森赤レンガ倉庫
かねもりあかレンガそうこ

明治末期に建設された営業倉庫を活用し、個性豊かなショップや飲食店が入った、函館を代表するショッピングスポット。 ➡ P.50

▶ 函館港の歴史を見つめてきた金森赤レンガ倉庫群。夜にライトアップされた風景も見逃せない

街に残る和洋折衷住宅

今も景観保存のために守られている函館独特の住宅は、明治11年(1878)の大火のあと、西洋風の街づくりが進められたことで一気に増加した。内装や1階外装は和風で、坂の下から見える2階部分の外装は洋風という独特の造りが今も街に残る。

観光遊覧船ブルームーン
かんこうゆうらんせんブルームーン ➡ P.49

快適な船内でくつろぎながら、函館港の空気を全身で感じられる。

はこだて明治館
はこだてめいじかん

歴史的な建物にオルゴールやガラス製雑貨などのショップが集まる。 ➡ P.51

緑の島
みどりのしま

ベイエリアの向かい側に浮かぶ面積約8haの人工島。広い芝生にベンチが置かれ、函館山や赤レンガ倉庫が見渡せる函館市民の憩いの場。

MAP 付録P.8 C-1
☎ 0138-21-3486(函館市港湾空港部管理課)
所 函館市大町15 営 9:00〜20:00(10〜3月は〜17:00) 休 無休 料 無料
交 市電・大町から徒歩3分 P あり

ベイエリア

幕末から貿易で栄えた函館港をクルーズでひと巡り

世界に開いた海原へ出航

小型の観光船や大型の遊覧船に乗って、函館港の海上散歩を体験。
さまざまな文化が運ばれた港町の現在の姿を、船上から眺めてみたい。

函館●ベイエリア

金森ベイクルーズ
かねもりベイクルーズ
MAP 付録P.9 D-2

**金森赤レンガ倉庫から
15分の海上散歩へ出発**

金森赤レンガ倉庫(P.50)が立ち並ぶ運河を出航し、函館湾内を15分で一周するコースを用意。日没前後の時間は、街が夕日に染まるロマンティックな眺望が楽しめる。

☎ 080-5597-8677
所 函館市豊川町11-5 BAYはこだて内堀
営 10:00～18:00 休 12～3月
料 ベイクルーズ1500円(15分)
交 市電・十字街から徒歩5分 P あり

↑函館に残る唯一の運河から出航。小型クルーズ船が2隻ある

↑七財橋をくぐり、函館港へ向かう

↑チケットは案内所で購入できる

↑全天候に対応するクルーズ船、ドリーム(左)、潮風が感じられるオープンエアのクルーズ船、カレンⅡ(右)

48

船上からの眺めを楽しむ

海上から眺めると、函館の街の新たな一面を見ることができる。潮風を感じながら、名所の魅力にふれてみたい。

函館山
赤レンガ倉庫越しに街のシンボル、函館山が見える。

函館市青函連絡船記念館 摩周丸
船体の正面など、さまざまな角度から眺めてみたい。

五稜郭タワー
高さ107mのランドマークはひと目でわかる存在感。

函館どつく
何本もの巨大なクレーンが並ぶ迫力の光景を堪能。

世界に開いた海原へ出航

観光遊覧船ブルームーン
かんこうゆうらんせんブルームーン
MAP 付録P.9 D-2

**港町函館を全身で感じる
快適船内で過ごす海上散歩**

ウォーターフロント開発の一環として進められた函館初の本格ベイクルーズ。西波止場前の青い桟橋に映える白い船体で、海を楽しむひとときをドラマチックに演出する。

☎0138-26-6161　函館市末広町14-17
ベイクルーズ10:30〜17:00(1日5〜7便)、ナイトクルーズは要問い合わせ
11月上旬〜4月下旬　ベイクルーズ2000円(30分)、ナイトクルーズ3000円(1時間)
市電・十字街から徒歩5分　あり(三井リパーク駐車場利用、1000円以上の買い物で1時間無料)

↑船底が分かれた双胴船は揺れが少ない

↑約60分のナイトクルーズは、ライトアップされた倉庫街が一望できる

↑乗船時の期待から乗船後の余韻まで快適な船旅(左)、客席は1、2階とあり、2階はソファでゆったり(右)

レンガ造りのレトロな倉庫群を見る
ベイエリアのお楽しみ

函館港に面して立ち並ぶ赤レンガ倉庫群。明治の面影を残す建物に個性豊かなお店が集うショッピングエリアを歩く。

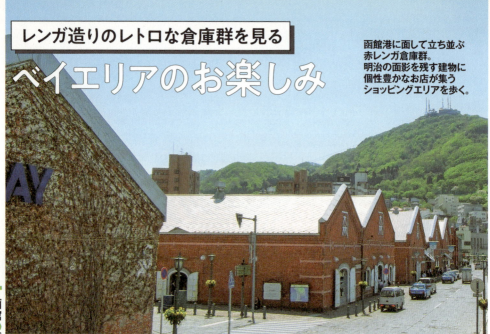

金森赤レンガ倉庫
かねもりあかレンガそうこ
MAP 付録P.9 D-2

函館らしいショップが並ぶベイエリアのシンボル

函館で初の営業倉庫として明治末期に建造された建物を改装したベイエリアで人気のスポット。ショッピングやグルメ、ビヤホールなどバラエティ豊かな店舗が並ぶほか、ホールとチャペルも備えている。

☎0138-27-5530 ⬛函館市末広町14-12 ◐9:30〜19:00(季節、店舗により異なる) ◐無休 ◐市電・十字街から徒歩5分 ◐あり(有料)

↑明治15年(1882)頃に築造された、函館に唯一残る運河

↑創始者の渡邉熊四郎が奉公していた薬屋「森屋」からとった屋号。横の記号は「律儀さ」を表す曲尺(かねじゃく)

函館の新しい時代を築いた渡邉熊四郎

明治の函館四天王のひとり、渡邉熊四郎。大分県の出身だが、24歳で函館に移住。明治2年(1869)に金森洋物店を開業したのに始まり、函館初の営業倉庫である赤レンガ倉庫を開業。1年間世界を旅して帰国したのちに、自家の事業に携わるほか銀行、新聞社、学校、病院などの創設に多額の寄付をするなど、函館の発展に尽力した人物として知られる。

↑近代化に重要な役割を果たした金森洋物店

金森赤レンガ倉庫の施設

BAYはこだて
ベイはこだて
オルゴール、スイーツなどを扱う専門店が並び、チャペルも併設

金森洋物館
かねもりようぶつかん
初代の「異国の夢を売る店」をテーマに輸入品や雑貨などを扱う

函館ヒストリープラザ
はこだてヒストリープラザ
スイーツ店からビヤホール、ガラス製品の店など7店舗が入る

金森ホール
かねもりホール
コンサートから結婚式まで、200名を収容できる多目的ホール

はこだて海鮮市場本店

はこだてかいせんいちばほんてん

MAP 付録P.9 E-2

新鮮な函館みやげが すべてここで揃う

函館名産のイカやホッケなどの海産物のほか、北海道銘菓や乳製品も揃う。水揚げされたばかりの豊富な魚介が並ぶ鮮魚コーナーやイートインコーナーも併設されている。

↑地元水産会社直営ならではの豊富な品揃えが自慢

☎0138-22-5656 ㊙函館市豊川町12-12 ㊕6:30〜20:00(時期、店舗により異なる) ㊡無休 ㊋市電・十字街から徒歩5分 ㊟あり(三井リパーク駐車場利用、1000円以上の買い物で1時間無料)

↑2000種類の海鮮・珍味が並ぶ

函館西波止場

はこだてにしはとば

MAP 付録P.9 D-2

海を見下ろすウッドデッキで 港町の雰囲気を満喫できる

「はこだて海鮮市場」の支店をはじめ海産物加工品、みやげ物店、カフェなどを揃えた複合施設。「はこだて海鮮市場」は本店同様、海産品や乳製品、銘菓など多彩な品揃え。

↑港に面したウッドデッキで潮風を感じてひと休みできる

☎0138-24-8108 ㊙函館市末広町24-6 ㊕9:00〜19:00(時期により異なる) ㊡無休 ㊋市電・十字街から徒歩5分 ㊟あり(三井リパーク駐車場利用、1000円以上の買い物で1時間無料)

↑店内にはみやげ物がずらり

函館港 / ラビスタ函館ベイ P.86 / 金森洋物館 / BAYはこだて1号館 / BAYはこだて2号館 / 函館ベイ美食倶楽部 / P.49 観光遊覧船ブルームーン / はこだて海鮮市場本店 / P.80 ラッキーピエロマリーナ末広店 / スターバックスコーヒー函館ベイサイド店 / 七財橋 / 日和坂 / ウイニングホテル / 函館西波止場 / P.48 金森ベイクルーズ / 函館市文学館 P.71 / 金森赤レンガ倉庫 / はこだて明治館 / 末広町 / 函館市電 / 金森ホール / 八幡坂通 / 函館ヒストリープラザ / P.74 LA CONCHA / 十字街

ベイエリアのお楽しみ

はこだて明治館

はこだてめいじかん

MAP 付録P.9 E-2

工房やミュージアムも 楽しめるショッピング施設

明治44年(1911)に建てられた赤レンガ造りの旧函館郵便局を利用。館内にはオルゴールやガラス製品を扱うショップが入り、工房でオルゴール制作なども体験できる。

↑歴史を感じさせる旧函館郵便局の建物も見どころ

☎0138-27-7070 ㊙函館市豊川町11-17 ㊕10:00〜17:00(変更の場合あり) ㊡水曜 ㊋市電・十字街から徒歩5分 ㊟あり(三井リパーク駐車場利用、1000円以上の買い物で1時間無料)

↑素敵な雑貨が豊富に揃う

函館ベイ美食倶楽部

はこだてべいびしょくくらぶ

MAP 付録P.9 E-2

有名店の味を集めた 人気グルメスポット

海鮮、回転寿司、函館塩ラーメン、ジンギスカン、スープカレーなど函館の有名7店の味が楽しめるグルメスポット。天然温泉の足湯(冬季中止)でひと休みすることもできる。

↑レンガ造りや蔵造りの建物で明治の街並みを再現

☎店舗により異なる ㊙函館市豊川町12-7 ㊕11:00〜23:00(店舗により異なる) ㊡不定休 ㊋市電・十字街から徒歩5分 ㊟あり(有料)

↑ジンギスカンが楽しめる羊羊亭。多彩な店舗が出店

> GOURMET
> 食べる

函館●ベイエリア

リノベーションで蘇った、懐かしい憩いの場
街の歴史に寄り添う**極上カフェ**

昭和初期に建てられた趣深いモダンな雰囲気の建物。
当時のたたずまいを生かしながら、現代のセンスで磨かれ、
新たな魅力を放つリノベーションカフェで、店主の創意にふれてみたい。

昭和初期の匂いを残すカフェ
プレートの食事メニューも豊富

Cafe & Deli MARUSEN
カフェ＆デリ マルセン

MAP 付録P.9 F-1

昭和9年（1934）建築の旧日魯漁業社屋を生かしたカフェ。ランチメニューのラストオーダーである15時まではさまざまな料理が楽しめる。テイクアウトメニューも用意しており、ホテルの客室などでゆっくり食べるのも人気。

☎0138-85-8545
所 函館市大手町5-10 ニチロビル1F
営 11:00〜19:00（LOランチ15:00 カフェ17:00）テイクアウト11:00〜18:30
休 火曜 交 JR函館駅から徒歩7分 P あり

おすすめメニュー
ブレックファストプレート　918円
鶏のフォー　1188円

1.建築当時の高い天井や半円の窓、天井の意匠など贅沢な造りをそのままに　2.七飯産ふっくりんこを使用した生麺のフォー。モチモチとした食感が特徴　3.昭和が薫る重厚でモダンな外観　4.自家製パンをたっぷりアパレイユに浸したしっとりフレンチトースト　5.カジュアルなテイクアウトメニューが充実

SHOPPING 買う

↑展示室は、レトロな空気とマッチした作品であふれる。道内を中心に全国の作家ものも扱う

北の大地に根差す作家たちの逸品を探す
手仕事をお持ち帰り

現代の匠が生み出した
ぬくもりあふれる品々を手にとり、
レトロとモダンの出会いを楽しむ。

極上カフェ／手仕事をお持ち帰り

**由緒ある建物が紡ぐ空間
お気に入りの工芸品と出会う**

はこだて工芸舎
はこだてこうげいしゃ

MAP 付録P.9 E-3

かつての歓楽街「銀座通」の顔・旧梅津商店を大規模改装したギャラリー。地元の作家・堂前守人さんをはじめ、道内や津軽在住の工芸家の作品を展示販売している。作品展やイベントも多彩だ。

☎0138-22-7706
所 函館市末広町8-8 営10:00(11～4月11:00)～18:00 休無休 市電・十字街から徒歩1分 Pあり

↑小さくとも風格ある昭和初期の建物

↑はこだて工芸舎オリジナルのカップ＆ソーサー4400円

↑堂前さんの花絵マグカップ6050円
↓函館の作家 dropin.さんのシルバーピアス5500円

↑堂前さん作の「花絵のはしおき」各990円。彩り豊かだ

↑堂前さんによる「函館の街シリーズ コースター」各2200円

↑帯広の作家による「フェルトピンブローチ」各2200円。ブドウのような形がかわいい

↑アイヌ民族文様をあしらったメモ帳360円～。シリーズで多彩に展開されている

↑函館の作家・AKO studioの小さな一輪挿し各2750円

↑はこだて工芸舎オリジナルの花絵シール330円～。ポチ袋や封筒などの商品も揃う

↑はこだて工芸舎オリジナルの羊の置物各1650円

街の玄関口にグルメスポットが集まる
函館駅周辺
はこだてえきしゅうへん

徒歩圏内に北海道の味覚が満載の朝市や飲食街がある駅周辺。みやげ物探しなどの買い物も存分に楽しむことができる。

↑青函連絡船をモチーフにしたJR函館駅。路線バスや市電にも簡単にアクセスできる

函館駅
はこだてえき

北海道新幹線の開通に合わせて大規模にリニューアルした。おみやげコーナーや専門店が充実。

海鮮満載の朝市や飲食街のほか連絡船の歴史も見どころ

函館観光の玄関口である函館駅は、市電や路線バス、空港行きのバスが発着する函館市内の交通の起点だ。駅の周辺には3haの広大な敷地に約250もの店舗がひしめく函館朝市がある。戦後、農家による立ち売りから始まり、今や北海道最大規模を誇る市場となった。

昔ながらの飲み屋街を再現し2005年にオープンした大門横丁や、かつて函館と青森を結んだ青函連絡船・摩周丸の歴史見学も楽しめる。

観光のポイント

朝、市場へ向かい海鮮丼を堪能
少し早起きをして、地元産の新鮮な魚介をたっぷりのせた海鮮丼の朝ごはんを満喫する

朝市で魚介のおみやげ探し
約250店舗がひしめき、何でも揃う朝市。味見をしながら、じっくりおみやげを探したい

交通information

JR新函館北斗駅からJR函館駅まではこだてライナーで20分／JR木古内駅からJR函館駅まで道南いさりび鉄道で1時間／函館空港からJR函館駅まで函館帝産バス・空港シャトルで20分

↑函館市電は函館駅を拠点に東西へ延びる

⬆函館駅の徒歩圏内に観光スポットが集結

⬆市電・函館駅前まで徒歩5分で行ける

函館市青函連絡船記念館 摩周丸
はこだてしせいかんれんらくせんきねんかん ましゅうまる

昭和63年（1988）に廃止になった青函連絡船・摩周丸をそのまま保存した資料館。4階の甲板は360度の景色が楽しめる隠れた絶景ポイント。

MAP 付録P7 E-1

☎ 0138-27-2500
所 函館市若松町12番地先　開 8:30〜18:00 11〜3月9:00〜17:00　休 無休
料 500円
交 JR函館駅から徒歩4分　P なし

⬆観光客も気軽に立ち寄れる函館朝市ひろば

函館朝市 ➡ P.56
はこだてあさいち

新鮮な魚介や加工品、北海道の特産品まで揃う朝市。

⬆獲れたての新鮮な魚介がずらりと並ぶ函館朝市

函館駅周辺

少し早起きをして、旬の味覚が所狭しと並ぶ巨大な市場を散策

美味を求めて賑わう朝市へ

約250もの店が軒を連ねる函館朝市は70年余りの歴史を持つ。
新鮮な海産物は朝に入荷するため昼過ぎには品切れとなることもある。できるだけ早い時間に訪れたい。

函館朝市
はこだてあさいち
MAP 付録 P.10A-3

多種多彩な市民の台所
2階建ての新装でお出迎え

昭和20年（1945）、近隣町村の農家が野菜や果物を持ち込み、駅前で立ち売りを始めたのが始まり。2018年4月から、一定の基準をクリアした商品やサービスを認定する新制度「セレクト朝市」がスタートした。

☎0138-22-7981 　函館市若松町9-19 　5:00（1～4月6:00）～14:00頃 ※店舗により異なる　店舗により異なる　JR函館駅から徒歩1分　あり（有料）

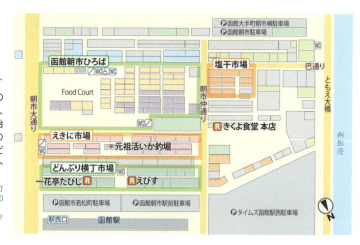

函館 ● 函館駅周辺

どんぶり横丁市場
どんぶりよこちょういちば

朝市の玄関で丼を

約20軒、総座席は約400席。1カ所に集中し、好みや予算でお店を選べる。

↑洋館をイメージした外観

えきに市場
えきにいちば

550円丼は選べる6種類

函館朝市の中心にある室内型の市場。鮮魚、塩干物、珍味はもちろんみやげも。

↑豪華な海鮮丼や定食も豊富だ

函館朝市ひろば
はこだてあさいちひろば

人情あふれる雰囲気

2014年に「渡島ドーム」がリニューアル。生産者との会話も楽しい。

↑2階にはイベントスペースも併設

塩干市場
えんかんいちば

昔ながらの対面販売

紅鮭やホッケの開きなど干物や加工品が中心。店主がテンポよく話しかけてくる。

↑地元の人とのふれあいも叶う

海鮮みやげ

近海ものを中心とした新鮮な魚介や多彩な加工品が揃う。全国への発送も可能だ。

ホッケ
縞のあるシマホッケと真ホッケの主に2種。一夜干しが売られていることが多い。旬は4〜6月頃

カニ
通年近海で獲れるタラバガニ(上)やカニの王様、毛ガニ(左)がおみやげに人気。毛ガニの旬は6〜7月頃

ウニ
トゲの短いバフンウニ(奥)と黒く長いトゲがあるムラサキウニ(手前)。旬は6〜7月頃

活イカ釣り

親子で楽しめる釣堀。函館近海で獲れた活イカを専用の釣竿で釣ることができる。

↑釣り上げたイカは水を吹き抵抗してくることも

元祖活いか釣堀
がんそかついかつりぼり
MAP 付録P.10A-3

並んでいる間はほかの人の釣り方を見ることができる。研究して挑もう。
☎0138-22-5330(函館駅二商業協同組合)
営6:00〜13:30(季節により異なる)
休1〜6月、10・11月の第3水曜 料時価(600円〜)

↑サッと素早くさばかれたイカ。鮮度そのままコリコリの食感が味わえる

美味を求めて賑わう朝市へ

朝市丼

旬に合わせた粒揃いの海鮮の食材たち。好みの具を盛り付け、サッといただきたい。

サーモン親子ユッケぶっかけ丼 1707円
めかぶ、イカ、サーモン、アボカド、イクラを使った女性人気No.1
きくよ食堂 本店

元祖函館巴丼
1599〜1923円
炭火炊きご飯の上に、ウニ、イクラ、ホタテが盛り付けられる
きくよ食堂 本店

七色丼 2180円
ウニ、カニ、ボタンエビ、ホタテ、イクラ、イカ、ホッキがあつあつご飯の上にたっぷり
一花亭たびじ

五種お好み丼 2376円
ウニ、イクラ、ホタテ、カニ、エビ、鮭、イカラから好きなものを
きくよ食堂 本店

活いか踊り丼
2080円 ※変動あり
新鮮なイカをまるごと盛り付けた一番人気の丼。イクラはカニフレークに変更可
一花亭たびじ

えびす丼
3520円
ウニ、イクラ、ホタテ、イカ、エビ、カニ、サーモンを使った自慢の一品
えびす

蓮華丼 7480円
活アワビが踊りだす、10種類の具がのった海の宝石箱。1日限定20食
一花亭たびじ

朝市丼ならこちら

きくよ食堂 本店
きよしょくどう ほんてん
MAP 付録P.10A-3

昭和31年創業。朝市海鮮丼発祥の店。創業時より炭火でご飯を炊き上げる。
☎0138-22-3732
営5:00〜14:00(LO13:50)
12〜4月6:00〜13:30(LO13:20) 休無休

えびす
MAP 付録P.10A-3

昭和23年創業。新鮮な魚介を使った丼がメイン。活イカ刺しも注文が多い。
☎0138-22-0808
営6:00〜14:00 休火曜

一花亭たびじ
いっかていたびじ
MAP 付録P.10A-3

カウンター、座敷、テーブルで計58席。水槽で泳ぐイカもさばいてくれる。
☎0138-27-6171
営6:00〜14:00 休無休

ロマン漂う城郭を歩き、幕末の夢の跡を体感する
五稜郭周辺
ごりょうかくしゅうへん

幕末を駆けた榎本武揚や土方歳三の足跡が残る五稜郭。豊かな緑に包まれた城塞で志士たちに思いを馳せる。

函館●五稜郭周辺

↑春には五稜郭公園の城郭を囲むように桜が咲き誇る

箱館戦争の主舞台から市民に愛される街のシンボルへ

　戊辰戦争の終章である箱館戦争終結の地という歴史を経て、現在は函館市民のシンボルとして親しまれる五稜郭。市内屈指の桜の名所で、150年ぶりに復元された箱館奉行所や、公園手前にそびえる五稜郭タワーなど見どころも多く、周辺には函館市北洋資料館や北海道立函館美術館など街の歴史や文化にふれられるスポットも揃う。市電の五稜郭公園前停留場近くには、有名スイーツ店やおしゃれなレストランなどが集まる。

観光のポイント

五稜郭タワーから眺望を楽しむ
地上90mから五稜郭の星形と函館山や市街まで、360度のパノラマの景色を楽しむ

箱館奉行所で歴史にふれる
渾身の建築技法をはじめ、4つのゾーンに分けて展示された貴重な資料を見学する

スイーツ自慢のカフェで休憩
人気の洋菓子ブランド、六花亭の五稜郭店で散策の疲れを癒やしたい。

交通information

JR函館駅から市電・函館駅前まで徒歩5分、市電・函館駅前から函館市電で市電・五稜郭公園前まで17分

↑五稜郭公園までは停留場から徒歩15分ほど

五稜郭公園 ➡ P.61
ごりょうかくこうえん

幕末の歴史探訪をはじめ四季折々の自然、イベントなどが楽しめる。

↑幕末ロマンと散策を楽しめる五稜郭公園

↑光が差し込む五稜郭タワーのアトリウム

➡ P.62

五稜郭タワー
ごりょうかくタワー

五稜郭の星形を一望でき、館内には箱館戦争を再現したフィギュアも展示。

函館市北洋資料館 ➡ P.71
はこだてしほくようしりょうかん

先人の知恵にふれられる北洋漁業に関する資料を展示。

北海道立函館美術館 ➡ P.71
ほっかいどうりつはこだてびじゅつかん

道南地方にゆかりがあるアーティストの作品を揃える。

↑構想から約20年の歳月をかけて復元された箱館奉行所

五稜郭周辺

五稜郭 幕末の軌跡

箱館戦争の舞台となった星形の城郭へ

星形の頂点に大砲を置き敵の侵入を防いだ西洋式城塞。
幕末の戦いの名残は今も園内随所に見られる

武田斐三郎先生顕彰碑
五稜郭設計者の碑。なでると頭が良くなるといわれる。

土蔵（兵糧庫）
唯一解体を免れた建物を修復したもの。夏期のみ公開。

大砲
箱館戦争当時に使用されたイギリス製とドイツ製の大砲を展示。

武者返し
石垣の上に板石が張り出した構造で敵の侵入を防いだ。

一の橋
五稜郭公園の表玄関。この橋を渡って土塁へと進む。

五稜郭タワー ➡ P.62
ごりょうかくタワー
五稜郭公園に隣接するタワー。五稜郭と市内を一望できる。

折々に変わる風景に注目!!

春 4月下旬〜5月上旬にかけて園内が約1540本の桜の花で埋め尽くされる。

夏 初夏には淡い紫色の花をつける藤のトンネルや、鮮やかなツツジが美しい。

秋 園内の木々が真っ赤に染まる紅葉の季節。10月中旬〜11月上旬にかけてが見ごろ。

冬 堀の水も凍りつき、真っ白に雪化粧した風景が幻想的。

箱館奉行所 ➡ P.63
はこだてぶぎょうしょ
蝦夷地の政治の中心だった建物が復元され、内部を見学できる。

堀
敵の侵入を防ぐために周囲1800mにめぐらされている。

二の橋
この橋を渡り、藤棚のトンネルをくぐって園内へ。

五稜郭公園
ごりょうかくこうえん
MAP 付録P.11 F-1

大正時代に開放された函館屈指の桜の名所

大正3年(1914)に公園として一般に開放され、同じ年に函館毎日新聞が通算1万号を記念して桜を植栽。毎年春には約1600本の桜が城郭を埋め尽くす。また5月の「箱館五稜郭祭」など公園周辺で開催されるイベントも楽しめる。

☎0138-31-5505(五稜郭公園管理事務所) 函館市五稜郭町44 5:00～19:00(11～3月は～18:00)※郭外は常時開放 休無休 料無料 交市電・五稜郭公園前から徒歩15分 Pなし

五稜郭ゆかりの3人の人物

武田斐三郎
たけだあやさぶろう
蘭学や建築などの知識を買われ、五稜郭の設計者に抜擢。のちに学問所「諸術調所」を創設した。

榎本武揚
えのもとたけあき
幕府海軍副総裁で、戊辰戦争では「蝦夷共和国」の総裁となるが、箱館戦争で敗北。のちに明治政府の要職を歴任。

土方歳三 ➡ P.69
ひじかたとしぞう
新選組「鬼の副長」。箱館戦争で新政府軍と激闘の末35歳で戦死。その生き様は今も多くの人の心をつかんでいる。

五稜郭 幕末の軌跡

西暦	元号	事項
1854	安政 元	ペリー艦隊が来航。日米和親条約を締結し、下田と箱館が開港場となり、蝦夷地の防衛を担当する「箱館奉行」を元町に配置
1857	4	防衛上の危機感から内陸の平坦地への移転が決まり、**武田斐三郎**のもと、西洋式土塁(五稜郭)の築造が始まる
1859	6	箱館開港
1864	元治 元	工事がほぼ完了、元町にあった旧役所が移転、「箱館御役所」として蝦夷地の政治を担う
1867	慶応 3	大政奉還により江戸幕府が政権を朝廷に返上
1868	4 明治 元	戊辰戦争勃発。**榎本武揚**を中心とする旧幕府軍が**土方歳三**に率いられた新選組などの諸隊を加え箱館に向かい、五稜郭に入場。旧幕府軍と新政府軍の間で箱館戦争が起こる
1869	2	新政府軍の攻撃が強まり、5月、旧幕府軍は降伏。五稜郭は明治政府の兵部省の所管となる
1871	4	郭内の御役所庁舎を解体、跡地は明治の陸軍の練兵場として使用された
1914	大正 3	五稜郭を公園として一般に公開

過去の歴史も現代の楽しみも!! 五稜郭の2大スポット

全貌を見渡せる五稜郭タワーと歴史を学べる箱館奉行所。2大スポットを制覇して五稜郭をまるごと満喫する。

展望室2F
高さ90mからの眺望が楽しめる。ジオラマやパネルなどで五稜郭の歴史が学べる「五稜郭歴史回廊」もある。

展望室1F
床の一部がシースルーになっていて、86mから眼下を見下ろすスリル体験ができる。

地上2F
カレーや旬の和食など函館の味覚を楽しめるレストランやジェラートの店3店舗が並んでいる。

地上1F
土方歳三のブロンズ像が立つアトリウム。チケット売り場やみやげ物店もある。

函館●五稜郭周辺

五稜郭タワー
ごりょうかくタワー

星形の五稜郭を一望
地上90mの高さから五稜郭が一望できるタワー。1、2階に分かれた展望室からは360度のパノラマが楽しめ、函館山や津軽海峡まで見渡せる。地上1階と2階にあるカフェやレストラン、売店にも立ち寄りたい。

MAP 付録P.11 E-2
☎0138-51-4785 所函館市五稜郭町43-9
⏰8:00〜19:00 10月21日〜4月20日9:00〜18:00 休無休 料900円
交市電・五稜郭公園前から徒歩15分 Pなし

⬆1階の売店でしか買えないオリジナルグッズも揃う

五稜郭公園前駅すぐの新名所

中心街・五稜郭一等地の複合施設。北海道最大級の無印良品ほか、誰でも利用できるフリースペース「Gスクエア」も備わる。

シエスタ ハコダテ

MAP 付録P.11 E-3
☎0138-31-7011
所函館市本町24-1
⏰店舗により異なる
休無休
交市電・五稜郭公園前から徒歩1分
Pあり

箱館奉行所
はこだてぶぎょうしょ

4つのゾーンで館内を見学

幕末の箱館開港に伴い、江戸幕府の対外政策と蝦夷地統治における役所として設けられたが、明治維新後、完成からわずか7年で解体。構想から約20年もの歳月をかけ、古文書や古写真などをもとに建築様式や瓦の色のむらまで再現して、2010年に完成。

MAP 付録P.11 F-1
☎0138-51-2864
所 函館市五稜郭町44-3
営 9:00〜18:00(11〜3月は〜17:00、1月2〜3日は〜15:00) 入館は各15分前まで 休 無休(臨時休館あり)
料 500円 交 市電・五稜郭公園前から徒歩18分 P なし

映像シアター
4年にわたる建設の様子を映像で紹介。職人たちの技術や努力を感じられる。

歴史発見ゾーン
奉行所の歴史、五稜郭や箱館戦争の関係者などをパネルを使って解説する。世界の五稜郭も見られる。

再現ゾーン
72畳の大広間、奉行の応接間の表座敷を見学できる。当時の姿を可能な限り再現している。

建築復元ゾーン
復元の際に使用された文献資料や古写真、発掘品などを展示、解説する。

写真提供:函館市教育委員会

立ち寄りスポット

六花亭 五稜郭店
ろっかてい ごりょうかくてん

北海道を代表する菓子メーカー・六花亭の直営店で、喫茶室付きは函館でここだけ。五稜郭公園に臨む立地を生かした大きな窓が印象的で、地元、観光客ともに愛される。ホットケーキ620円や雪こんチーズ230円など、できたての喫茶店メニューを味わいたい。

MAP 付録P.11 E-1
☎0120-12-6666 所 函館市五稜郭町27-6
営 11:00〜16:30(LO16:00)、ショップ9:30〜17:30 休 無休 交 市電・五稜郭公園前から徒歩10分 P あり

↑喫茶室の定番、ホットケーキはシンプルにバターとメープルシロップで

↑店内はとても明るく、雪の季節は窓一面に広がる銀世界が目の前に

五稜郭の2大スポット

函館の見どころ　街の名所を巡り多彩な魅力にふれる

函館をもっと楽しむ

開港を契機に各国の文化を受け入れた港町ならではの、異国の洗練をまとった建築物や古くから地元に根付いた神社など、魅力あふれる函館ならではのスポットを訪れてみたい。

外国人墓地
がいこくじんぼち
元町周辺　MAP 付録P.6 A-2

海を望む高台に異邦人が眠る

安政元年(1854)、ペリーが来航した際に死亡した水夫2人を埋葬したプロテスタント墓地にロシア人墓地、中国人墓地などが加わり、明治3年(1870)に正式な外国人墓地となる。函館港を望む景勝スポットとしても有名。

☎0138-23-5440(函館市観光案内所)
所 函館市船見町23　開休料 見学自由
交 市電・函館どつく前から徒歩15分　P なし

↑さまざまな国籍の墓碑が並ぶプロテスタント墓地。海に向かって建てられた墓碑からは祖国への思いが偲ばれる

↑夕暮れどきにはロマンティックな眺望が楽しめる

↑中国人墓地はレンガの塀で囲まれている

旧ロシア領事館
きゅうロシアりょうじかん
元町周辺　MAP 付録P.6 B-2

幸坂に建つ美しい洋館

万延元年(1860)に函館ハリストス正教会の敷地内に建設され、現在地に移築。現在の建物は明治41年(1908)に再建された。昭和19年(1944)までロシア領事館として利用。

☎0138-23-5440(函館市観光案内所)
所 函館市船見町17-3
開休料 外観のみ見学自由　交 市電・函館どつく前から徒歩15分　P なし

↑レンガと漆喰のコントラストが美しい。外観のみ見学が可能

函館中華会館
はこだてちゅうかかいかん
元町周辺　MAP 付録P.8 B-2

豪華絢爛な建築様式

日本国内に唯一残る中国清朝建築様式の建造物。日中貿易で富を得た華僑たちにより、三国志の英雄・関羽を祀る関帝廟として明治43年(1910)に建てられた。外観のみ見学が可能。

☎0138-22-1211(函館華僑総会事務局、平日のみ)　所 函館市大町1-12
開休料 外観のみ見学自由　交 市電・大町から徒歩5分　P あり

↑中国の大工、彫刻師、漆工を呼び寄せ、3年かけて建てられた

立待岬
たちまちみさき
谷地頭　MAP 付録P.4 B-4

津軽海峡を見渡す岬

函館山南端のビュースポット。かつては異国船を監視する要所だった。岬へ向かう坂道には啄木一族の墓、広場には与謝野寛・晶子夫妻の歌碑がある。

☎0138-23-5440(函館市観光案内所)
所 函館市住吉町
開休料 見学自由(11月中旬から3月末頃は車両通行止め)
交 市電・谷地頭から徒歩20分　P あり

↑高台にありダイナミックな断崖絶壁と津軽海峡が見える

↑快晴時には絶景が楽しめる

函館公園
はこだてこうえん
元町周辺　MAP 付録P.7 D-4

日本初のパートナーシップ型公園

函館駐在英国領事リチャード・ユーステンのすすめで明治12年(1879)に市民により造成された。園内には現存する最古の観覧車や博物館、道内初の洋式の石橋などがある。

☎0138-22-6789
所 函館市青柳町17　開休料 入園自由
交 市電・青柳町から徒歩3分
P あり(身障者用4台のみ)

↑函館山の麓に位置し、春になると多くの市民が花見に訪れる

↑紅葉スポットとしても知られる

トラピスチヌ修道院

トラピスチヌしゅうどういん
函館空港周辺 MAP 付録P.3 E-2

国内初の女子観想修道院

フランスから派遣された8人の修道女が明治31年(1898)に創立。ローマ・カトリックの厳律シトー修道会に属する。昭和2年(1927)に現在の建物が再建。今も修道女が修道生活を送っている。

☎0138-57-3331(修道院内売店)
所 函館市上湯川町346
時 8:00〜17:00(11〜3月は〜16:30) 休 無休 料 無料
交 トラピスチヌ前バス停から徒歩4分 P なし

↑レンガの壁や半円の窓など、ゴシックとロマネスクのデザインが融合。前庭や売店、資料室などを見学できる。売店のマドレヌはおみやげに人気

↑ルルドの洞窟。少女ベルナデッタが聖母マリアに祈りを捧げている

↑純白の聖母マリアの彫像が来訪者を迎える

函館八幡宮

はこだてはちまんぐう
谷地頭 MAP 付録P.4 B-4

500年余の歴史ある神社

創建は室町時代後期と伝わる。江戸時代は奉行所の祈願所、明治には北海道開拓使の崇敬社となった。本殿は日吉造や権現造など、異なる建築様式が調和。聖帝八棟造と呼ばれている。

☎0138-22-3636 所 函館市谷地頭2-5 時休 見学自由 交 市電・谷地頭から徒歩8分 P あり

↑現在の社殿は大正4年(1915)に新築。海を見下ろすように建つ

↑八幡さんの愛称で親しまれる

湯倉神社

ゆくらじんじゃ
湯の川 MAP 付録P.5 F-3

湯の川温泉発祥の地

室町時代、一人のきこりが湧き湯を発見、湯治により病が治ったお礼に薬師如来を刻んでお堂に安置したのが起源といわれている。現在の社殿は昭和16年(1941)に建てられたもの。

☎0138-57-8282
所 函館市湯川町2-28-1
時休 境内自由
交 市電・湯の川から徒歩1分 P あり

↑湯の川温泉の守り神として親しまれている

↑樹齢約370年といわれるイチイの木が御神木

函館市熱帯植物園

はこだてねったいしょくぶつえん
湯の川 MAP 付録P.5 F-4

多彩な植物が見られる

南国の植物約300種3000本を展示する植物園。約60頭のニホンザルが暮らすサル山が人気で、サルへのエサやりもできる(エサは100円で販売)。温泉を利用した足湯も楽しめる。

☎0138-57-7833 所 函館市湯川町3-1-15 時 9:30〜18:00(11〜3月は〜16:30) 休 無休 料 300円 交 市電・湯の川温泉から徒歩15分 P あり

↑光が降り注ぐガラス張りの温室に珍しい熱帯植物が生い茂る

↑12月1日から5月のゴールデンウィークまでは入浴を楽しむニホンザルの姿が見られる

新スタイルの巨大書店

蔦屋書店の2店舗目としてオープン。広大な敷地を生かした約6600㎡の売り場に約45万冊の書籍が揃う。コンシェルジュによる選書のサポートも行っている。

函館 蔦屋書店

はこだてつたやしょてん
石川町 MAP 本書P.93 B-2

☎0138-47-2600 所 函館市石川町85-1 時 9:00〜22:00 休 無休 交 JR函館駅から車で30分 P あり

↑カフェやレストラン、ショップも出店。新たな市民の憩いの場として人気を集める

↑書店のイメージを覆す空間

函館をもっと楽しむ

65

歴史

北に生きた人々、北を目指した人々の歩んだ道

北辺に芽生えた歴史を往く

開港や開拓以前にも独自の歴史を刻んできた道南地域。縄文からアイヌへと独自の発展を遂げた古代、周辺地域との交易や交流を重ねた中世、開港から観光都市として発展した近現代までの歩みを追う。

紀元前〜13世紀

縄文の暮らしを続けた人々
古代の道南地域

弥生文化が届かなかった北海道では縄文から続縄文、擦文文化へと独自の道を進む

旧石器時代、道内で発見された最も古い石器群から、約2万5000年前には北海道で人々が暮らしていたと考えられている。大型哺乳動物が絶滅すると、新しい石器や土器により環境の変化に適応した人々により縄文文化が発展した。日の浜遺跡や海峡の北岸の遺跡で出土した糸魚川産の翡翠などから、道南地域は本州との物流の中継地点であったと推測される。紀元前4世紀頃から弥生文化が本州を北上するが、北海道では縄文以来の生活を基にする続縄文文化が続いた。7〜13世紀頃、東北地方から土師器(素焼きの土器)の影響を受けた擦文土器を使用する擦文文化が形成される。擦文土器は青森県からも出土しており、擦文時代の後期には東北北部との人的・物的交流が盛んに行われていたことがわかる。

器面全体に刷毛目様の擦痕がある擦文土器(市立函館博物館所蔵)

13〜15世紀

本州から流入する和人勢力
新たな権力の台頭

安藤氏をはじめ、本州から和人が渡海してくると道南地域に新たな権力の基盤が築かれる

13世紀後半、十三湊を拠点に栄えた津軽安藤(安東)氏により本州からは鉄製品、漆器、陶磁器などが流入。擦文文化が終わりアイヌ文化が形成され、交易のための狩猟・漁猟が進む。南部義正に敗れた安藤盛季が嘉吉3年(1443)、蝦夷地へ逃れ、跡を継いだ安藤政季も武田信広らとともに海を渡った。この頃、道南十二館など和人による交易や領域支配の拠点である館が造営されると和人とアイヌ間での争いも起こり、長禄元年(1457)のコシャマインの戦いに至る。アイヌ側は蠣崎氏の花沢館と下国氏の茂別館を残す10館を攻略するが、蠣崎氏の客将・武田信広が鎮圧した。

北海道唯一の国宝・中空土偶

昭和50年(1975)に著保内野遺跡から出土。高さ41.5cm、幅20.1cm、全身に文様が施され内部は空洞となっている。2007年に北海道唯一の国宝に指定され、文様構成や精巧な作りから土偶造形の到達点ともいわれている。

○函館市縄文文化交流センター(P.71)では中空土偶をはじめ土器や石器を展示
写真提供:函館市教育委員会

大船遺跡

大船町 MAP 付録P.3 E-1

縄文時代中期の大規模な集落遺跡。復元された竪穴住居や盛土遺構などがある。
☎0138-25-2030(函館市縄文文化交流センター)
所 函館市大船町575-1 営 9:00〜17:00 休 11月中旬〜4月下旬(管理棟)
料 無料 交 JR函館駅から車で1時間 P あり

○館を築いたのは交易などで財を成した小豪族。安藤政季は渡島半島を3つに区分けし、それぞれに親族を配することで、半島の支配体制を築く。館主が交易を活発化する一方、それに伴ってアイヌの交易活動は圧迫された

志苔館跡

しのりたてあと

函館空港周辺 MAP 付録P.3 E-2

道南十二館のひとつで、建物跡や柵・井戸などの遺構が復元・整備されている。館跡の近くから中国銭を中心に38万枚を超える大量の古銭が出土し、活発な交易活動があったものと推測される。

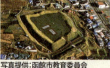

写真提供:函館市教育委員会

☎0138-21-3472(函館市教育委員会生涯学習部文化財課)
所 函館市志海苔町 開休料 見学自由 交 函館空港から車で8分 P なし

15〜18世紀

最北の藩の誕生で変わる社会
松前藩の時代

安藤氏を凌ぐ力を持ち始めた蠣崎氏
交易権の公認により、アイヌとの衝突も始まる

　コシャマインの戦いで勝利に貢献した武田信広は花沢館の館主である蠣崎季繁の娘婿となる。季繁が没し、当主となった信広は現在の上ノ国町に勝山館を築き、日本海側の軍事、交易拠点とした。信広の息子、蠣崎光弘は松前大館へ向かい、本州との交易地であった松前を略奪、太平洋側の交易網を得て、安藤氏を凌ぐ支配権を高めていく。15〜16世紀の争乱を勝ち抜いた蠣崎氏は、豊臣秀吉に対アイヌ交易権を公認され、主君だった安藤氏から完全に独立する。蠣崎慶広は徳川家康に拝謁し、氏を松前に改称。慶長9年(1604)に黒印状(武家の公文書)を得て、幕藩体制の一員として地位を確立し、アイヌ交易権を独占した。米がとれない松前藩は、交易による収益が石高と同様の扱いを受けることとなる。交易の自由が失われ、交易比率も不利になったアイヌは、主導権を覆そうとシャクシャインの戦いを起こすが松前藩に敗れ、支配はより強固なものに。その後、交易相手ではなく、漁場労働者と見なされ、過酷な労働に従事させられたことが原因で、クナシリ・メナシの戦いが起こった。

松前 ➡ P.96

日本最北の城下町で松前藩の拠点として栄えた。今も江戸の風情が感じられる街並みが残る。桜の名所としても名高く、春には約250種、1万本の桜が咲き誇る。

勝山館跡
かつやまたてあと

上ノ国町 MAP 付録P.2A-2

武田信広が15世紀後半に築いた山城で面積は35haに及ぶ。発掘調査によって5万点を超える国内外の陶磁器や10万点余りの金属・木製品が見つかったほか、和人とアイヌの骨も発見されている。付近のガイダンス施設では、模型や映像で勝山館を紹介。2017年4月に「続日本100名城」に認定された。

☎0139-55-2230(上ノ国町教育委員会文化財グループ)
所 上ノ国町勝山　休 見学自由　交 JR函館駅から車で2時間　P あり

アイヌを描いた松前藩士・蠣崎波響

のちに家老となる波響が寛政2年(1790)に描いた12人のアイヌの絵『夷酋列像』。描かれているアイヌは、クナシリ・メナシの戦いで松前藩に協力した首長とされており、中国から伝来した蝦夷錦などで飾りたてられ、ひときわ異彩を放つ。『夷酋列像』は京都で天覧となり、諸藩の大名たちにより模写が作られた。昭和59年(1984)にはフランスで11点が発見され話題となった。

↑『夷酋列像』御味方蝦夷之図〈函館市中央図書館所蔵〉
↑『夷酋列像』御味方蝦夷之図〈函館市中央図書館所蔵〉

北辺に芽生えた歴史を往く

↑『松前屏風』(松前町郷土資料館所蔵)。松前出身の絵師・小玉貞良(こだまていりょう)により宝暦年間(1751〜64)の松前城下の様子が描かれている

↑『奥州箱館之図』〈市立函館博物館所蔵〉。開港後の箱館。他の開港地と異なり後背地のない箱館では、函館山麓の街なかに各国の領事館が造られた

函館●歴史

18〜19世紀

日露関係の緊張から幕府直轄地に
ロシアの接近と開港

対外政策に影響を与えたロシアと蝦夷地の接触
開港により異文化が流入し国際都市へと発展

　江戸中期から後期になると、ロシアがカムチャツカ半島から千島方面へと進出、他の外国船も北海道近海に出没するようになる。寛政11年(1799)に幕府は東蝦夷地を直轄地とし、文化4年(1807)には松前と西蝦夷地も幕領とする。北方の緊張が緩和されたことで一時松前藩が復領。安政元年(1854)にペリーが日米和親条約を締結、横浜で条約調印後、視察のため箱館に滞在。この間、婦女子は外出しない、異国船見物などの触書が出され、松前藩は厳しい警戒体制をとっている。国際情勢が緊張するなか、幕府は同年再び蝦夷地を直轄地とし箱館奉行を設置。弘前藩、盛岡藩などを北方警備にあたらせ、安政3年(1856)には弁天岬台場、同4年には五稜郭の建設に着手した。

↑ペリー会見の様子〈函館市中央図書館所蔵〉。ペリーは箱館港を「ジブラルタル海峡に匹敵する良港」と称したという。来航150周年を記念し、元町公園の下にはペリーの立像が建てられた

　安政5年(1858)、日米修好通商条約が締結され、箱館で自由貿易の形で交易が始まった。開港以前の箱館は、高田屋嘉兵衛をはじめとする商人が本州や蝦夷地との交易を行う拠点として栄えていたが、国際貿易港となってからはいっそうの賑わいをみせるようになる。開港後は徐々に外国人への恐怖心も薄れ、各国の領事や商人が訪れるようになると、西洋式の領事館や教会、病院などが街なかに建ち、しだいに異国情緒漂う街へと変貌し始めた。キリスト教や医学などの西洋文化も導入され、国際都市として発展する。

函館発展の恩人・高田屋嘉兵衛

　淡路島出身の高田屋嘉兵衛は、寛政8年(1796)に箱館に来航、箱館と本州の交易を発展させる。千島列島を南下するロシアへの警戒を強める幕府に協力し、択捉島と国後島間の航路を発見、新たな漁場を開拓するなど、巨額の財を築き開拓者として活躍した。文化3年(1806)に発生した大火では、多額の私財を使い地域復興に尽力。日露間の緊張が高まる文化9年(1812)、嘉兵衛はロシアに捕らえられるが、連行されたカムチャツカでロシアからの信用を得て8カ月で釈放され、2年前に松前藩の捕虜となっていたゴローニン艦長の釈放にいたる和解を成し遂げた。嘉兵衛の生涯は司馬遼太郎の『菜の花の沖』に描かれている。

↑高田屋嘉兵衛〈函館市中央図書館所蔵〉。箱館高田屋嘉兵衛資料館では生涯を通じた資料を展示

五稜郭公園 ➡P.61

日本初の星形城塞で箱館戦争の舞台となった五稜郭。現在は公園として整備され、隣接する五稜郭タワーからは全貌が眺められる。

弁天岬台場
べんてんみさきだいば

武田斐三郎が設計した不等辺六角形の軍事要塞防衛拠点。安政3年(1856)から8年の歳月をかけて完成した。港湾改良工事で解体され、現在は跡地である函館どつく内に跡を示す碑だけが残る。

| 19世紀 | 旧幕府軍と新政府軍の最後の戦い |

箱館戦争の勃発

五稜郭に立て籠もった旧幕府勢力だが新政府軍の猛攻により、五稜郭を明け渡す

王政復古の大号令とともに新政府が樹立、新政府軍と旧幕府勢力が争い慶応4年(1868)に戊辰戦争が起こる。榎本武揚、土方歳三らの旧幕府軍は五稜郭に入城し、北方の防衛開拓を名目に、朝廷の下での自らの蝦夷地支配の追認を求める嘆願書を朝廷に提出したが、新政府はこれを認めず派兵。最後の戦いとなる箱館戦争が始まる。土方は新政府軍の箱館総攻撃により戦死、榎本率いる旧幕府軍は降伏。五稜郭は新政府に引き渡され、明治4年(1871)、開拓使本庁の札幌への移転が決まると、庁舎建設に木材を必要とするとの理由で奉行所や付属施設の大半が解体された。

⊕榎本武揚〈函館市中央図書館所蔵〉

四稜郭
しりょうかく

明治2年(1869)、旧幕府脱走軍が五稜郭の後方攻撃に備え急造した土塁。建物はなく四隅に砲座を設けた。
☎0138-21-3472(函館市教育委員会生涯学習部文化財課) ㊟函館市陣川町59 ㊙見学自由 ㊋JR函館駅から函館バス亀田支所前方面行きで30分、亀田支所前下車、9-J系統に乗り換え12分、四稜郭下車、徒歩1分 ㊅あり

| 19～20世紀 | 観光都市としての飛躍 |

新たな時代へ

火災と復興を繰り返し、しだいに街並みが整い函館山からの眺望で国内有数の人気観光地に

箱館戦争終結後の明治2年(1869)、開拓使が設置され蝦夷地は北海道へ、箱館は函館へと改称する。明治から大正にかけては2000戸以上の焼失が5回、100戸以上の焼失が20回という度重なる大火を受け、防火対策として道路幅の拡張や、石やレンガ、土蔵を利用した建物の建造により、現在の街並みが形成されてゆく。なかでも、明治から大正時代に私財を用いて街の発展に貢献した今井市右衛門、平田文右衛門、渡邉熊四郎、平塚時蔵は「函館四天王」と称され、今も市民に親しまれている。昭和になると、要塞として利用されていた函館山が一般に開放され、昭和28年(1953)に山頂に展望台が設置されると、街を見下ろす眺望を求めて多くの観光客が訪れ、観光都市として成長を遂げる。

箱館に散った土方歳三ゆかりの地

新選組の鬼副長として知られた土方歳三は慶応4年(1868)に鳥羽・伏見の戦いで敗れ、宇都宮、会津と転戦、榎本武揚と合流し蝦夷地へ渡った。箱館戦争で新政府軍が総攻撃を始めると、一本木関門(現・函館市若松町)の守備に向かったが、流れ弾が腹部を貫通し戦死したといわれている。街に残る土方の足跡をたどってみたい。

⊕土方歳三〈函館市中央図書館所蔵〉

称名寺
しょうみょうじ

元町周辺 MAP 付録P.6 B-2

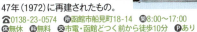

箱館戦争時に新選組残党の屯所が置かれ、戦争後土方の供養碑が建てられた。現在残る供養碑は昭和47年(1972)に再建されたもの。
☎0138-23-0574 ㊟函館市船見町18-14 ㊐8:00～17:00 ㊡無休 ㊎無料 ㊋市電・函館どつく前から徒歩10分 ㊅あり

土方歳三最期の地碑
ひじかたとしぞうさいごのちひ

函館駅周辺 MAP 付録P.10 C-1

土方が戦死した地には諸説あるが、有力とされる一本木関門跡付近に建てられた最後の地碑。全国から多くのファンが訪れ花を手向ける。
☎0138-23-5440(函館市観光案内所) ㊟函館市若松町33 ㊡休 ㊙見学自由 ㊋JR函館駅から徒歩15分 ㊅あり

碧血碑
へっけつひ

谷地頭 MAP 付録P.4 A-4

蝦夷地での生き残りを目指した、土方をはじめとする旧幕府軍の戦死者約800名を祀る慰霊碑。
☎0138-23-5440(函館市観光案内所) ㊟函館市谷地頭町1 ㊡休 ㊙見学自由 ㊋市電・谷地頭から徒歩15分 ㊅なし

土方・啄木浪漫館
ひじかた・たくぼくろまんかん

日乃出町 MAP 付録P.5 D-2

1階が土方歳三函館記念館となっており、土方歳三が愛用したものと同型の刀や銃、幕末に活躍した人々の貴重な資料を展示。グッズなどみやげ物も充実している。
☎0138-56-2801 ㊟函館市日乃出町25-4 ㊐9:00～18:00 ㊡無休 ㊎800円 ㊋JR函館駅から車で10分 ㊅あり

北辺に芽生えた歴史を往く

函館 歴史年表

西暦	元号	事項
1万5000年前		大陸とつながる陸橋が水没 北海道が島となる
8000年前		道東を中心にバイカル湖周辺原産の石刃やじりが分布
1700～ 1200年前		道央を中心に鮭・マス漁が生活の基盤となる。東北地方でこの時期の土器が出土
658	斉明 4	阿倍比羅夫、日本海を北征。有間浜で渡嶋蝦夷を饗宴でもてなす。3年にわたり北征
8世紀頃		アイヌ文化の母体となる擦文文化が発生
1219	承久 元	安藤氏蝦夷管領を命ぜられる
13世紀頃		アイヌ文化が成熟
1322	元亨 2	安藤氏の乱(津軽大乱)が勃発。アイヌを巻き込む争乱へ発展
1443	嘉吉 3	安藤盛季が南部氏に敗れ十三湊から蝦夷地へ逃れる
1454	享徳 3	安藤政季、武田信広らと蝦夷地へ渡る
1456	康正 2	マキリ(小刀)の品質・価格をめぐりアイヌと和人が対立
1457	長禄 元	コシャマイン率いるアイヌ軍が道南の10館を陥落させるが、上之国花沢館主の蠣崎季繁の客将・武田信広に討たれる(コシャマインの戦い)。信広は蠣崎氏の養子となる
1514	永正 11	蠣崎光廣、上之国から松前大館に本拠を移す
1593	文禄 2	蠣崎慶広、名護屋(佐賀県唐津市)で豊臣秀吉に拝謁。秀吉が朱印状を交付し、商船に関する船役徴収権と安東氏からの独立を認める
1599	慶長 4	蠣崎慶広、大坂城で徳川家康に拝謁、系図・地図を献呈。姓を松前に改める
1604	9	松前慶広、家康に黒印状を交付され、アイヌ交易権の独占を認められる
1606	11	福山城(松前城)が完成
1669	寛文 9	シベチャリ(新ひだか町)の首長・シャクシャイン主導による反和人・反松前藩の戦い(シャクシャインの戦い)が起こるが、シャクシャイン謀殺により終結
1702	元禄 15	飛騨屋がエゾマツの伐木事業を始める
1789	寛政 元	クナシリ(国後島)とメナシ(根室)のアイヌが飛騨屋の横暴に抵抗してクナシリ・メナシの戦いを起こし、71人の和人を殺害。松前藩が出兵し、アイヌ首長らの協力により鎮圧する
1792	4	ロシアの遣日使節ラクスマンがネモロ(根室)に来航し、通商を要求。翌年、幕府が松前で通商を拒否、長崎への来航許可の信牌を交付

西暦	元号	事項
1799	寛政 11	幕府が東蝦夷地の仮上知を決める。場所請負制を廃し、幕府の直営が始まる
1804	文化 元	ロシア遣日全権使節レザノフが長崎に来港し通商を求める。翌年通商を拒否され帰国
1807	4	幕府、松前、西蝦夷地一円を上知。松前藩は奥州梁川へ国替え
1811	8	ロシア船長ゴローニンら8名が国後島で捕らえられ、松前に幽閉される
1812	9	高田屋嘉兵衛⇨P.68が国後島沖でロシア艦船に捕らえられ、カムチャツカへ連行される
1813	10	高田屋嘉兵衛の仲介でゴローニンらロシアへ帰国
1821	文政 4	幕府、蝦夷地直轄を廃止。松前氏が旧領に戻る
1854	安政 元	日米和親条約調印。ペリー艦隊が箱館へ来航、箱館奉行所を設置。日露和親条約調印。松前城(福山城)⇨P.96完成
1855	2	幕府が蝦夷地を直轄領とする
1858	5	日米修好通商条約調印
1859	6	箱館開港。貿易が始まる
1864	元治 元	五稜郭⇨P.61がほぼ完成。
1868	慶応 4 明治 元	戊辰戦争が起こる。榎本武揚率いる旧幕府軍が五稜郭へ向かう
1869	2	旧幕府軍が降伏し箱館戦争⇨P.69が終結。開拓使設置。蝦夷地を北海道、箱館を函館へ改称。渡邉熊四郎⇨P.50が洋物店を開業
1879	12	函館大火により2326戸焼失
1896	29	函館大火により2280戸焼失
1899	32	函館大火により2494戸焼失
1902	35	函館駅開業
1907	40	函館大火により1万2390戸焼失
1908	41	青函連絡船が就航
1914	大正 3	五稜郭を公園として一般公開
1953	昭和 28	函館山に展望台を開設
1958	33	函館山ロープウェイ開業
1968	43	志苔館跡⇨P.66から38万枚を超える古銭出土
1988	63	青函トンネル開業。青函連絡船廃止。金森赤レンガ倉庫⇨P.50が営業開始
2004	平成 16	恵山、戸井、椴法華、南茅部が函館市に合併
2006	18	旧タワー隣に新しい五稜郭タワー⇨P.62を建設
2010	22	箱館奉行所⇨P.63復元
2016	28	北海道新幹線開業

博物館で函館の歴史と文化を知る

道内初の国宝である土偶から港町の発展に貢献した豪商の資料、函館ゆかりの芸術家まで。多彩な魅力を放つ街の歴史にふれられる展示品の数々を、ゆっくり鑑賞してみたい。

市立函館博物館 郷土資料館（旧金森洋物店）
しりつはこだてはくぶつかん きょうどしりょうかん（きゅうかねもりようぶつてん）

明治の商いを伝える資料
明治13年（1880）築の旧金森洋物店を改修、資料館として公開。明治時代の郷土風俗資料を展示する。

元町周辺 MAP 付録P.8 C-2
☎0138-23-3095 函館市末広町19-15
9:00～16:30（11～3月は～16:30）月曜、祝日、最終金曜 100円 市電・末広町から徒歩1分 なし

市立函館博物館
しりつはこだてはくぶつかん

縄文時代から現代まで網羅
自然科学や歴史、民俗などの資料を展示。志苔館跡（P.66）付近から出土した古銭など貴重なものも多い。

元町周辺 MAP 付録P.7 D-4
☎0138-23-5480 函館市青柳町17-1 函館公園内 9:00～16:30（11～3月は～16:00）月曜、祝日、最終金曜 100円（特別展などは別料金の場合あり、要問い合わせ）市電・青柳町から徒歩7分 なし

北海道坂本龍馬記念館
ほっかいどうさかもとりょうまきねんかん

龍馬と北海道の絆を知る
龍馬の手紙やゆかりの刀剣類などの貴重な資料を展示。高さ6mの龍馬像やオリジナルグッズも人気。

ベイエリア MAP 付録P.9 E-3
☎0138-24-1115 函館市末広町8-6 8:00～18:00 無休 800円 市電・十字街から徒歩1分 なし

函館市北洋資料館
はこだてしほくようしりょうかん

北洋漁業の歴史がわかる
函館の重要産業だった北洋漁業の貴重な資料や模型を展示。北洋漁業の始まりや先人の業績が学べる。

五稜郭周辺 MAP 付録P.11 E-2
☎0138-55-3455 函館市五稜郭町37-8 9:00～19:00（11～3月は～17:00）不定休 100円（団体10人以上は80円）市電・五稜郭公園前から徒歩10分 あり（共用駐車場利用、2時間無料）

函館市北方民族資料館
はこだてしほっぽうみんぞくしりょうかん

北方民族の足跡をたどる
旧日本銀行函館支店の建物を利用、アイヌ民族をはじめとする北方民族資料が揃う。体験講座も実施。

ベイエリア MAP 付録P.8 C-2
☎0138-22-4128 函館市末広町21-7 9:00～19:00（11～3月は～17:00）不定休 300円 市電・末広町から徒歩1分 なし

北辺に芽生えた歴史を往く

函館市縄文文化交流センター
はこだてじょうもんぶんかこうりゅうセンター

国宝『中空土偶』を常設展示
道の駅 縄文ロマン 南かやべを併設する博物館。中空土偶をはじめ、縄文時代の遺物を展示する。

臼尻町 MAP 付録P.3 E-1
☎0138-25-2030 函館市臼尻町551-1 9:00～17:00（11～3月は～16:30）月曜（祝日の場合は翌日）、最終金曜 300円 JR函館駅から車で50分 あり

函館ゆかりの文学と美術にふれる

北海道立函館美術館
ほっかいどうりつはこだてびじゅつかん

道南ゆかりの作品や国内外の彫刻などを収蔵。

五稜郭周辺 MAP 付録P.11 E-2
☎0138-56-6311 函館市五稜郭町37-6 9:30～17:00（入館は～16:30）月曜（祝日の場合は開館、振替休・展示替休あり）常設観260円 特別展510円～ 市電・五稜郭公園前から徒歩7分 あり（函館市芸術ホール駐車場利用、美術館利用者2時間無料）

函館市文学館
はこだてしぶんがくかん

函館ゆかりの作家の直筆原稿や著書を展示します。なかでも石川啄木の資料が充実。

ベイエリア MAP 付録P.8 C-2
☎0138-22-9014 函館市末広町22-5 9:00～19:00（11～3月は～17:00）館内整理日 300円 市電・末広町から徒歩1分 なし

GOURMET 食べる

洗練ダイニングに聴く食材の物語
テーブルを彩る美食の劇場

いち早く西洋と出合った街に根付いた各国の食文化。
過去から現代へ、時を超えて磨かれてきた異国の味を知る。

函館●食べる

↑滝川産のカモを使ったロースト。京都の黒七味ソース、紫芋のピューレが道南の新鮮野菜に絡む

↑ブリを燻製にし、ライムの香りと果実とともに味わう

↑サワラのムニエルは、サフランのクリームソースとカレーのオイルでいただく

⬆白いクロスに料理が映える。接客もていねい

⬆白を基調とした上品なたたずまいの店内

**フランス帰りのシェフが奏でる
独創的でアートな皿を堪能**

フランス料理

L'oiseau par Matsunaga
ロワゾー パー マツナガ

柏木町 MAP 付録P.5 D-1

フランスのレストランをイメージしたモダンな店。2013年のオープン以来、引きも切らない人気ぶりだ。彩りのきれいな料理は味も上品。心のこもった接客で、心まで満たされる。

☎0138-84-1858
所 函館市柏木町4-5　営 12:00～15:00 (LO13:30) 18:00～22:30 (LO20:30)　休 火曜、月曜ディナー、水～金曜ランチ
交 市電・柏木町から徒歩5分　P あり

予約 望ましい
予算 L 6000円～　D 1万5000円～

おすすめメニュー
モン ファボリ（ランチ）　5280円
アルモニー（ランチ）　7480円
セゾン（ディナー）　1万1000円
※すべてディナーは別途サービス料5%

⬆閑静な住宅地の一角、モダンな平屋が目を引く

⬆鵡川(むかわ)産ししゃもやカプレーゼ、季節のカルパッチョなど、彩り、食感、旬を一皿に

**アットホームな雰囲気が魅力
道南産の食材を季節ごとに調理**

イタリア料理

restaurant Toui
レストラン トウイ

函館駅周辺 MAP 付録P.10 B-1

リーズナブルで肩の凝らない雰囲気が地元からも支持の高い、1999年オープンのレストラン。地元の食材を生産者から直接買い付け、飽きのこないシンプルなメニューにして提供を続けている。

☎0138-27-0151
所 函館市若松町32-19 ロイヤルシティ参番館若松町1F　営 11:45～14:30 (LO13:30) 18:00～22:00 (LO21:00)　休 木曜　交 JR函館駅から徒歩12分
P あり

予約 望ましい
予算 L 1450円～　D 2500円～

おすすめメニュー
本日の前菜の盛り合わせ　2000円
あかり農場豚ヒレ肉と福田農園の
王様しいたけのオーブン焼き　2300円
本日のデザート　400～500円

➡コースの予約は2人から受け付けている

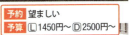

⬆JR函館駅からは徒歩12分。イタリアンをカジュアルな雰囲気で

⬆焼きリンゴや大人の濃厚プリンなどデザート5種を盛り付け

⬆素材のおいしさを味わえるよう、豚ヒレ肉としいたけをシンプルに焼き上げた一品

美食の劇場

73

現地で修業したシェフが
渡島半島の恵みをスペイン料理に

スペイン料理

Restaurante VASCU
レストラン バスク

五稜郭周辺 MAP 付録P.11 F-4

スペイン北部のサン・セバスチャンで修業した店主が、故郷に戻って開店。昭和56年(1981)の創業以来、地場産食材にこだわり、野菜は自家栽培まで。海の香りと大地の恵みが伝わる料理を心がけている。

☎0138-56-1570
所 函館市松陰町1-4 営 11:30～14:30(LO13:30) 17:00～21:00(LO20:00) 日曜は20:30(LO)
休 水曜 交 市電・杉並町から徒歩5分 P あり

予約 望ましい
予算 (L)2000円～ (D)5000円～

↑バスク料理の代表的な一皿。アサリと魚のだしを利かせ、にんにくで特徴づけている

おすすめメニュー
スペイン式季節の野菜の煮物 1300円
鱈のニンニクパセリソース 1600円
自家製アンチョビの塩油漬け(パン付) 1100円

↑ヨーロッパの古い建物をイメージした白壁が特徴的な店舗外観

↑店内は、木を生かした温かみのある空間。天井も高く明るく開放的

↑生ハムとブイヨンで煮込んだ野菜の煮物。やさしく、しみじみとおいしい一皿

和洋折衷住宅を利用した
趣のある空間で本格料理を堪能

スペイン料理

LA CONCHA
ラ コンチャ

ベイエリア MAP 付録P.9 D-3

扉を開けば、天井から生ハムがぶら下がり、スペインの異国情緒に浸れる空間が広がる。主に渡島の食材を使い、スペイン産ワインとの相性抜群な料理が出迎えてくれる。

☎0138-27-2181
所 函館市末広町14-6 営 17:00～23:30(LO23:00) 日曜は～23:00(LO22:30)
休 月曜 交 市電・十字街から徒歩5分 P あり
※2021年5月現在休業中

予約 望ましい
予算 (D)5000円

↑大正10年(1921)築という元米穀店を改装した店は、レトロな雰囲気も楽しめる

↑ピンチョスは、一口サイズのパンに食材をのせるバル料理。冷菜、温菜と何種類もが提供される

↑ベイエリアの金森赤レンガ倉庫群から少し離れた静かな場所に位置する

↑道産白豚の自家製生ハムは、30年以上作り続けているこだわりの一品

おすすめメニュー
ピンチョス
9種盛り合わせ 1980円
道産白豚の
自家製生ハム 1300円

140年余の歴史を刻む老舗 五島軒本店のレストラン

レストラン雪河亭
レストランせっかてい
元町周辺 **MAP** 付録P.9 D-3

予約	当日不可
予算	L 2000円〜 / D 3000円〜

↑シックな雰囲気をまとうゆとりある店内

↑歴史と伝統が薫るボルシチは人気の逸品

創業明治12年(1879)、ロシア料理とパンの店で創始した老舗洋食店。大正時代に完成させた伝統のカレーや歴史あるコース料理のほか、多彩な洋食メニューを揃える。

☎0138-23-1106
所函館市末広町4-5 営11:30〜14:30 17:00〜20:00 休1月〜4月中旬火曜 交市電・十字街から徒歩3分 Pあり

リッチ鴨カレー 3300円
マイルドな口当たりに仕上げたカレーに、鴨肉のローストをのせた五島軒を代表するカレーメニュー

↑併設の本館は昭和10年(1935)建築。国登録の有形文化財

西洋文化の洗練を受けた街で、とっておきの洋食をいただく幸せ

港町のスペシャリテ

洋食の伝統が息づく函館。多くの洋食店のなかから高い人気を誇る名店をご紹介。

↑前菜の海の幸、サラダ、スープ。そして、メインに肉か魚を選べるランチメニュー2200円

国産A5牛ヒレ肉 ローストビーフ 5500円
500kgの国産牛A5のヒレ肉を使って、ていねいに焼き上げたローストビーフは、口いっぱいに旨みが広がる逸品

地元に愛される隠れ家で 渾身ローストビーフをぜひ

レストラン箕輪
レストランみのわ
五稜郭周辺 **MAP** 付録P.11 E-4

閑静な住宅街にたたずむ落ち着いたフレンチレストラン。7700円以上のコースで供されるシェフお得意のローストビーフが定番で、根強いファンも多い。函館近海の魚介を使った料理など、どれもボリューム満点。

☎0138-51-2051
所函館市杉並町4-30 営11:30〜14:00(LO13:30) 17:30〜22:00(LO20:00) 休月曜 交市電・杉並町から徒歩5分 Pあり

予約	昼は望ましい 夜は要予約
予算	L 2200円 / D 5500円

↑五稜郭公園前からは歩いて5分、杉並町の小路を入った先にある

↑隠れ家的に愛される唐はクラシカルで落ち着いた雰囲気

美食の劇場　港町のスペシャリテ

心を込めた郷土料理とおもてなし
作家・山口瞳も愛した函館の名店

冨茂登
ふもと

元町周辺 **MAP** 付録P.9 E-4

予約	要
予算	L 5060円～
	D 6325円～

函館の素材を生かした郷土色豊かな料理に定評があり、応対もきめ細やか。個室で落ち着いて食事ができ、予約の際に好みを伝えれば、希望の献立に応じてくれる。地元では結納など祝い事での利用も多い。

☎0138-26-3456
函館市宝来町9-7　11:45～14:00 17:30～21:30　不定休　市電・宝来町から徒歩2分　Pあり

↑毛ガニまたはタラバガニを入れた季節料理

↑イクラ飯も名物。器の中で「赤いダイヤ」がキラリと光る

↑名物のイカソーメンは、素材が新鮮なだけでなく、盛り付けの彩りにもこだわりが行き届いている

おすすめメニュー
おまかせ季節料理 6325～2万240円
ふぐ特別コース 1万5813円

↑建物は築80年余り、かつて料亭小鶴の店舗として利用された建物を譲り受けた

↑部屋はすべて個室(椅子席のみ、全面禁煙)。地元では特別な日の会食処として愛されている

料亭の懐石料理と老舗のすきやきを堪能
和の粋を食す喜び

大正から昭和初期に栄えた宝来町で、長年愛される日本料理の老舗。
食材を信じ、和の技をふるう2軒の名店で、函館の粋と出会う。

函館の歴史
大正から昭和にかけて賑わいをみせた宝来町
函館山の麓に位置する宝来町(当時は蓬莱町)はかつて花街として栄えたエリア。大火により当時の面影は残っていないが、冨茂登、阿さ利本店のほか、千秋庵総本家(P.85)と老舗が集まる。

↑老舗の風格と歴史がたたずまいに宿る

↑個室は温かみと重みを感じさせる造り

おすすめメニュー
黒毛和牛A5牝サーロインコース
4600円
黒毛和牛赤身肉コース(A5ランプ)
3000円
九州産黒毛和牛A5ランクのサーロインを使った松コース。薄味の割り下にやさしい肉の甘みがよく絡む

明治期から続くすきやきの老舗
気配りの行き届いた接客もうれしい

阿さ利本店
あさりほんてん

元町周辺 **MAP** 付録P.9 E-4

明治34年(1901)に創業した、函館を代表するすきやきの老舗店。創業時より、野菜に火を入れ、肉をのせ、鶏のだしで作った割り下をかけるスタイルを貫く。やわらかく旨み十分の肉を堪能したい。

☎0138-23-0421
函館市宝来町10-11　11:00～21:00(LO20:30)　水曜　市電・宝来町から徒歩1分　Pあり

予約	望ましい
予算	L 1500円～
	D 2400円～

本格派を厳選。寿司の名店で職人の美意識と向き合う
繊細な味覚に遊ぶ

鮮度に頼るだけではない。職人の仕事が随所に光るハイレベルな2軒をご紹介。

心遣い行き渡る和の空間
旬の鮨種を最高の状態で
すし蔵
すしくら

五稜郭周辺 MAP 付録P.11 D-4

函館出身の大将が志すのは、「目も舌も心も満ち足りる店」。高級なしつらえの店だが、肩の凝らない雰囲気で旬の素材を味わえる。地元産マグロの旨みには、思わず笑みがこぼれる。

☎0138-32-0138
所 函館市本町4-21　営 17:00～翌2:00
休 日曜　交 市電・中央病院前から徒歩1分　P あり

おすすめメニュー
マグロ 550～1100円
自家製クジラのベーコン 1650円

予約 望ましい
予算 ⒟1万1000円～

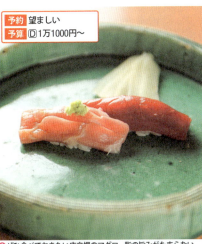
↑ぜひ食べておきたい店自慢のマグロ。脂の旨みがたまらない

↑ミンククジラを使い、じっくりと時間をかけて作られた自家製ベーコンは自慢の逸品だ

◉低めのゆったりとした白木のカウンターは、落ち着いた雰囲気

◉繁華街・五稜郭エリアの函館中央病院付近に位置している

うまさにこだわる職人の技
気取らずゆったり寿司を
鮨処 木はら
すしどころ きはら

湯の川 MAP 付録P.5 E-4

幼少より海と魚に親しんできた大将の心づくしを随所に感じられる店。料理の引き立て役の日本酒は大将自ら厳選。贅沢な気分でこだわりの料理を味わいたい。

☎0138-57-8825
所 函館市湯川町2-1-2
営 12:00～21:00(LO20:30)
休 水曜、最終週の火曜　交 市電・湯の川温泉から徒歩15分　P あり(共用駐車場利用)

予約 要
予算 ⓛ4000円　⒟1万円

おすすめメニュー
旬の北海函館握り 6480円

↑いつ訪れてもいちばんおいしい新鮮ネタが揃う握り

↑メインカウンターは青森ヒバの一枚もの

◉観光客も多く立ち寄る、湯の川温泉街に位置する

◉日本酒好きな大将がおいしい酒をすすめてくれる

和の粋を食す喜び／繊細な味覚に遊ぶ

おすすめメニュー
無添加生うに丼 5610円
うに屋のうにグラタン 1100円
生うに入りだし巻き玉子 1540円

↑味もさることながら、ふっくらと形も整った無添加生うに丼

↑和風造りで木のぬくもりを感じる店内

↑ウニ料理で人気No.1のグラタン。ホワイトソースの中にもウニが入る

↑生ウニをたっぷり包んだ、だし巻き玉子。ウニの甘さと玉子が相性抜群

予約 可(混雑時は不可)
予算 L 3500円〜 / D 4500円〜

無添加にこだわった生ウニ
濃密な甘みにとろける食感

うにむらかみ 函館本店
うにむらかみ はこだてほんてん

函館駅周辺 MAP 付録P.10 A-3

創業60年余りの生ウニ加工会社が経営する専門店として1999年にオープン。添加物を一切使わずウニ本来の甘みとやさしい口どけを味わえる。ウニ以外にも新鮮魚介を揃えている。

☎0138-26-8821
所 函館市大手町22-1
営 9:00〜14:00(LO13:30)
17:00〜20:00(LO19:30)
※揚げ物・焼き物は各LOの15分前まで
休 水曜、第1・3火曜ディナー
交 JR函館駅から徒歩5分 Pなし

水平線からの贈り物 海鮮料理
豊饒な海の記憶

暖流と寒流が出合う函館近海は魚介の宝庫。
港町の風情が漂う夜の街で、海鮮三昧の幸せな時間。

自慢の活イカを手早く調理
地元のみ流通する地酒も用意

活魚料理 いか清
かつぎょりょうり いかせい

五稜郭周辺 MAP 付録P.11 D-4

店内の大きな水槽にはその日に揚がったイカが放たれ、注文が入ればすぐさま刺身に。刺身以外のイカ料理も納得の品揃えだ。北海道の地酒など豊富に揃う日本酒とともにじっくりと味わいたい。

☎0138-54-1919
所 函館市本町2-14 営 17:00〜24:00
(LO23:30)日曜(連休の場合は最終日)16:00〜23:00(LO22:30) 休 無休
交 市電・中央病院前から徒歩1分 Pなし

予約 望ましい
予算 D 5000円〜

おすすめメニュー
いかゴロ陶板焼 580円
自家製いか塩辛 380円

↑カウンター以外に個室の座敷も(左)、存在感のあるイカの絵がお出迎え。店では、イカ料理が目白押しだ(右)

↑いかゴロ陶板焼(手前)や、コロッケ、いかギョウザ、いかメンチ揚など刺身以外のイカ料理も豊富に揃えている

女王様「根ボッケ」の専門店
鮮度そのままでおもてなし

根ぼっけ
ねぼっけ

大門 MAP 付録P.10 C-3

回遊せず、岩礁に棲みつく根ボッケは、身はふっくら、皮はパリパリと別格。なかでも定評ある函館近海産を確かな腕で60種類以上のメニューを展開し、根ボッケの深みを舌で感じられる。

☎0138-27-4040
所 函館市松風町8-19
営 17:00〜23:00(LO22:30) 休 不定休
交 JR函館駅から徒歩7分 P あり

おすすめメニュー
- 根ぼっけ尽くしコース 5500円
- 根ぼっけ開き焼き(小) 2450円
- 根ぼっけ刺身 980円

予約 望ましい
予算 D 4000円〜

↑根ぼっけ開き焼きは小でも800g以上で肉厚。振り塩で余分なエグ味と水分が抜ける

↑160人収容の店は、個室も豊富でバリアフリーの対応も

↑鮮度が命の根ボッケを独自技術で刺身で提供。脂がとろける

↑根ボッケにニラや特製味噌を加えた、ちゃんちゃん焼き

豊饒な海の記憶

旬な海鮮のオンパレード
地元で人気の海鮮居酒屋

海鮮処 函館山
かいせんどころ はこだてやま

大門 MAP 付録P.10 C-3

自慢の活イカは、注文を受けたのちに水槽から取り出して作るのでとても新鮮。北あかりを使用した自家製のいも餅といった揚げ物も豊富で、旬の海鮮以外の楽しみも多彩に揃う。

☎0138-22-7747
所 函館市松風町10-15 営 17:00〜翌1:00(LO翌0:30) 休 月曜 交 市電・松風町から徒歩1分 P あり

予約 望ましい
予算 D 3800円〜

↑イカ刺と相性の良い長芋や納豆など8種類の食材を、わさび醤油で

おすすめメニュー
- 活イカ刺 1280円〜
- 朝一番 580円
- 自家製いももち揚 480円

↑函館駅から近く好アクセス

↑1階にはカウンター席とテーブル席がある

カリフォルニア・ベイビー

ベイエリア **MAP** 付録P.8 C-2

郵便局を改装した郷愁の場
迷わず名物シスコライスを

函館カフェ文化の先駆けで、地元で「カリベビ」と親しまれる名店。テレビや映画のロケ地に使われた観光名所でもある。木の床のきしむ音に函館っ子の思い出が蘇る。

☎ 0138-22-0643
所 函館市末広町23-15
営 11:00～20:30
休 木曜 交 市電・末広町から徒歩5分 P なし

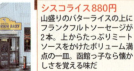

↑黄色い看板が、パッと目を引きつける

シスコライス 880円
山盛りのバターライスの上にフランクフルトソーセージが2本。上からたっぷりミートソースをかけたボリューム満点の一皿。函館っ子なら懐かしさを覚える味だ

↑アメリカ好きのオーナーの趣味を映した店は、西海岸の情感たっぷり

↑シーフードサラダ 1180円はムール貝やイカ、ホタテ、わかめも

↑ベーコンミート 830円。7種類あるスパゲティはどれも量がたっぷり

地元に根付く逸品に、海の向こうの情景が浮かぶ

HAKODATE ソウルフード

ペリー来航の街らしくアメリカンなメニューがソウルフードとして親しまれる函館で、各店のこだわりを食す。

チャイニーズチキンバーガー
385円(店内)
378円(テイクアウト)
甘辛くした鶏の唐揚げとレタス、マヨネーズを挟みこんだ人気No.1バーガー。満足度十分

↑自家製にこだわったカレーも根強い人気

↑サイドメニューの人気No.1はラキポテ352円(店内)

ラッキーピエロ 函館駅前店

ラッキーピエロ はこだてえきまえてん

函館駅周辺 **MAP** 付録P.10 A-3

ご当地バーガー1位も経験
地元に愛される個性派店

「ラッピ」と親しまれる店舗は、函館周辺限定で17店。バーガーは注文後に手作りするためいつでもあつあつジューシー。材料も地元産にこだわる。

☎ 0138-26-8801
所 函館市若松町8-8 ホテルニューオーテ2F
営 8:00～23:00
休 無休 交 JR函館駅から徒歩3分 P ホテルニューオーテ駐車場50台

↑紺を基調にした店は、天井や壁一面をアール・デコ調に

市内の主な店舗
ベイエリア本店 **MAP** 付録P.9 D-3　マリーナ末広店 **MAP** 付録P.9 D-2
十字街銀座店 **MAP** 付録P.9 E-3　五稜郭公園前店 **MAP** 付録P.11 E-2

Jolly Jellyfish

ジョリー ジェリーフィッシュ

東山 **MAP** 付録P.3 D-2

不動の一番人気のステピを
アメリカンポップな店内で

昭和57年(1982)創業の老舗レストランが、アメリカンライフスタイルをテーマにした商業施設内へ移転オープン。「ステピ」を求め、全国からの来店客が引きも切らない。

☎ 0138-86-9908
所 函館市東山2-6-1 South Cedar DRIVEINN内
営 11:00～15:00(LO14:30) 17:00～22:00(LO21:00)
休 水曜 交 JR函館駅から車で20分 P あり

↑道南杉とポップな色が映える

↑道路沿いでアクセスしやすい

牛ステーキピラフ
1408円
一番人気で、年1万食以上出る、通称「ステピ」。やわらかい肉と秘伝ソースがやみつきに

澄んだスープに秘められた奥深い味わい
豊かな滋味 塩ラーメン

北海道の3大ラーメンのひとつに数えられる函館の塩ラーメン。
シンプルな味付けだからこそ店の個性が表れる一杯は、食べ比べも楽しい。

> **「塩ラーメン」のこと**
> 中国からのラーメンの伝来は日本で一、二を争う早さだったといわれる函館。塩ラーメンには、塩味のスープ、ストレートな麺という、中国の麺料理のスタイルが色濃く残っている。

五稜郭公園のそばにある人気店
伝統の塩ラーメンは納得の一杯

函館麺厨房 あじさい本店
はこだてめんちゅうぼう あじさいほんてん

五稜郭周辺 **MAP** 付録P.11 E-2

創業80年以上の老舗。観光名所の五稜郭公園(P.61)のそばにあることから、根強い地元ファン以外に観光客も多く訪れる。昔から変わらぬ人気の定番「味彩塩拉麺」をじっくり堪能したい。

☎ **0138-51-8373**
所 函館市五稜郭町29-22　営 11:00〜20:25
休 第4水曜(祝日の場合は翌平日)
交 市電・五稜郭公園前から徒歩10分　P あり

味彩塩拉麺 800円
看板メニュー。道産昆布をベースに、あっさりしながらも透明かつ深みのあるスープが特徴。麺は中細ソフトウェーブ

◯ 伝統スープにカレールーを仕込み、函館牛乳でまろやかに仕上げた味彩加里

◯ 大きな窓の向こうに見える函館の景色も楽しみながら食事できる

懐かしくも新しい味を追求
新函館ラーメンとして評判の店

マメさん

元町周辺 **MAP** 付録P.9 E-4

伝統の函館塩ラーメンの味をベースにしつつ、日高産のふのりや比内鶏などの素材を厳選しながらスープにコクを加えるなど新鮮な味覚を打ち出している。2013年に現在地に移転した。

☎ **0138-27-8811**
所 函館市宝来町22-6
営 11:00〜15:00 17:00〜20:00
休 木曜、第2・3水曜　交 市電・宝来町から徒歩3分　P あり(共用駐車場利用)

◯ カウンター主体の店内

◯ つけ麺は塩、醤油、辛味噌の3種類の味があり各850円

マメさん塩ラーメン 780円
日高産のふのりを練り込んだ麺は、独特のシコシコ感が特徴。秋田の比内鶏や魚のだしを使ったコクのあるスープとよく絡む

街並みは変われど味は不変
シンプル塩ラーメンを守る名店

鳳蘭
ほうらん

大門 **MAP** 付録P.10 C-3

昭和25年(1950)創業の老舗。先代から「シンプルでやさしい味」を守り続けている。豚骨と鶏ガラのみで作るさっぱりスープは、飽きのこない味。ボリューム満点のシューマイも密かな人気だ。

☎ **0138-22-8086**
所 函館市松風町5-13
営 11:00〜21:30(スープがなくなり次第終了)
休 火曜　交 JR函館駅から徒歩5分　P あり

塩ラーメン 630円
スープは、野菜を一切使わず、豚骨と鶏ガラを9対1の割合で入れ、じっくり煮込む。さっぱりとしながらもキレがある

◯ やきそば(やわらか)930円は昔ながらのスープ仕立て。麺を硬めにした「パリパリ」もある

◯ 店内に入って右手に厨房、向かいにはカウンター。テーブル席もある

ソウルフード／塩ラーメン

→奥のサロンスペースでできたての
ケーキを楽しみたい

北海道の恵みを凝縮し
奥深いフランス菓子を表現
フランス菓子 ペシェ・ミニヨン
フランスがし ペシェ・ミニヨン
乃木町 MAP 付録P.5 D-2

厳選した素材を使ったフランス菓子を追求するこだわりの詰まった店。職人の技とセンスがうまく溶け合った大人のケーキを季節ごとに20〜25種類用意。通販で注文できる焼き菓子も人気。

ケーキセット 1100円
お好みケーキと飲み物の人気セット。ケーキは四季の彩りと味を表現した自慢のものばかり

☎0138-31-4301
所 函館市乃木町1-2 営 11:00〜18:00(LO17:30) 休 水曜(祝日の場合は営業)、第1火曜
交 市電・柏木町から徒歩10分 P あり

→店内は温かみのあるインテリアで統一。奥には広いサロンもある

チーズケーキマング 520円
ふんわりしたチーズムースの中に爽やかなマンゴーの果肉とサブレに入ったパチパチ食感がアクセント

ショコラキューブ 508円
ヘーゼルナッツが香るなめらかなショコラムース

人気店の確かな逸品を味わう至福の時
カフェで贅沢スイーツ

ミルクや小麦などスイーツの素材の一大生産地である北海道。その素材にこだわる腕利きパティシエが運ぶ、甘美な時間に浸る幸せ。

ミルクレープ 425円
一番人気の商品。もちもちクレープと生クリームの間にイチゴ、バナナ、キウイがたっぷり

ケーキセット 800円
好みのケーキと飲み物が選べる。ケーキは1階のショップで、飲み物は2階で注文

函館駅から好アクセス
ティールームで絶品スイーツを
函館洋菓子 スナッフルス 駅前店
はこだてようがしスナッフルス えきまえてん
函館駅周辺 MAP 付録P.10 B-3

北海道みやげの定番となったふんわりとした口どけのチーズオムレットが有名。店は1998年にこの地で誕生、チーズオムレットのほかクッキーなどの焼き菓子は地方発送も可能だ。

☎0138-22-4704
所 函館市若松町18-2
営 11:00〜18:00(ショップは〜19:00)
休 水曜 交 JR函館駅から徒歩3分
P なし

→1階がケーキショップ、2階がティールームになっている

→元気な声とおいしい香りが出迎える1階のケーキショップ(右)、2階の窓を大きくとしたティールームは、白を基調とした明るい内装(左)

1

個性が光るバーで、美酒に酔いしれ思い出の夜を過ごす
街角の隠れ家にて

港町の旅情を包む函館のバー。
旅の夜を演出してくれる
隠れ家を訪ねてみたい。

カフェで贅沢スイーツ／街角の隠れ家にて

心落ち着くおしゃれな空間で
街の喧騒を忘れて一杯

BAR JEY'S
バージェイズ

大門 MAP 付録P.10 C-3

メインストリートから一本裏にひっそ
りとたたずむおしゃれなバー。カクテル
とスコッチを中心に多くのウイスキー
を揃える。シガーも用意されており、
味と会話をゆっくり楽しめる。

☎0138-22-8604
所 函館市東雲町17-11
営 18:00～翌2:00　休 不定休
交 市電、松風町から徒歩3分

予約	可
予算	4000円～ ※チャージ1400円 （おつまみ付き）が必要

2

3

4

おすすめメニュー

シンガポールスリング	990円
ブランデーサワー	950円
マティーニ	950円

1. シンガポールスリング990円（左）とブランデーサワー950円（右）
2. 街の賑わいから少し離れた位置にある
3. スコッチモルトウイスキーはゆっくり味わいたい
4. カウンターが10席、テーブル席が3つで計18席ある

83

SHOPPING 買う

人気菓子店の名物を探す
北国の甘い誘惑

函館●買う

ショコラヴォヤージュ
1500円（12個入り）
北海道産生クリームをガナッシュで包み込んだ人気No.1商品

アンジェリックショコラ
3500円（1ホール）
濃厚なチョコレートケーキ

苺のパフェ
900円
賞味期限は30分。持ち帰り用のパフェ

賞味期限30分のクレープをぜひ

チョコバナナクレープ
600円
完熟バナナ、濃厚チョコソースをもちもちクレープで包んでいる

アンジェリック・ヴォヤージュ

元町周辺 **MAP** 付録P.8 B-2

完全放牧牛乳や自然卵、道産生クリームと素材にこだわるお菓子を提供。クレープは、ふわふわ感やフレークのサクサク感が生きた30分以内にいただこう。

☎0138-76-7150
所 函館市弥生町3-11
営 10:00～19:00（売り切れ次第閉店）
休 月曜（祝日の場合は翌日）
交 市電・末広町から徒歩10分 P なし

五稜屑ショコラBOX
各種540円
クレープ生地をサクサクに焼き上げたものと、チョコレートの味わい、各種フレーバーとのマリアージュを楽しめる

最高級素材とカカオのハーモニー

ボンボンショコラ
1960円（9個入り）
華やかなチョコレートの詰め合わせ。どれから食べるか思わず迷う

レディアス
1150円
クッキーの詰め合わせ。贈り物に人気

シュウェット カカオ

五稜郭周辺 **MAP** 付録P.11 D-2

チョコレート本来のやさしい香りを引き立てるよう、ていねいにひとつひとつ手作り。創業以来、口に含んだ瞬間の食感を重視し、素材と新鮮味を追求。

☎0138-33-5766
所 函館市梁川町27-16
営 10:00～19:00 休 木曜（祝日の場合は水曜）
交 市電・五稜郭公園前から徒歩8分 P あり

チーズオムレット
777円（4個入り）
ふわっとした食感が、口の中でとろりとろけるスフレタイプのチーズケーキ

口の中にふんわり広がる新食感

ボナペティ
1145円（6個入り）
卵をたっぷり使ってふんわり焼き上げた、メイプルシュガーのやさしい甘さのマドレーヌ

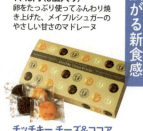

チッチキー チーズ&ココア
1350円（12個入り）
濃厚チーズの風味とふんわり広がるココアの香り。チーズオムレットと同じ材料で作ったクッキー

函館洋菓子スナッフルス 駅前店
はこだてようがしスナッフルス えきまえてん

函館駅周辺 **MAP** 付録P.10 B-3

1998年に函館で誕生した1号店。厳選された新鮮素材を使うことをモットーに、テイクアウトや地方発送にも応じる。2階はカフェスペース。

➡ P.82

江戸末期の創業という北海道を代表する老舗から、新定番を次々作る人気店まで、間違いのない絶品をセレクト。

北国の甘い誘惑

大地の恵みをお菓子にぎゅっと

ストロベリーチョコ
640円(130g入り)
フリーズドライのイチゴをチョコレートでコーティング。ホワイト、ミルクの2種類がある

マルセイバターサンド
130円(1個)
専用の小麦粉で作ったビスケットでレーズン入りバタークリームをサンド

マルセイバターケーキ
130円(1個)
バターをたっぷり使ったスポンジで、チョコガナッシュをサンド

マルセイキャラメル
530円(3粒×6袋入り)
マルセイバターサンドのビスケットと大豆が入ったキャラメル

六花亭 五稜郭店
ろっかてい ごりょうかくてん

五稜郭周辺 MAP 付録P.11 E-1

帯広開業の六花亭が2004年に函館地区に出店。喫茶店を備え、隣接する五稜郭公園を望めるよう、大きなガラスの窓を設けている。

→P.63

街の歴史とともにある老舗

どら焼き
220円(1個)
大正時代から続く人気商品。道産の大納言を使ったつぶ餡は上品な甘さ

元祖山親爺
350円(5枚入り)
バターと牛乳を使用した函館らしい和洋折衷のせんべい

函館ふぃなんしぇ
180円(1個)
軽やかな生地に香ばしいアーモンドの風味が感じられる一品

函館散歩
660円(5個入り)
五稜郭や函館ハリストス正教会など、名所をかたどったしっとり生地で餡を包んだカステラまんじゅう

七飯林檎パイ
190円(1個)
道南・七飯町のリンゴを使用したリンゴ餡を包み込んだ、しっとりした練りパイ

千秋庵総本家
せんしゅうあんそうほんけ

元町周辺 MAP 付録P.9 E-4

万延元年(1860)創業。六花亭も札幌千秋庵製菓も歴史をたどると同店が起源という、北海道を代表する老舗。地元素材を生かした和洋菓子が揃う。

☎0138-23-5131
所 函館市宝来町9-9
営 9:30〜18:00
休 水曜
交 市電・宝来町から徒歩1分
P あり

人気ジェラートに注目

ミルキッシモ 函館本店
ミルキッシモ はこだてほんてん

ベイエリア MAP 付録P.9 D-2

北緯41度で結ばれたローマと函館。上質なミルクを使い、22種類のジェラートを展開する本格イタリアンジェラート店。最上級の味をぜひ。

☎0138-84-5350
所 函館市末広町14-16 金森赤レンガ倉庫ヒストリープラザ内
営 9:30〜19:00
休 無休
交 市電・十字街から徒歩5分
P あり(金森赤レンガ倉庫駐車場利用、有料)

バラ盛りトリプル
620円
バラのように盛り付けたジェラート。色もテイストも楽しみたい

ミルキッシモミルク
420円
人気No.1。函館近郊の低温殺菌牛乳を使ったジェラート

函館恋いちご
420円
「はこだて恋いちご」をふんだんに使ったプレミアムソルベ

かぼちゃくりりん
420円
森町の「くりりんかぼちゃ」を使用。しっとり甘くておいしい

HOTELS 泊まる

大正ロマン漂う客室と
海鮮たっぷりの朝食を楽しむ

ラビスタ函館ベイ
ラビスタはこだてベイ

ベイエリア MAP 付録P.9 E-2

和モダンな造りでくつろげる5つのタイプの客室と、種類が豊富で贅沢な和洋バイキングが楽しめる。最上階には源泉かけ流しの露天風呂と内湯があり、港と函館山の夜景を眺められる。

☎0138-23-6111
所 函館市豊川町12-6 交 市電・十字街から徒歩5分(帰りのみ函館駅への無料送迎あり、8:00～12:00で要予約) P あり(有料)
in 15:00 out 11:00 室 335室(全室禁煙)
予算 1泊2食付1万8850円～

1. ゆったりした和ベッドが心地よいスタンダードツインルーム
2. 函館ベイ美食倶楽部に隣接し、赤レンガ倉庫にも近い好立地
3. アロマのハンドトリートメントで癒やされる「夢語」
4. 露天風呂や檜風呂など4種類の湯船が楽しめる天然温泉
5. イクラや甘エビなどを好きなだけのせて作る海鮮丼が大好評

港町の洗練ホテルで極上ステイ
美意識が薫る贅沢宿

函館観光の中心となる駅周辺から元町には、旅を素敵に演出してくれる個性豊かな宿が揃う。

函館港と元町の夜景を望む
エレガントなホテル

函館国際ホテル
はこだてこくさいホテル

函館駅周辺 MAP 付録P.9 F-1

格式あるホテルでゆったりとした客室と行き届いたサービスに定評がある。JR函館駅とベイエリアの中間にあり、観光にも便利。東館・西館・本館と3つに分かれ、インテリアや眺望が異なる。約100種類のメニューが並ぶ朝食ブッフェも人気。

☎0138-23-5151
所 函館市大手町5-10 交 JR函館駅から徒歩8分
P あり(有料) in 15:00 out 11:00 室 435室(禁煙356室、喫煙79室)
予算 ツイン8100円～(2名1室利用時の素泊まり1室料金、別途入湯税150円)

1. 2018年12月にオープンした本館プレミアムツイン。落ち着きのあるデザインで機能性と快適性を追求した部屋
2. 本館最上階にある天然温泉展望大浴場「汐見の湯」は、函館港の美しい景色を眺めながら心身をリフレッシュ。男湯には露天風呂もあり
3. 朝食は海の幸を丼にできる"のっけ丼"が人気。函館名物のイカ、イクラ、甘エビ、サーモン、タラコ、ネギトロの全6種のネタを好きなだけ
4. レンガをイメージさせるタイルやモンドリアン風の格子が特徴の外観

風情ある建物がモダンでオシャレな雰囲気に生まれ変わる
歴史が宿るリノベーションホテル

江戸～明治期にかけての争乱の時代を超え、外国との貿易によって日本と西洋の文化が見事に調和した函館。そんな歴史を身近に感じられる建物をリノベーションしたホテルが話題を呼んでいる。

レンガ造りの外観が西洋文化を伝える異国情緒あるホテル

HakoBA 函館 by THE SHARE HOTELS
ハコバ はこだて バイ ザ シェア ホテルズ
ベイエリア MAP 付録P.8 C-3

昭和初期の銀行と美術館をリノベーションした2棟からなるホテル。元銀行の建物は石造りの外観がそのまま残されており、港町としての函館の雰囲気を満喫できる。

☎0138-27-5858
所 函館市末広町23-9　交 市電・末広町から徒歩3分　P なし　in 15:00　out 10:00
室 65室(全室禁煙)　予約 ドミトリータイプ3000円～、ツイン1万2000円～

1. クラシックな雰囲気のツインルーム
2. 85年ほど前に銀行として建てられた近代建築物をリノベーション
3. 開放的な屋上テラスからは函館湾が一望できる
4. 最大6名まで宿泊できるグループ向けの客室もある

贅沢宿／リノベーションホテル

土蔵を改修した離れで100年の歴史を肌で感じる

函館元町ホテル
はこだてもとまちホテル
元町周辺 MAP 付録P.8 B-1

かつての新選組屯所の跡地にできたホテル。離れは明治42年(1909)に建てられた土蔵を改修したもので、客室としては北海道最古。明治ロマンを満喫できる贅沢な一室だ。本館には黒鉛珪石(ブラックシリカ)の鉱泉も備える。

☎0138-24-1555
所 函館市大町4-6
交 市電 大町から徒歩2分　P あり
in 15:00　out 10:00
室 27室(全室禁煙)
予約 ツイン4166円～、トリプル7407円～

1. 本館のすぐ横に建つ土蔵の離れ。ステンドグラスの丸窓がおしゃれ
2. 離れは2階建てで1階が和室、2階が洋室となる
3. 本館3階の「屯所の湯」から函館の夜景が望める

函館の奥座敷で名湯に浸かる
風情漂う温泉郷
湯の川に籠る

函館東部、津軽海峡を望む海岸線を中心に広がる北海道屈指の温泉郷、湯の川。眺望と湯船が自慢の選りすぐりの宿でゆったり休日を満喫したい。

湯の川温泉の基本

●湯の川温泉の歴史
享徳(きょうとく)2年(1453)に湧き湯が発見されたのが始まりとされる。箱館戦争で旧幕府軍の指揮官であった榎本武揚が、負傷した兵士を療養させ自身もこの温泉を利用したことでも知られる。明治に入り湯量が増えて以降、ますます保養地として賑わい、函館の奥座敷と呼ばれるようになる。夜には遠くに揺らめく漁火を眺めながら湯に浸かるのが風物詩となっている。

●温泉の特徴
1日7000tという豊富な湧出量を誇ることから、新しい湯を取り込み古いお湯を捨てる「放流・循環併用式」を採用。主な泉質は、ナトリウム・カルシウム塩化物泉で、保温効果が高いと評判。

交通information
JR函館駅から市電・函館駅前まで徒歩5分、市電・函館駅前から函館市電で市電・湯の川温泉まで30分

函館 泊まる

洗練された和モダンの空間と美しい景色が調和する贅沢な宿
望楼NOGUCHI函館
ぼうろうノグチはこだて

湯の川 MAP 付録P.5 E-3

湯の川温泉で最も高さのある眺望抜群のラグジュアリーホテル。メゾネットタイプのスイートと大正ロマンをコンセプトにした和モダンな客室には展望風呂が付いている。食事処には地元や近隣の食材がずらりと並ぶ。

☎0570-026573
所 函館市湯川町1-17-22
交 市電・湯の川温泉から徒歩1分 P あり
in 14:00 out 12:00 室 79室(禁煙70室、喫煙9室) 予約 1泊2食付3万7550円～

1. ゆったりしたソファが心地よいメゾネットタイプの客室
2. 日本の美とモダンが調和した建物と庭園が生む景観美も魅力
3. 大正ロマン風の客室 WAMODERNでは客室で温泉が楽しめる
4. 生ビールなどフリードリンクサービス充実のSKY SALON BOUKYOU
5. 津軽の魚介と近隣の山海の恵みを盛り込んだ「地美恵」の夕食
6. 最上階の13階に設けられた展望露天風呂は、湯の川温泉で最も高い場所にある

庭園を眺めて温泉を楽しめる
湯の川屈指の純和風旅館
竹葉新葉亭
ちくばしんようてい

湯の川 MAP 付録P.5 F-4

昭和24年(1949)に創業した、京都風の老舗旅館。天然鉱石のブラックシリカを使用した「萬葉の湯」と「竹林の湯」の2つの露天風呂が人気。地元の魚介を堪能できる彩り豊かで手の込んだ会席料理も絶品。

☎ 0138-57-5171
所 函館市湯川町2-6-22 交 市電・湯の川温泉から徒歩7分 P あり IN 15:00 OUT 11:00
室 41室(全室喫煙可) 予算 1泊2食付2万2700円〜(南館)、2万5450円〜(東館)

1. 北海道には珍しい竹林を眺めながらお湯に浸かれる。雪景色も抜群
2. 見事な枯山水を配した趣ある室内庭園
3. 湯の川でひときわ目を引く数寄屋造りの外観
4. キンキの調理法が選べる会席膳「郷の膳」
5. 次の間があるゆったりした造りの東館客室

津軽海峡を望む好立地
おもてなしが光る老舗
割烹旅館若松
かっぽうりょかんわかまつ

湯の川 MAP 付録P.5 E-4

大正11年(1922)創業の和風老舗旅館。すべての部屋から美しい津軽海峡が見渡せる眺望の良さが魅力。そば打ちや茶道、華道、スノーシュートレッキングなどの体験メニューも豊富で、滞在を存分に楽しめそうだ。

☎ 0138-86-9626
所 函館市湯川町1-2-27 交 市電・湯の川温泉から徒歩1分(函館空港から無料送迎あり、15:00〜17:00で要予約) P あり IN 15:00 OUT 10:00
室 24室(全室禁煙) 予算 1泊2食付3万2000円〜

1. 目も舌も楽しませてくれるこだわりの料理(季節により変動あり)
2. 歴史ある老舗旅館ならではの風情が漂う
3. 地元の旬の食材を使った料理が自慢
4. すべての部屋から津軽海峡が眺められる
5. 津軽海峡が眺められる露天風呂

温泉露天風呂のある客室で
贅沢な時間を満喫する
湯の川プリンスホテル渚亭
ゆのかわプリンスホテルなぎさてい

湯の川 MAP 付録P.5 E-4

115室もの温泉露天風呂付きの客室を備える温泉宿。津軽海峡が見える海側と、函館山と市街が見える山側とがあるので、予約時に眺望を確認しておくとよい。津軽海峡を一望でき、開放感あふれる大浴場も好評。

☎ 0138-57-3911
所 函館市湯川町1-2-25 交 市電・湯の川温泉から徒歩10分 P あり IN 15:00 OUT 10:00 室 185室(禁煙102室、喫煙83室)
予算 1泊2食付2万2000〜3万3600円

1. 2018年7月にパブリックスペースと一部客室をリニューアル
2. 落ち着いたラウンジでは温かい飲み物を飲みながら読書が楽しめる
3. こだわりのビュッフェはできたてのメニューやパティシエのスイーツを多数用意
4. 潮風が感じられる海側の露天風呂付き客室
5. 目の前に津軽海峡の絶景が広がる大浴場露天風呂(男性用)

風情漂う温泉郷 湯の川に籠る

周辺の街とスポット
AROUND HAKODATE

↑日本新三景のひとつに数えられる景観。2012年にはラムサール条約登録湿地となった

雄大な大自然のなかを歩き アウトドアスポーツを満喫

標高1133mの秀峰駒ヶ岳の火山活動によってできた大沼、小沼、蓴菜沼一帯は、江戸時代より、風光明媚な土地として知られる。明治天皇の行幸により道南の景勝地として全国に名を馳せ、昭和33年(1958)には、北海道で初めて国定公園に指定された。大自然のなかに整備された散策路を歩いて、四季折々の植物や野鳥、エゾリスなどを観察したり、雄大な景色を背景にアウトドアスポーツも楽しめる。

ACCESS
鉄道 JR函館駅から特急北斗で大沼公園駅まで30分
バス JR函館駅前から函館バス・大沼公園経由鹿部出張所行きで大沼公園まで1時間10分
車 JR函館駅前から函館新道、国道5号経由で40分

山と湖沼、島々が織りなす自然の美
大沼
おおぬま

自然の美しい景色が訪れる人を魅了する道南屈指のリゾート地で、心癒やされるひとときを過ごしたい。

駒ヶ岳の裾野に広がる 四季を彩る水辺のリゾート
大沼国定公園
おおぬまこくていこうえん

大沼、小沼、蓴菜沼には大小126の小島が浮かび、島々を渡る橋や散策路が整備されている。春から秋にかけて、サイクリング、カヌー、遊覧船など、冬はスノーモービルやワカサギ釣りなどのアウトドアアクティビティを楽しむ人で賑わう。
MAP 本書P.91 A-2
☎0138-67-2170（大沼国際交流プラザ）
⌂七飯町大沼町　⏱料散策自由
🚃JR大沼公園駅からすぐ　Ⓟあり（有料）

↑冬には凍結した湖面に雪が積もり、一面 白銀の世界へと変わる

↑7〜8月、湖面はスイレンやコウホネで彩られる

大沼の自然を満喫できるアクティビティ
徒歩からカヌーまで、山と森と湖に抱かれた大沼の大自然をアクティブに体感。

ウォーキング
島巡りの路、大島の路、夕日の道、森の小径という4つのウォーキングコースが整備されている。

↑小沼を見渡せ、夕日が美しいスポット
↑アーチ型の橋を渡りながら島々を巡る

カヌー
手軽に水上散歩が楽しめる初心者コースから、大沼までを巡るロングコースまである。

↑湖面に映る駒ヶ岳や湖の植物を観察

イクサンダー大沼カヌーハウス
イクサンダーおおぬまカヌーハウス
MAP 本書P.91 A-2
☎0138-67-3419　⌂七飯町大沼町22-4　⏱9:00〜17:00　休不定休　料2時間コース5000円、3時間コース（4〜7月、9・10月）7000円（要予約）
🚃JR大沼公園駅から車で3分（大沼国定公園近くの駅やホテルなどから送迎あり、要予約）　Ⓟあり

サイクリング
大沼を一周する約14kmのサイクリングロードがある。ほぼ平坦なコースで所要時間は1時間10分程度。

↑立ち寄りたい絶景ポイントも多い

フレンドリーベア
MAP 本書P.91 A-2
☎0138-67-2194　⌂七飯町大沼町215
⏱4月〜11月中旬9:00〜17:00
休期間中無休　料1時間500円、1日1000円
🚃JR大沼公園駅からすぐ　Ⓟあり

遊覧船
大沼湖、小沼湖を巡る30分コース。

↑比較的短時間で湖上散策が楽しめる

大沼遊船 おおぬまゆうせん
MAP 本書P.91 A-2
☎0138-67-2229　⌂七飯町大沼町1023-1
⏱運航時間4月〜12月中旬の9:00〜16:20（約40分間隔で運航）
休期間中無休（荒天時は要問い合わせ）　料島巡り1周コース1120円
🚃JR大沼公園駅から徒歩8分　Ⓟ近隣の公共駐車場利用

観光の情報はここで
大沼国際交流プラザ
おおぬまこくさいこうりゅうプラザ

大沼公園周辺の見どころやアクティビティ、飲食店情報などが揃う。特産品販売やカフェコーナーもあるので気軽に利用できる。

MAP 本書P.91 A-2
☎0138-67-2170
所 七飯町大沼町85-15
営 8:30〜17:30 休 無休 料 無料
交 JR大沼公園駅からすぐ P あり

↑散策後の休憩にも利用できる

大沼公園で見られる動物・植物

森と湖が広がる大沼公園は、動植物の宝庫。春にはミズバショウ、夏にはスイレンが湖を彩り、秋には紅葉、冬にはハクチョウが飛来し、一年を通じて、観察できる動植物は多彩。

ミズバショウ
4月上旬〜下旬
湖畔沿いに群生地が点在。花は白い部分ではなく、中心部の黄色い部分。

スイレン
7月上旬〜8月中旬
白、黄、赤、ピンクの花をつけ、別名ヒツジグサとも呼ばれる。

ハクチョウ
12〜3月
冬でも湖面が凍らない白鳥台セバットでオオハクチョウを観察できる。

エゾリス
通年
体長22〜27cmで長い尾を持つ。昼行性なので遭遇できるチャンスも多い。

グルメ＆ショッピング

ターブル・ドゥ・リバージュ

地元農家から仕入れた野菜や大沼牛を使った料理を、美しい景観を眺めながら楽しめる。初夏から秋のランチクルーズが人気。

MAP 本書P.91 A-1
☎0138-67-3003 所 七飯町大沼町141
営 11:00〜15:00(LO) 休 不定休
交 JR大沼公園駅から徒歩7分 P あり

↑大沼牛のビーフシチューはサラダ、スープ、パン、コーヒー付きで2200円

↑大沼の湖畔に建ち、ロケーションも抜群だ

沼の家
ぬまのや

明治38年(1905)創業の元祖大沼だんごの製造元。かつて蒸気機関車に乗って訪れる観光客向けに新粉の団子を作ったのが始まり。

MAP 本書P.91 A-2
☎0138-67-2104 所 七飯町大沼町145 営 8:30〜18:00(売り切れ次第閉店) 休 無休 交 JR大沼公園駅からすぐ P あり

↑創業以来、変わらぬ製法と伝統の味を守り続けている

↑餡、胡麻、醤油の3つの味。あえて串にはさまず、一口サイズで食べやすい。大650円、小390円

ブロイハウス大沼
ブロイハウスおおぬま

人気の地ビール、大沼ビールを製造する本社工場。ビアレストランを併設し、ビールの製造工程を見学しながら、ビールを味わえる。

MAP 本書P.91 A-1
☎0138-67-1611 所 七飯町大沼町208 営 9:00〜16:00 休 火曜 交 JR大沼公園駅から徒歩5分 P あり

↑大沼公園駅の近くにあり、三角屋根が目印

↑横津山麓の天然アルカリイオン水を使用した、酵母入りのコクと風味が豊かなビール。各330ml648円

↑美しい建物や牧歌的な並木道、マリア像のあるルルドの洞窟など見どころが多いトラピスト修道院

北海道新幹線の開通で、道南観光の拠点となった
北斗
ほくと

豊かな大地と海が魅力の街は、
新たな観光拠点として賑わう。
グルメや景勝地めぐりが楽しい。

豊かな自然が注目されている
農業と漁業の盛んな街

　肥沃な大地と温暖な気候に恵まれ、北海道の水田発祥の地として知られる旧大野町とホッキ貝が有名で、漁業が中心の旧上磯町が2006年2月に合併し、北斗市が誕生した。2016年3月には、北海道新幹線が開通し、新しい北海道の陸の玄関口として新函館北斗駅ができ、南北海道の観光拠点としても注目を集めている。北斗桜回廊、雲海の見える高原など自然を生かした観光スポットも多い。

ACCESS

鉄道 JR函館駅から特急北斗／はこだてライナーで新函館北斗駅まで20分
バス JR函館駅前から函館バス・江差ターミナル行き／鹿部出張所行きで新函館北斗駅まで1時間
車 JR函館駅前から227号経由で30分

杉並木の先にたたずむ
修道士たちの祈りの場

燈台の聖母
トラピスト修道院
とうだいのせいぼ トラピストしゅうどういん

明治29年(1896)創設の日本で最初のカトリック男子修道院。昭和10年(1935)には、厳律シトー会の総会で大修道院として昇格。院内では修道士たちが自給自足の生活を送っている。

MAP 付録P.2 C-2

☎0138-75-2108　所 北斗市三ツ石392
院外は見学自由、売店9:00～17:00(10月16日～3月31日8:30～16:30)
休12月25日、1～3月の日曜　料無料　交道南いさりび鉄道・渡島当別駅から徒歩20分　Pあり

↑修道院から徒歩20分の裏山にあるルルドの洞窟。山道を歩くので歩きやすい格好を。春・秋は熊の出没に注意

↑本館建物は鉄柵の外側からのみ見ることができる

鮭の遡上が見られる
さけまつりも開催

茂辺地川
もへじがわ

函館湾から鮭が遡上する川として知られ、鮭の遡上風景を間近に見られるスポット。毎年文化の日には、河川敷で「北斗市茂辺地さけまつり」が開催される。

MAP 付録P.2 C-2

☎0138-73-3111(北斗市観光課)　所 北斗市茂辺地
交道南いさりび鉄道・茂辺地駅から徒歩5分　Pあり

↑鮭の遡上が見られるのは、おおむね9月下旬～11月中旬くらい
資料提供:(一社)北斗市観光協会

桜の名所をつなぐ北斗桜回廊

法亀寺のしだれ桜、大野川沿いのソメイヨシノの桜並木、そして約800mの桜のトンネルが圧巻の戸切地陣屋跡の桜並木などは、北斗桜回廊と名付けられて、北海道屈指の桜の名所になっている。

↑法亀寺から徒歩約5分、大野川沿いの道路の両側に約100本の桜の木が並ぶ
資料提供:(一社)北斗市観光協会

↑推定樹齢300年といわれる法亀寺のしだれ桜もライトアップされ幻想的な光景に

↑天気が良い日には、大沼や蝦夷富士と呼ばれる羊蹄山、青森県の下北半島まで見える

標高683mの木地挽山から360度の眺望を楽しめる

きじひき高原 パノラマ展望台
きじひきこうげん パノラマてんぼうだい

標高560mのところにパノラマ展望台があり、大野平野、駒ヶ岳、津軽海峡などを一望できる。雲海や夜に函館山を眺める「裏夜景」も絶景だ。

MAP 本書P.93 A-1
☎0138-77-5011（北斗市観光協会） 所北斗市村山174
営4月下旬〜10月下旬8:30〜20:00 休期間中無休
料無料 交JR新函館北斗駅から車で20分 Pあり

函館の新しい玄関口

新函館北斗駅
しんはこだてほくとえき

函館や北海道各地への乗換駅となり、観光案内所やみなみ北海道のアンテナショップなどを備えた北斗市観光交流センターを併設。

MAP 本書P.93 A-1
☎0138-77-5011（北斗市観光協会）
所北斗市市渡1-1-1 Pあり

↑弁当カフェを併設する休憩スペースや市民ギャラリーなどもある
資料提供：(一社)北斗市観光協会

グルメ＆ショッピング

cafe LEAVES
カフェ リーヴズ

店の雰囲気もメニューも独自のスタイルで、気軽に食事やスイーツを楽しめる。地元作家のアクセサリーや器なども販売している。

MAP 本書P.93 A-1
☎0138-77-1636
所北斗市本町2-6-21
営11:30〜21:00
休月曜（祝日の場合は翌日）
交JR新函館北斗駅から車で5分 Pあり

↑ウッディでおしゃれな内装と居心地のよさで人気のカフェ

↑オープン以来提供している、一番人気のステーキご飯1210円

華隆
かりゅう

北海道産の豚肉と地元名産のホッキ貝やホタテ、本ズワイガニなどを使った手作りシュウマイ専門店。

MAP 本書P.93 A-2
☎0138-73-2136
所北斗市飯生3-2-12
営9:00〜18:00 休日曜
交道南いさりび鉄道・上磯駅からすぐ Pあり（エイド'03駐車場利用）

↑ジューシーなフレッシュポークを使ったホッキしゅうまい1296円（8個入り）

↑地元の食材を使用したシュウマイが豊富に揃う

北斗

↑サラキ岬には、約5分の1の大きさに再現された咸臨丸のモニュメントと終焉記念碑が立つ

道内最南端の駅がある
北海道新幹線の北の玄関口

本州から青函トンネルを経て、北海道新幹線が最初に停車する。積雪の多い小さな街だが、江戸時代から交通の要所とされ、毎年1月に行われる「寒中みそぎ祭り」は天保2年(1831)から続く伝統神事。また、幕末期に太平洋を横断した軍艦「咸臨丸」が木古内町のサラキ岬沖で座礁し、沈没したことでも知られている。海と山に囲まれた豊かな自然と歴史文化遺産が残る街として、注目度は高い。

寒中みそぎ祭りと咸臨丸の終焉の地で知られる
木古内
きこない

津軽海峡と山に囲まれた街には、訪れてみたい景観スポットが多い。街の歴史や行事にふれるのも一興。

ACCESS
鉄道 JR函館駅から道南いさりび鉄道で木古内駅まで1時間
バス JR函館駅前から函館バス・小谷石行き／松前出張所行きで木古内駅前まで1時間45分
車 JR函館駅前から国道228号経由で1時間

激動の時代・幕末に活躍した
咸臨丸が座礁、ここに眠る

サラキ岬（咸臨丸）
サラキみさき（かんりんまる）

江戸幕府がオランダに発注し、日本初の海軍の軍艦となった咸臨丸は、日米修好通商条約批准の際に、勝海舟、ジョン万次郎、福沢諭吉などの要人を乗せ太平洋を横断する偉業を成し遂げたが、明治4年(1871)9月、サラキ岬沖で座礁し沈没した。
MAP 付録P.2 C-3
☎01392-2-3131（木古内町役場）
所 木古内町亀川　開休料 見学自由
交 JR木古内駅から車で10分　P あり

眺望スポットでもあり
寒中みそぎ祭りが行われる

みそぎ浜
みそぎはま

伝統神事・寒中みそぎ祭りの舞台でもあるみそぎ浜で、津軽海峡や函館山や下北半島を望む。寒中みそぎ祭りを観覧できるスポットでもある。
MAP 本書P.95 B-1
☎01392-2-3131（木古内町役場）
所 木古内町前浜　開休料 見学自由
交 JR木古内駅から徒歩5分　P あり

↑JR木古内駅からも徒歩圏内で、海へ向かって歩くと浜の入口には鳥居が見える

↑咸臨丸の功績を讃え、咸臨丸起工の地・オランダの国花チューリップが植えられている

厳寒のなか行われる寒中みそぎ祭り

天保2年(1831)1月15日の早朝、佐女川神社の神主の夢枕に「御神体を潔めよ」とのお告げがあり、佐女川の冷水で身を清めると、河口に大鮫に乗った美しい女性が現れた。これを神の使者と信じて、御神体とともに極寒の海で沐浴すると、その年から豊作豊漁が続いたという。以来、伝統神事として毎年1月13〜15日に執り行われている。

↑ふんどし姿の4人の若者が極寒の海へ入り、4体の御神体を潔めて、豊作や豊漁を祈願する

↑1月13日から、神社に籠もり冷水を浴びる

いかりん館とも呼ばれ
遺跡や資料を展示・紹介
木古内町郷土資料館
きこないちょうきょうどしりょうかん

閉校した鶴岡小学校の校舎を利用し、「大むかしの木古内」「マチの歴史と発展」「木古内の産業」「人々の生活と文化」の4つのテーマで木古内の歴史や文化を紹介。

↑国鉄時代からの記念乗車券類や資料など、約1500点を展示

↑咸臨丸のものと推定されるいかり。サラキ岬の沖合の水深約20mのところから引き揚げられた

MAP 本書P.95 A-2
☎01392-2-4366 所木古内町鶴岡74-1 営〜16:00
休月曜（祝日の場合は翌平日） 料無料 交JR木古内駅から函館バス・江差ターミナル行きで6分、鶴岡禅燈寺前下車すぐ Pあり

行楽シーズンには
家族連れで賑わう
ふるさとの森公園
（薬師山・萩山）
ふるさとのもりこうえん（やくしやま・はぎやま）

薬師山(72m)と萩山(83m)の小高い山の麓に位置し、道南杉や芝桜、ツツジなどが生育する公園内には、散策路が整備され、森林浴を楽しめるハイキングコースになっている。

↑薬師山の芝桜に囲まれた山頂からは木古内市街や津軽海峡が見渡せる

MAP 本書P.95 B-1
☎01392-2-3131（木古内町役場） 所木古内町木古内 料休見学自由 交JR木古内駅から徒歩15分 Pあり

グルメ＆ショッピング

ステーキハウス暁
ステーキハウスあかつき

地元のブランド牛・はこだて和牛を木古内で初めて取り入れ、ステーキで提供した店。手ごろな輸入牛のステーキやハンバーグなどのメニューも充実。

↑贅沢な味わいのはこだて和牛サーロインステーキ3680円

MAP 本書P.95 B-2
☎01392-2-3057
所木古内町新道103-30
営11:30〜13:50(LO)
16:30〜20:00(LO) 休月曜
交JR木古内駅から車で5分
Pあり

↑店頭に置かれた牛のオブジェが目印。店内はアメリカンな雰囲気

東出酒店
ひがしでさけてん

木古内町内でしか販売されていないという幻の地酒「みそぎの舞」を販売している老舗の酒屋。店頭で試飲することもできる。

MAP 本書P.95 B-1
☎01392-2-2073
所木古内町本町329
営9:00〜18:00 休不定休
交JR木古内駅から徒歩3分
Pあり

↑みそぎ浜に向かう駅前通りにあり、道南杉を使った店構え

↑木古内町産米「ほのか224」を原料とし、姉妹都市の山形県鶴岡市で醸造されている

観光の情報はここで
道の駅 みそぎの郷 きこない
みちのえき みそぎのさときこない

木古内町を拠点とする道南の西部9町（渡島西部4町・檜山南部5町）の観光情報の発信や特産物の販売などを行っている。

MAP 本書P.95 B-1
☎01392-2-3161
所木古内町本町338-14 営9:00〜18:00（季節により時間延長の場合あり）
休無休 交JR木古内駅からすぐ

↑観光案内カウンターにはコンシェルジュが常駐し、レンタカーの窓口もある

↑日本さくら名所100選に選定されている松前公園では、約1万本250品種の桜が4月下旬から咲き誇る

松前藩の城下町として栄え、城と桜が街のシンボル

松前
まつまえ

日本最北の城下町は桜の名所。
情緒あふれる街をゆっくり歩き、
古くから伝わる名物も味わいたい。

江戸時代から北前船交易で栄え「北の小京都」と称されている

渡島半島南西部に位置する日本最北の城下町。松前藩は米がとれない無高の大名であったが、アイヌとの独占的な交易やニシンなど豊かな蝦夷の産物、北前船での取引などで、著しい経済発展を遂げ、宝暦4年(1754)までには、城下町だけで人口5000人を超える街となり、江戸や京都と比べられるほど繁栄した。松前公園内には名所旧跡も多く、全国屈指の桜の名所としても知られている。

ACCESS

鉄道・バス JR函館駅から道南いさりび鉄道で木古内駅まで1時間、木古内駅前から函館バス・松前出張所行きで松前まで1時間30分
バス JR函館駅前から函館バス・松前出張所行きで松前まで3時間15分
車 JR函館駅前から国道228号経由で2時間

北方警備を目的に築城した日本最北で最後の日本式城郭

松前城(福山城)
まつまえじょう(ふくやまじょう)

慶長11年(1606)、初代藩主・松前慶広がこの地に築城。嘉永2年(1849)、13代藩主・松前崇広は津軽海峡の警備強化を図るため、幕府から築城を命ぜられ、城主大名となり、安政元年(1854)に完成させた。

↑昭和24年(1949)に一部焼失したが、天守などが復元されている。本丸御門は国の重要文化財

MAP 本書P.97 A-2
☎0139-42-2216(松前城資料館) 所松前町松城144 開4月10日〜12月10日9:00〜17:00(入館は〜16:30) 公園は入場自由 休期間中無休 料360円 交松城バス停から徒歩6分 Pあり(松前藩屋敷駐車場利用、松前さくらまつり期間は有料)

↑近くの観光案内所は、松前公園の史跡案内や周辺の観光案内、みやげ物店も併設

↑資料館となった天守には、蠣崎波響(かきざきはきょう)の真筆や北前船の資料などを展示〈松前町郷土資料館所蔵〉

藩政時代の松前を再現した体験もできるテーマパーク

松前藩屋敷
まつまえはんやしき

城下町の当時の様子を武家屋敷、奉行所、廻船問屋、商家、旅籠、髪結など14棟の建物で再現。「甲冑・着物着付け体験」では、鎧や着物で松前藩屋敷内を歩くこともできる。

MAP 本書P.97 A-1
☎0139-43-2439 所松前町西館68 開3月下旬〜10月下旬9:00〜16:30 休期間中無休 料360円 交松城バス停から徒歩15分 Pあり(松前さくらまつり期間は有料)

↑見るだけではなく、松前漬作りなどの体験ができるほか、みやげ物店もある

↑船、荷、人などを取り調べたり、入国税などを徴収する海の関所・沖の口奉行所の様子を再現

領地で米がとれない松前藩の財政

無高の松前藩は、徳川家康から蝦夷地の交易独占権を認可する黒印状を得て、アイヌとの交易を行い、その交易収入を藩の財政基盤のひとつとした。

←徳川家康黒印状〈北海道立総合博物館所蔵〉

➡江戸末期の建築で箱館戦争の戦火を免れた龍雲院。本堂、庫裏などは重要文化財

➡光善寺の血脈(けちみゃく)桜。本土から北海道に持ち込まれた南殿(なでん)桜の親木とされている

由緒正しい寺院が残り古都の趣を感じる街並み

寺町
てらまち

松前城の北側には、かつて10を超える寺院があったが、火災や箱館戦争などで焼失し、現在は龍雲院、光善寺など5つの寺と松前藩主松前家墓所が残る。

MAP 本書P.97 A-1

☎0139-42-2275(松前町商工観光課)
所 松前町松城　料 見学自由
松城バス停から徒歩10分
P あり(松前藩屋敷駐車場利用、松前さくらまつり期間は有料)

多様な品種が集められた桜見本園

江戸時代に持ち込まれた品種から、その後開発された新品種の桜など、約110種300本が植えられ、保存、管理、展示されている。

➡松前城跡から第二公園へ続く約2kmの里桜の街道の途中にある

グルメ&ショッピング

蝦夷松前 龍野屋
えぞまつまえ たつのや

本場ならではの松前漬やそうらん漬のほか、蝦夷あわびを使ったあわびシリーズ、八重桜を使ったお菓子のさくらシリーズなどを製造・販売。

➡スルメと昆布を醤油で漬けた、蝦夷から伝わる素朴な松前漬。150g810円

MAP 本書P.97 B-2

☎0139-42-3800　所 松前町福山74
営 9:00〜17:30(時期により異なる)
休 水曜(祝日の場合は営業、11〜3月は日曜)
松城バス停から徒歩3分　P あり

➡店内の奥には、桜をテーマにした落ち着いた風情の茶席もある

レストラン矢野
レストランやの

本マグロを使ったまぐろ漬丼をはじめ、あわび飯、くじら汁など、松前ならではの旬の魚介を使ったグルメを多彩なメニューで満喫できる。

MAP 本書P.97 B-2

☎0139-42-2525
所 松前町福山123
営 11:00〜20:30(LO)　休 無休
(10〜3月は木曜)　松城バス停から徒歩4分　P あり

➡松前藩主14代徳広公の婚礼の祝膳を再現した藩主料理3520円

➡松前の郷土料理が味わえる老舗温泉旅館のレストラン

北海道最南端の道の駅

道の駅 北前船 松前
みちのえき きたまえぶね まつまえ

津軽海峡の絶景を望み、松前本マグロ、ウニ、イカなどの新鮮な海の幸を堪能できる食堂を併設。特産品も豊富に揃う。

MAP 本書P.97 A-2

☎0139-46-2211　所 松前町唐津379
営 9:00〜17:00　休 無休
唐津バス停から徒歩1分

➡国道228号沿いにあり、食堂やテラスからは見渡す限りの海が広がる

松前

↑かもめ島を背景にオランダに残っていた設計原図をもとに開陽丸が実物大で復元されている

江戸末期より商業港として発展
民謡『江差追分(えさしおいわけ)』の発祥地

「江差の五月は江戸にもない」とかつて謳われ、北前船の最終寄港地として栄え、有名な民謡『江差追分』で知られる。江戸末期から明治にかけて廻船問屋や土蔵、商家が立ち並び、かつての栄華を偲ぶ景観は今も「いにしえ街道」として整備保存されている。また、幕末の軍艦「開陽丸(かいようまる)」が箱館戦争の際、江差沖に沈没したことでも知られ、歴史的な史跡が数多く残る。

ACCESS
バス JR函館駅前から函館バス・江差ターミナル行きで中歌町まで2時間25分／JR新函館北斗駅から函館バス・江差ターミナル行きで中歌町まで1時間15分／JR木古内駅から函館バス・江差病院前行きで中歌町まで1時間40分　車 JR函館駅前から国道227号経由で1時間30分／JR新函館北斗駅から国道227号経由で1時間／JR木古内駅から道道5号経由で1時間10分

江差
えさし

ニシンの漁場、北前船による檜の交易で栄えた港町

徳川幕府が命運をかけた軍艦や北前船交易で栄えたレトロな町並みが、往時の賑わいを今に伝えている。

函館●周辺の街とスポット

戊辰戦争で江差沖に沈んだ
榎本武揚率いる幕府の軍艦

開陽丸
かいようまる

幕末期の江戸幕府所有のオランダ製軍艦で、榎本武揚(えのもとたけあき)率いる徳川幕府の旗艦(きかん)として戊辰戦争で活躍したが、明治元年(1868)11月、暴風雪により江差沖で座礁、沈没した。

MAP 付録P.2 A-2
☎0139-52-5522　⌂江差町姥神町1-10
⏰9:00〜17:00(発券16:30まで)
休4〜10月無休、11〜3月罸曜(祝日の場合は翌日と翌々日)
￥500円
🚌姥神フェリー前バス停から徒歩7分　🅿あり

↑船内には大砲や人物レプリカ、海底から引き揚げられた遺物などを展示している

↑遺物やパネルなどで、開陽丸が建造された時代背景なども学べる

ニシン交易で栄えた
江差の歴史を残す商家

旧中村家住宅
きゅうなかむらけじゅうたく

江戸時代に近江国(滋賀県)の商人・大橋宇兵衛が建て、のちに中村米吉に譲られた。江差商家の代表的な造りとなっており、ニシン交易で栄えた江差の当時の様子がうかがえる。

MAP 付録P.2 A-2
☎0139-52-1617
⌂江差町中歌町22
⏰9:00〜17:00
休4〜10月無休、11〜3月罸曜、祝日の翌日
￥300円
🚌中歌町バス停から徒歩2分　🅿なし

↑屋内では交易の歴史や漁業についての展示解説も行われている

↑江差の典型的な商家建築である切妻造りの建物は国の重要文化財に指定されている

↑店舗兼住居として使われた主屋には趣深い古民家の風情も残る

町の繁栄をもたらした北前船

江戸から明治にかけて、北前船による商取引が盛んに行われた。ニシン漁の最盛期に大きな利益を上げた船主や豪商が江差に住み始め、豪商の家屋が立ち並び、町は繁栄を極めたといわれている。

↑航海の安全を祈って、信仰する神社に奉納された船絵馬〈姥神大神宮所蔵〉

OTONATABI
Tsugaru

津軽

◆

西洋文化をはじめ、
城下町の風情や文学、古代ロマンなど
多彩な魅力を兼ね備えたエリア。
移ろう季節のなかで
大自然が魅せる景色や、
北国の短い夏を熱くする
祭りも見逃せない。

歴史と自然の
営みが育んだ
文化に出会う

エリアと観光のポイント
津軽はこんなところです

手つかずの大自然を満喫できる名所から歴史や文化にふれられる街まで、スポットが種類豊富だからテーマを定めて訪れるエリアを決めたい。

奥津軽
北海道新幹線の開通で、新青森駅や奥津軽いまべつ駅からのアクセスが簡単になった津軽半島北部。津軽海峡を望む絶景ポイントが多い。

岩木山
津軽富士とも呼ばれ、「お岩木山」の愛称で、津軽の人々に長く親しまれている霊峰。

津軽の中心地として栄える
弘前
ひろさき
➡ P.106

弘前城や明治時代の洋館など、和と洋の魅力が詰まった街。弘前公園のさくらまつりや8月のねぷたまつりには多くの人で賑わう。

人気スポット
- 弘前公園(弘前城) P.109
- 旧弘前市立図書館 P.114

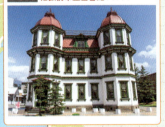

悠久の時が流れる森林へ
白神山地
しらかみさんち
➡ P.142

世界自然遺産に登録されたブナの原生林が分布。周囲にはさまざまな散策コースが整備され、手つかずの大自然を気軽に楽しめる。

人気スポット
- 十二湖散策コース P.144
- リゾートしらかみ P.147

美術や祭りが魅力の県都
青森
あおもり
➡ P.148

本州と北海道を結ぶ交通の要衝で、歴史や文化にまつわる注目スポットが充実。8月には東北屈指の祭典・青森ねぶた祭が夏の夜を彩る。

人気スポット
- 青森県立美術館 P.150
- 青森ねぶた祭 P.153

豊かな水がつくる風景を求めて
十和田湖・奥入瀬
とわだこ・おいらせ
➡ P.164

清らかな水と四季折々の植物が織りなす十和田湖や奥入瀬渓流の眺めは絵のような美しさ。街とアートが一体化した、十和田市現代美術館も人気。

人気スポット
- 奥入瀬渓流 P.164
- 十和田湖 P.166

津軽半島の玄関口となる都市
五所川原
ごしょがわら
➡ P.136

文豪・太宰治が幼い頃からよく訪れた街。津軽半島の玄関口で、迫力のある巨大な立佞武多が有名だ。ローカル線・津軽鉄道の起点。

文豪・太宰治のふるさと
金木
かなぎ
➡ P.138

津軽平野のほぼ中央に位置する小さな街。太宰治の故郷で、ゆかりのスポットが数多く残る。津軽三味線の発祥地としても知られる。

交通 information

津軽の移動手段

エリア間移動の交通手段は鉄道がメイン。普通列車なら30分～2時間に1本の割合で運行している。青森駅から弘前駅を経由して、白神山地の最寄り駅へ向かうリゾートしらかみは運賃のほかに座席指定券が必要。運行日を確認して、早めに購入しておきたい。十和田・奥入瀬へは青森駅・新青森駅からバスで向かえるが冬季は運休。津軽地方は公共交通が少ない場所が多いので、車での移動も便利。冬季の道路の通行止め区間に注意が必要。

周辺エリアとのアクセス

鉄道・バス

- 弘前駅
  - JR奥羽本線で約50分 → 青森駅
  - リゾートしらかみで約40分／JR奥羽本線・五能線で約45分 → 五所川原駅
- 青森駅
  - JRバス東北で約2時間25分 ※冬季運休 → 焼山(奥入瀬)
- 五所川原駅
  - 津軽鉄道で約25分 → 金木駅
  - リゾートしらかみで約25分／JR五能線で約30分 → 鯵ケ沢駅(白神山地)
- 金木駅
- 焼山(奥入瀬)
  - JRバス東北で約45分 ※冬季運休 → 十和田湖
- 鯵ケ沢駅(白神山地)
  - リゾートしらかみ・JR五能線で約1時間30分 → 十二湖駅(白神山地)
- 十和田湖

車

- 弘前市街
  - 国道102・454号経由63km → 青森市街
  - 国道7号経由42km → 五所川原市街
  - 国道339号経由27km
- 青森市街
  - 県道40号経由48km → 焼山(奥入瀬)
  - 国道7号、津軽自動車道経由39km → 五所川原
- 焼山(奥入瀬)
  - 国道102号経由23km → 十和田湖
- 五所川原
  - 国道339号経由12km → 金木
  - 国道101号経由22km → 鯵ケ沢(白神山地)
- 十和田湖
- 鯵ケ沢(白神山地)
  - 国道101号経由57km → 十二湖(白神山地)

問い合わせ先

観光案内
- 弘前観光コンベンション協会 ☎0172-35-3131
- 五所川原市観光協会 ☎0173-38-1515
- 白神山地ビジターセンター ☎0172-85-2810
- 青森観光コンベンション協会 ☎017-723-7211
- 十和田湖総合案内所 ☎0176-75-2425

交通
- 弘南バス ☎0172-36-5061
- 津軽鉄道 ☎0173-34-2148
- JR東日本 ☎050-2016-1600
- JRバス東北 ☎017-723-1621

津軽はこんなところです

移ろう自然の姿を記憶に残して
青森に四季の旅あり

厳しい自然環境にある北国には、北国だからこその鮮やかな四季の表情がある。
豊かな風土と人々の努力が魅せる景色は、時を経てもけっして色褪せない。

春
長い冬を終え歓びを迎える時

津軽●特集

優美に咲く幾多の桜は弘前を代表する春景色

弘前公園（弘前城）
ひろさきこうえん（ひろさきじょう）

弘前 **MAP** 付録P.14 C-2

4月下旬頃から開花し始める弘前の桜。お濠沿いで見事に咲き誇る満開の桜並木は圧巻だ。
➡ P.109

散った桜の花びらが濠の水面を埋め尽くす「花いかだ」も美しい

鰺ヶ沢町の菜の花畑
あじがさわまちのなのはなばたけ

鰺ヶ沢 **MAP** 付録P.12 C-2

5月上旬から下旬頃にかけて、雪が残る岩木山と菜の花が一面に咲いた光景が見られる。

☎ 0173-72-2111
（鰺ヶ沢町政策推進課）
所 鰺ヶ沢町建石町山田野地区
開休料 見学自由（畑には立入禁止）
交 JR鰺ヶ沢駅から車で20分
P なし
※ジャガイモの連作障害回避のため、毎年違う場所に作付けされる

専用の駐車場はないのでマナーを守って見学を

岩木山の山麓に広がる鮮やかな黄色の絨毯

夏
大自然も人々も躍動する季節

美しく幻想的な雲海が人々の心をとらえる

十和田湖
とわだこ　➡ P.166

十和田 MAP 付録P.17 D-4
5月から7月の早朝に、湖面が一面霧で覆われる雲海を瞰湖台から見られることがある。

雲海は日が昇り暖かくなる10時頃には消えてしまう自然現象

青森ねぶた祭
あおもりねぶたまつり

青森 MAP 付録P.19 D-2
街を練り歩く勇壮な人形灯籠(ねぶた)とお囃子にのせて踊る跳人が祭りを盛り上げる。
➡ P.153

青森が誇る夏の風物詩　一年で街が最も熱くなる

毎年8月2～7日に開催される夏祭り。250万人の人々が訪れる

十二湖
じゅうにこ

深浦 MAP 付録P.17 D-1
白神山地のブナ林に囲まれた33の湖沼を巡る十二湖散策コース。そのひとつ青池はなかでも人気。
➡ P.144

インクを流し込んだよう鮮やかに輝く青池に感動

時間帯により色が変化する。太陽光が差し込む時間帯がベスト

青森に四季の旅あり

103

秋
美しさを極めた葉の彩りに酔う

赤や黄に染まった森と多彩な水流が生む美景

渓流と苔、紅葉とのコラボレーションは絶景。例年10月下旬〜11月上旬が見頃

奥入瀬渓流
おいらせけいりゅう

奥入瀬 MAP 付録P.17 E-3
十和田湖(P.166)に端を発する景勝地。滝や水流を眺めながらの自然散策が楽しめる。
➡ P.164

中野もみじ山
なかのもみじやま

黒石温泉郷 MAP 付録P.13 D-3
青森県屈指の紅葉の名所。中野神社の境内から続くあたり一面が鮮やかに彩られる。

☎ 0172-52-3488(黒石観光協会)
所 黒石市南中野不動館27
開休料 見学自由 交 弘南鉄道・黒石駅から弘南バス・大川原行きで25分、中野神社前下車、徒歩1分/中野南口下車、徒歩10分 P あり

燃えるような紅葉が澄んだ水面に見事に映る

赤く彩られた紅葉が滝や渓流に映える景色は美しい

津軽●特集

冬
ぬくもりが宿る凛とした銀世界

雅な橋と岩木山が魅せる四季の景観に息をのむ

鶴の舞橋
つるのまいはし

鶴田町 MAP 付録P.12 C-2

廻堰大溜池に架かる全長300mの三連太鼓橋。その名のとおり、鶴が空を舞う姿にも見える。
☎0173-22-2111(鶴田町企画観光課) 所鶴田町廻堰 開休料見学自由(12〜3月は通行不可の場合あり) 交JR陸奥鶴田駅から車で10分 Pあり

雪化粧をまとった冬の姿は、北国ならではの景色。周辺は風が強いので防寒対策を

青森に四季の旅あり

雪化粧した天守と老松が幻想的で郷愁を誘う

長くて厳しい北国の冬にやさしい明かりが灯る

見渡す限りの雪原の中をストーブ列車が走る

車窓から地吹雪の景色を眺めるノスタルジックな列車旅を

弘前公園(弘前城)
ひろさきこうえん(ひろさきじょう)

弘前 MAP 付録P.14 C-2

2月中旬の弘前城雪燈籠まつりでは、燈籠や雪像が配される。夜のライトアップは必見。

➡ P.109

津軽鉄道
つがるてつどう

五所川原 MAP 付録P.16 B-1

乗客がダルマストーブを囲み、交流する、温かな雰囲気のストーブ列車は12〜3月に運行。

➡ P.137

105

城下町と西洋文化の記憶を今に伝える

弘前 ひろさき

弘前藩の城下町として栄え、明治・大正時代は積極的に西洋文化を取り入れた弘前。和洋の魅力が調和した街で、歴史探訪を楽しみたい。

津軽●弘前

⊕ 弘前公園の桜越しに岩木山を望む絶景は、弘前を代表する風景のひとつ

各時代の歴史が深く刻まれた 和と洋が共存する独特の街並み

初代藩主・津軽為信が礎を築き、江戸後期には10万石の城下町として繁栄。現在も弘前城を中心に多くの史跡が残り、藩政時代の面影を伝えている。一方、明治以降はいち早く西洋文化を取り入れ、多くの外国人教師を招聘。街の随所に洋館や教会が建てられ、和と洋が混在する独特の街並みが形成された。弘前公園の桜や夏のねぶたまつり、日本一のリンゴの生産地としても有名。霊峰・岩木山や歴史ある名湯など周辺にも見どころが多い。

観光のポイント

弘前公園で四季折々の景観を楽しむ
季節ごとに多彩な表情を見せる弘前公園。春の桜はもちろん、紅葉や雪景色も美しい

弘前藩の面影が残るスポットを散策
武家屋敷が残る仲町や寺院が集まる禅林街などを訪ねて、江戸時代の名残を探してみたい

優雅なたたずまいの洋館や教会を巡る
明治〜大正時代のレトロな洋風建築は、和洋折衷の造りが見どころ。津軽独特の街並みに注目

交通 information

JR函館駅からJR函館本線・特急北斗、はこだてライナーでJR新函館北斗駅まで20分、新幹線・はやぶさに乗り換えてJR新青森駅まで1時間、JR奥羽本線・特急つがるに乗り換えて弘前駅まで30分(普通で40分)／JR青森駅からJR奥羽本線・特急つがるで弘前駅まで35分(普通で50分)

↑かつての様子を再現した旧弘前市立図書館

↑洗練された2つの塔が美しい日本基督教団弘前教会

↑収穫の時期を迎える名産のリンゴと岩木山

弘前公園(弘前城) ➡ P.109
ひろさきこうえん(ひろさきじょう)

津軽氏の居城だった弘前城を中心に整備された公園。春は約2600本の桜が咲き誇る。

仲町 ➡ P.112
なかちょう

弘前城北側一帯にあった侍町。今も武家屋敷が残り、伝統的建造物群保存地区に選定。

夏の風物詩・弘前ねぷたまつり

青森ねぶた祭と並ぶ、青森県の代表的な夏祭り。毎年8月1~7日に開催され、三国志や水滸伝などの武者絵を題材とした約80台のねぷたが、「ヤーヤドー」のかけ声とともに練り歩く。国の重要無形民俗文化財。

↑笛や太鼓の囃子が響くなか、巨人な扇ねぷたや人形型の組ねぶたが勇壮に練り歩く

旧弘前市立図書館 ➡ P.114
きゅうひろさきしりつとしょかん

明治39年(1906)に建てられたルネサンス様式の建物。八角形の双塔が特徴的。

豊かな季節の風景に街の歴史を垣間見る
弘前公園（弘前城）
(ひろさきこうえん(ひろさきじょう))

弘前城跡全域が整備され、四季折々の風情が美しい公園。
春は約2600本の桜が咲き誇り、園内全体が華やかに彩られる。

曳屋で70m移動した天守

曳屋とは、建物を解体せずに別の場所へ移す工法。本丸の石垣修理のため、総重量約400tの国指定重要文化財の天守が約3カ月かけて70mほど曳屋された。城の移動は全国でも珍しい。

↪ 移動前の天守。しばらくの間この風景は見られない

津軽●弘前

春の風物詩 弘前さくらまつり　絶景ポイント

開催時期 4月23日〜5月5日（桜の開花状況による）
　　　　　 開 7:00〜21:00　料 無料（本丸・北の郭は320円）
問い合わせ 弘前市立観光館 ☎ 0172-37-5501

お濠と花いかだ

散った桜の花びらが濠の水面を流れていく「花いかだ」。満開の桜とはひと味違った幻想的な美しさが目を奪う。

↪ お濠一面が薄紅色に染まる

岩木山と弘前城天守

天守が移動したため、岩木山、天守、桜を絶好のアングルで望めることとなった。本丸展望台からの眺めは格別。

↪ 工事期間中だけ楽しめる絶景

桜のトンネル

西濠に沿って続く桜並木。満開の時期には道の両側の桜が頭上を覆い尽くし、見事な桜のトンネルをつくり上げる。

↪ 間近に桜を眺めながら散策したい

弘前公園（弘前城）
ひろさきこうえん（ひろさきじょう）

江戸初期に築かれた津軽氏居城
周辺一帯は桜の名所として有名

津軽統一を成し遂げた津軽為信が築城を計画し、慶長16年(1611)に2代藩主・信枚が完成させた津軽氏の居城。以後260年間、弘前藩政の拠点となった。城郭建築と石垣、濠、土塁など城郭のほぼ全体が築城時の姿をとどめており、天守、5つの城門、3つの櫓が国の重要文化財に指定されている。城跡は公園として整備され、日本屈指の桜の名所として名高い。

MAP 付録P.14 C-2
☎ 0172-33-8739(弘前市公園緑地課)
所 弘前市下白銀町1
料 入園自由(本丸・北の郭は4月1日〜11月23日9:00〜17:00、4月23日〜5月5日7:00〜21:00) 休 期間中無休 料 本丸・北の郭320円
交 JR弘前駅から弘南バス・土手町循環で17分、市役所前下車すぐ P なし

見学 information

季節のイベントに合わせて訪れたい
弘前公園では、季節ごとに多彩なイベントが目白押し。春の「さくらまつり」をはじめ、秋は園内のカエデ1000本以上が色づく「菊と紅葉まつり」、冬は幻想的な「雪燈籠まつり」などが開催される。

↑燃えるような紅葉や菊人形などが見られる「菊と紅葉まつり」　↑武者絵をはめ込んだ雪燈籠や建築物の雪像が立つ「雪燈籠まつり」

弘前の観光情報はここでチェック
弘前公園そばの追手門広場にある観光案内所。レンタサイクルのほか、冬は長靴の無料貸し出しも行う。レストランや物産販売コーナーも併設。

弘前市立観光館
ひろさきしりつかんこうかん

MAP 付録P.14 C-2
☎ 0172-37-5501
所 弘前市下白銀町2-1
料 9:00〜18:00(さくらまつり、ねぶたまつり、雪燈籠まつり期間中は延長あり) 休 無休
交 JR弘前駅から弘南バス・土手町循環で17分、市役所前下車すぐ P あり

弘前観光ボランティアガイドの会
弘前城を中心に、市内の名所旧跡を市民ボランティアが案内。地元を知り尽くしたガイドならではの視点で、弘前の魅力を楽しく紹介してくれる。
☎ 0172-35-3131(弘前観光コンベンション協会内)

注目ポイント

夜桜

弘前さくらまつり期間中、日没〜22時まで園内をライトアップ。光にぼんやりと照らされた雅な桜に魅了される。

↑暗い夜空にあでやかな桜が映える

さくらの名所・弘前のあゆみ
弘前公園の桜は、江戸時代に弘前藩士が京都の嵐山から持ち帰った桜を植えたのが始まり。大正時代には夜桜見物が始まり、商工会の「観桜会」を経て、現在の「弘前さくらまつり」となった。毎年4月下旬から多くの客で賑わう。

↑ソメイヨシノを中心に52品種の桜が咲く

弘前公園で歴史を知る散策

津軽の名城が残る美しい園内を歩く

関東以北唯一の現存天守を持つ弘前城には、藩政時代の繁栄を今に伝える遺構が多数。貴重な文化財に触れ、歴史を肌で感じたい。

1 追手門
おうてもん

弘前公園の玄関口

弘前城の城門は1層目が高く造られている。寛文5年(1665)より正面玄関となっていた。

→ 江戸初期に建てられた櫓門建築の貴重な遺構とされている

2 未申櫓
ひつじさるやぐら

二の丸の南西を守る堅固な櫓

防弾、防火に備えた土蔵造り。現存する櫓はどれも似た姿だが、細部の造作がやや異なる。

↑ 敵への攻撃や物見のために造られた

3 辰巳櫓
たつみやぐら

藩主が山車行列を見物した場所

二の丸の南東を守る櫓。藩主が、三の丸を通る弘前八幡宮の山車行列を観覧したという。

↑ 春はソメイヨシノが彩りを添える

4 下乗橋
げじょうばし

馬で橋を渡れるのは藩主のみ

本丸と二の丸を結ぶ橋。藩政時代は二の丸側に下馬札が置かれ、藩士は馬から下りるよう定められていた。

→ 鮮やかな朱塗りの欄干が美しい。橋から見る天守は人気のビューポイントだが、石垣修理事業が終わるまでは見られない

↑築城当時は5層の天守がそびえていたが、寛永4年(1627)に落雷で焼失した

5 天守
てんしゅ
東北で唯一の貴重な現存天守

現在の3層の天守は、文化7年(1810)、9代藩主・寧親の治世に再建されたもの。江戸時代に建てられた天守が現存するのは、関東以北では唯一。

↑城の内部は構造がわかるほか、曳屋の状況が見られる

6 丑寅櫓
うしとらやぐら
簡素ながら独特の建築美

二の丸の北東を守る櫓。軒下や出格子の木部は素木のままで飾り気がないが、独特の美しさがある。

↑ほかの2つの櫓と同様、3層建て、屋根は入母屋造り

↑大光寺城の城門を移築再建したと伝わる

7 北門(亀甲門)
きたもん(かめのこうもん)
威厳ある姿が美しい築城時の正門

築城当時の正門。現存する5つの城門のなかで最も規模が大きく、鯱の形状もほかの門より古い形式を残している。

100年ぶりに行われる大工事
弘前城の石垣修理事業

本丸の石垣に膨らみが見られ、大地震で崩落の恐れがあることから、世紀の大修理が進行中。天守真下の石垣を解体修理するため、2014年から内濠を埋め立て、天守を約70m曳屋するなど、大工事が行われている。今後は2172個の石の積み直しが予定されている。工事の様子は随時公開されるので、今しか見られない光景に注目したい。

↑本丸の石垣が外側に膨らむ「はらみ」が見つかった

↑天守曳屋の際は体験イベントが行われ、大勢の人々が訪れた

↑上が移動前、下が移動後の天守。元の位置から本丸の内側へ70mほど移動した

弘前公園で歴史を知る散策

立ち寄りスポット

弘前公園内には、ほかにも見どころが点在。博物館や植物園もぜひ訪れたい。

弘前市立博物館
ひろさきしりつはくぶつかん

藩政時代を中心とした歴史資料や、津軽の美術工芸品などを展示。企画展も開催する。建物は、日本の建築界をリードした前川國男(P.117)氏が設計。

↑弘前城と併せて訪れて、街の歴史を学びたい

MAP 付録P.14 B-2
☎0172-35-0700 所弘前市下白銀町1-6 営9:30～16:30
休第3月曜(祝日の場合は翌日)、展示替え期間
料300円(特別企画展は別料金) 交JR弘前駅から弘南バス・土手町循環で17分、市役所前下車、徒歩5分 Pなし

弘前城植物園
ひろさきじょうしょくぶつえん

約8万haの園内に、約1500種類12万4000本もの植物が植えられ、春は52種の桜を散策しながら楽しめる。秋は「菊と紅葉まつり」のメイン会場となる。

↑津軽独特の様式を持つ大石武学流庭園も見逃せない

MAP 付録P.14 C-2
☎0172-33-8733(弘前市みどりの協会) 所弘前市下白銀町1-1 営4月10日～11月23日9:00～17:00
休期間中無休 料320円 交JR弘前駅から弘南バス・土手町循環で17分、市役所前下車、徒歩5分 Pなし

武家屋敷が歴史を物語る
城下町さんぽ

弘前城北側にある仲町地区はかつて武士が居住した侍町。仲町に残る江戸時代の建築を巡り、津軽の伝統希少工芸に触れる。

仲町伝統的建造物群保存地区の趣ある風景。黒い板塀やサワラの生垣が風格を感じさせる

津軽●弘前

質素で剛健な武家屋敷を訪ね中級武士の生活を垣間見る

城下町の風情を色濃く残す街・弘前。弘前城の北側には伝統的な和の建築物が現存する。なかでも仲町地区は、かつて中級武士が暮らした侍町。現在も当時の地割りや屋敷構えがそのまま残り、国の重要伝統的建造物群保存地区に選定されている。旧岩田家、旧伊東家など4棟の武家住宅が一般公開され、質素ながら剛健な中級武士の暮らしぶりが見てとれる。サワラの生垣や板塀が織りなす景観も美しい。

➡ 現在は酒店として営業しており、土間から内部の様子を見学できる。国指定の重要文化財

1 江戸中期の豪商の屋敷
石場家住宅
いしばけじゅうたく

MAP 付録P.14 C-1

わら工品や荒物を扱っていた豪商の家。この地方では数少ない商家の遺構で、江戸時代中期に建てられたと推定される。太い梁や柱、囲炉裏などに往時の名残が見られる。

☎0172-32-1488　所弘前市亀甲町88
時9:00〜17:00
休不定休　料100円
JR弘前駅から弘南バス・土手町循環で21分、文化センター前下車、徒歩15分　Pあり

➡ 軒先には、「こみせ」と呼ばれる雪国独特のアーケードが連なる

2 藩医の住居を移築保存
旧伊東家住宅
きゅういとうけじゅうたく

MAP 付録P.14 C-1

代々藩医を務めた伊東家の住居。式台構えの玄関や違い棚を備えた座敷などがあり、中級武家屋敷とよく似た特徴を持つ。

☎0172-35-4724　所弘前市若党町80
時10:00〜16:00　休4〜6月無休、7〜10月火・金曜、11〜3月月〜金曜(ねぶたまつり、菊と紅葉まつり、雪燈籠まつり期間中は無休)
料無料　JR弘前駅から弘南バス・土手町循環で21分、文化センター前下車、徒歩12分　Pなし

➡ 19世紀初頭の建築と考えられ、昭和50年代に市内の元長町から移築された

移動時間◆約24分

さんぽコース

弘前城（北門）→ 徒歩1分 → **1** 石場家住宅 → 徒歩3分 → **2** 旧伊東家住宅 → 徒歩6分 → **3** 旧岩田家住宅 → 徒歩4分 → **4** 川﨑染工場 → 徒歩10分 → 文化センター前バス停

3 武家の暮らしを伝える
旧岩田家住宅
きゅういわたけじゅうたく
MAP 付録P.15 D-1

江戸時代後期の中級武士の住宅。数回の改造を経ているが、柱や小屋組みなどの主要構造部、茅葺き屋根などはほぼ建築当初のまま。

☎0172-35-9444 所弘前市若党町31 開10:00～16:00 休4～6月 無休、7～10月月・木曜、11～3月水～日曜(ねぶたまつり、菊と紅葉まつり、雪燈籠まつり期間中は無休) 料無料
交JR弘前駅から弘南バス・土手町循環で21分、文化センター前下車、徒歩8分 Pなし

↑自然の風合いが美しい天然藍染。衣類、小物、日用品などさまざまな商品が並ぶ
←江戸時代の建物が現存。土間には藍場があり、井戸やかまども昔のまま残る

4 伝統の藍染め体験ができる
川﨑染工場
かわさきそめこうじょう
MAP 付録P.14 C-1

創業は天明・寛政の頃と伝わる染物屋。昔ながらの藍場を修復し、伝統的な津軽天然藍染を継承している。事前予約でハンカチなどの藍染め体験もできる。

☎0172-35-6552 所弘前市亀甲町63 開9:00～17:00(11～3月は～16:00) 休木曜 料工房内見学200円 交JR弘前駅から弘南バス・土手町循環で21分、文化センター前下車、徒歩10分 Pあり

↑間口が狭く奥に細長い敷地も江戸時代からほとんど変わっていない

注目ポイント
津軽の伝統工芸・津軽天然藍染
つがるてんねんあいぞめ

藩政時代、京都から技術者を招いて藍染めを奨励したのが始まり。4代藩主・信政の治世には、城の西方に紺屋町が形成され、100軒余りの紺屋があったと記録されている。

←工房では江戸時代の藍瓶が今も使われている

城下町さんぽ

33の寺院が並ぶ禅林街

弘前城の南西に、33もの曹洞宗の寺院が連なる一角がある。慶長15年(1610)、2代藩主・信枚が、弘前城の裏鬼門を守るために津軽一円から主要寺院を集めたのが起源といわれる。同じ宗派の寺院がこれほど集結した場所は全国でも珍しい。

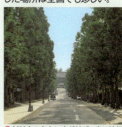

↑杉並木の左右に寺が並び、奥に津軽家の菩提寺・長勝寺がある

禅林街
ぜんりんがい
MAP 付録P.14 A-3

☎0172-37-5501(弘前市立観光館) 所弘前市西茂森 開外観のみ見学自由 交JR弘前駅から弘南バス・桔梗 四囲屋利伐場線ぐ1分、茂森町下車すぐ Pなし

113

⬆塔の1階にある開放的な婦人閲覧室

旧弘前市立図書館
きゅうひろさきしりつとしょかん
弘前公園周辺 MAP 付録P.14 C-3

ドーム型の塔が印象的な弘前を代表する洋風建築

左右に八角形の塔を持つルネサンス様式の建物。青森の洋風建築の祖・堀江佐吉(P.134)らによって明治39年(1906)に建造、弘前市に寄贈された。外壁を漆喰で塗るなど随所に和風様式が取り入れられているのが特徴。

☎0172-82-1642(弘前市教育委員会文化財課) 所弘前市下白銀町2-1
営9:00～17:00 休無休 料無料
交JR弘前駅から弘南バス・土手町循環で17分、市役所前下車すぐ P弘前市立観光館駐車場利用(1時間無料)

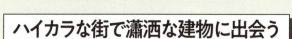

ハイカラな街で瀟洒な建物に出会う
モダンな洋館物語

明治期にいち早く外国文化を取り入れ、その影響が街の随所に見てとれる弘前。洋風建築の匠による優美な建築物が今も残る。

⬆2階の普通閲覧室では郷土の出版物などを展示

旧東奥義塾外人教師館
きゅうとうおうぎじゅくがいじんきょうしかん
弘前公園周辺 MAP 付録P.14 C-3

英学教育に尽力した教師が暮らした洋館

青森県初の私学校・東奥義塾が招聘した外国人教師とその家族の住居。現建物は明治33年(1900)の再建。洋館には珍しい襖がある。1階カフェ(P.124)ではリンゴのスイーツやカレーも味わえる。

⬆関連資料を展示する資料室

⬆ピンク色の壁紙がかわいい書斎

⬆弘前での外国人たちの生活ぶりがうかがえる貴重な建築物だ

☎0172-37-5501(弘前市立観光館) 所弘前市下白銀町2-1 営9:00～18:00 休無休 料無料 交JR弘前駅から弘南バス・土手町循環で17分、市役所前下車すぐ P弘前市立観光館駐車場利用(1時間無料)

旧第五十九銀行本店本館
（青森銀行記念館）
きゅうだいごじゅうきゅうぎんこうほんてんほんかん
（あおもりぎんこうきねんかん）
弘前公園周辺 MAP 付録P.14 C-2

名匠の技術を集結した
明治の洋館の傑作

明治37年（1904）に旧第五十九銀行の本店本館として建造。名匠・堀江佐吉の集大成ともいわれる建築だ。外観はルネサンス様式を基調とし、正面に展望台を兼ねた屋根窓を置く、和洋折衷建築の傑作といわれる。

↑日本には数力所しか現存しない2階会議室天井の「金唐革紙」

☎0172-36-6350 ⌂弘前市元長町26 ⏰9：30～16：30（さくらまつり、ねぶたまつり、雪燈籠まつり期間中は～18：00） 休火曜 ¥200円 交JR弘前駅から弘南バス・土手町循環で10分、下土手町下車、徒歩5分 Pなし

↑外観はルネサンス風の重厚なシンメトリー様式になっている

↑住宅街に建つ尖塔が印象的な、ロマネスク様式の瀟洒な教会

カトリック弘前教会
カトリックひろさききょうかい
弘前公園周辺 MAP 付録P.15 D-2

精緻な細工の祭壇と
ステンドグラスが美しい

堀江佐吉の弟・横山常吉によって明治43年（1910）に建てられた、ロマネスク様式の木造建築。畳敷きの礼拝堂には、オランダの聖トマス教会から譲り受けた美しい細工が施された祭壇が見られる。

↑ゴシック様式の精緻な細工が施された祭壇が見事

↑ステンドグラスには岩木山や弘前の風景も描かれている

☎0172-33-0175 ⌂弘前市百石町小路20 ⏰8：00～18：00 休日曜の午前 ¥無料 交JR弘前駅から弘南バス・土手町循環で21分、文化センター前下車、徒歩7分 Pあり

日本基督教団弘前教会
にほんきりすときょうだんひろさききょうかい
弘前公園周辺 MAP 付録P.14 C-2

優美な双塔の
プロテスタント教会

明治39年（1906）に建造された礼拝堂を持つ、東北最初のプロテスタント教会。堀江佐吉の4男らによるゴシック風木造建築で、青森県産のヒバが使われている。内部は和洋折衷となっており、襖や津軽塗の聖餐台なども見どころ。

☎0172-32-3971 ⌂弘前市元寺町48 ⏰9：00～16：00（職員不在時は見学不可） 休月曜、水曜の午前 ¥無料 交JR弘前駅から弘南バス・土手町循環で23分、ホテルニューキャッスル前下車、徒歩3分 Pあり

↑明治の木造建築には珍しく2つの塔が印象的。パリのノートル・ダム大聖堂をモデルにしているといわれる（上）、礼拝堂の後方に襖が見える（下）

弘前の街並みを再現

明治から大正にかけて建設された洋館など弘前の歴史的建造物を10分の1サイズにして再現。旧弘前市立図書館、旧第五十九銀行本店本館（青森銀行記念館）など14棟が並び、当時の街の様子がうかがえる。

ミニチュア建造物群
ミニチュアけんぞうぶつぐん
弘前公園周辺 MAP 付録P.14 C-3

☎0172-37-5501（弘前市立観光館） ⌂弘前市下白銀町2-1 休見学自由（冬季7：00～18：00） ¥無料 交JR弘前駅から弘南バス・土手町循環で17分、市役所前下車すぐ Pあり（弘前市立観光館駐車場利用、1時間無料）

↑旧弘前市立図書館と同じ追手門広場にあり、実物の洋館との対比もおもしろい

モダンな洋館物語

弘前の見どころ
スポットを訪れて街の新たな顔に出会う

弘前をもっと楽しむ

弘前藩の城下町として栄えた歴史ある場所には、「弘前城」や「ねぷたまつり」のほかにも、リンゴ、文化財、モダン建築など魅力的なキーワードがあふれている。

津軽藩ねぷた村
つがるはんねぷたむら
弘前公園周辺 MAP 付録P.14 C-1

津軽を五感で体験できる

津軽の歴史や文化を楽しく学べる観光施設。実物大のねぷたを展示する「ねぷたの館」や、金魚ねぷたの制作実演が見られる「ヤーヤ堂」、制作工房が並ぶ「たくみ」などがある。

☎0172-39-1511
所弘前市亀甲町61 営9:00〜17:00
休無休 料施設見学550円
交JR弘前駅から弘南バス・土手町循環で21分、文化センター前下車、徒歩8分 Pあり

↑「ねぷたの館」で展示されている高さ10mの大型ねぷた(奥側)

↑「たくみ」では津軽凧やこぎん刺などの制作風景を見学できる

↑本格的な津軽三味線の生演奏が楽しめる

山車展示館
だしてんじかん
弘前公園周辺 MAP 付録P.14 C-2

華麗な山車を展示する

藩政時代から伝わる弘前市内各町会の山車を展示。弘前ねぷたまつりで出陣する直径4mの「津軽剛情張大太鼓」も収納している。

☎0172-37-5501(弘前市立観光館) 所弘前市下白銀町2-1 営9:00〜18:00 休無休 料無料 交JR弘前駅から弘南バス・土手町循環で17分、市役所前下車すぐ Pあり(弘前市立観光館駐車場利用、1時間無料)

↑現存する7つの山車を展示・保存し、弘前八幡宮祭礼を伝える

弘前市立郷土文学館
ひろさきしりつきょうどぶんがくかん
弘前公園周辺 MAP 付録P.14 C-3

津軽ゆかりの作家を紹介

太宰治や石坂洋次郎、佐藤紅緑など、明治以降の津軽ゆかりの作家10名の資料を展示。2階の展示室では、石坂洋次郎について詳しく紹介している。

☎0172-37-5505 所弘前市下白銀町2-1 営9:00〜17:00(入館は〜16:30) 休展示替え期間 料100円 交JR弘前駅から弘南バス・土手町循環で17分、市役所前下車すぐ Pあり(弘前市立観光館駐車場利用、1時間無料)

↑石坂洋次郎記念室では、誕生から没年までを4期に分けて展示

亀屋革具店
かめやかわぐてん
土手町 MAP 付録P.15 D-2

手縫いの温かさを感じる

もとは大正4年(1915)から続く革具の専門店。馬具作りで培われた技を生かし、シンプルで繊細な革製品を販売する。受注生産も行う。

☎0172-32-2077 所弘前市一番町24 営9:00〜17:30 休日曜、祝日の月曜 交JR弘前駅から弘南バス・土手町循環で10分、下土手町下車、徒歩2分 Pなし

↑店内にはトートバッグや小物類など彩り豊かな商品がずらりと並ぶ

弘前市立百石町展示館
ひろさきしりつひゃっこくまちてんじかん
土手町 MAP 付録P.15 D-2

市の文化財として受け継ぐ

明治から大正期の建築手法が残る建物を整備し、2004年に展示館としてオープン。土蔵倉庫を再利用した、レトロな喫茶コーナーも評判。

☎0172-31-7600 所弘前市百石町3-2 営9:00〜20:00(喫茶コーナーの営業時間は季節により変動あり) 休無休 料無料(催し物によっては有料の場合あり) 交JR弘前駅から弘南バス・土手町循環で10分、下土手町下車、徒歩3分 Pなし

↑明治16年(1883)、呉服店の店舗として建築されたのが始まりの姿

藤田記念庭園
ふじたきねんていえん
弘前公園周辺 MAP 付録P.14 B-2

美しく広大な池泉回遊式庭園

大正10年(1921)に弘前出身の藤田謙一氏が別邸を構える際に、東京から庭師を招いて造らせたという江戸風の日本庭園。高台からは岩木山の雄大な姿を眺望できる。
☎0172-37-5525 ㊟弘前市上白銀町8-1 ㊖4月中旬~11月23日の9:00~17:00(冬期は一部のみ開園) ㊡期間中無休 ㊕320円 ㊋JR弘前駅から弘南バス・土手町循環で17分、市役所前下車、徒歩3分 ㊓あり

↑総面積約2万1820㎡。東北地方では平泉毛越寺庭園に次ぐ広大な庭園

↑主座敷とはなれ座敷を棟分けし、廊下で連結して建てられた和館

↑趣のある洋館には、藤田謙一資料室や喫茶室(P.124)などがある

最勝院五重塔
さいしょういんごじゅうのとう
銅屋町 MAP 付録P.14 C-3

弘前の古寺の象徴

本州最北端にある国指定重要文化財の五重塔。説明には「実に東北地方第一の美塔なり」とあり、美しい塔として有名。
☎0172-34-1123 ㊟弘前市銅屋町63 ㊖9:00~16:30 ㊡無休 ㊕無料(有料時期あり、300円) ㊋JR弘前駅から弘南バス・久渡寺線/金属団地・桜ヶ丘線で12分、弘前高校前下車、徒歩3分 ㊓あり(無料の専用駐車場または有料のいこい第2パーキングを利用)

↑美しい姿で有名な五重塔は、東北一の美塔として称讃されている

弘前市りんご公園
ひろさきしりんごこうえん
清水富田 MAP 付録P.12 C-3

リンゴづくしのテーマパーク

約80種2300本のリンゴの木が茂る広大な公園。園地では、花摘み、実すぐり、収穫体験(有料)が楽しめる。ふれあい広場なども整備している。
☎0172-36-7439(りんごの家) ㊟弘前市清水富田寺沢125 ㊖9:00~17:00(りんごの家) ㊡無休 ㊕無料 ㊋JR弘前駅から弘南バス・弘前~相馬線などで20分、常盤坂入口下車、徒歩7分(8:00~16:00台の相馬行きは園内に停車) ㊓あり

↑リンゴの収穫体験(有料)は、8月上旬~11月中旬に実施している

↑「りんごの家」では、リンゴにちなんだグッズ販売や軽食コーナーもある

前川國男のモダニズム建築
まえかわくにおのモダニズムけんちく
昭和モダンな建築を日本に広めた、巨匠・前川國男の作品。

明治38年(1905)に新潟で生まれ、第二次世界大戦前から戦後にかけて、日本の近代建築の発展に広く貢献した建築家。東京帝国大学で建築を学び、モダニズム建築を牽引したル・コルビュジエに師事。弘前市では8つの建造物が現役で利用されている。

弘前市立博物館
ひろさきしりつはくぶつかん

昭和52年(1977)、弘前城跡の三の丸の一角に開館。津軽の歴史や美術工芸などを展示している。
弘前公園 MAP 付録P.14 B-2
➡ P.111

弘前市民会館
ひろさきしみんかいかん

約1300名収容の大ホールは前川の傑作「神奈川県立図書館・音楽堂」にも引けをとらない音響を誇る。
弘前公園 MAP 付録P.14 B-2
㊟弘前市下白銀町1-6 ㊋JR弘前駅から弘南バス・土手町循環で17分、市役所前下車、徒歩7分

弘前市 緑の相談所
ひろさき みどりのそうだんじょ

弘前公園内の三の丸に建つ銅板の大屋根で覆われたL字型の建物。館内では花や緑に関する情報を提供する。
弘前公園 MAP 付録P.14 C-1
㊟弘前市下白銀町1-1 ㊋JR弘前駅から弘南バス・土手町循環で21分、文化センター前下車、徒歩5分

弘前をもっと楽しむ

岩木山ドライブ

津軽富士の麓を走り、古社や絶景を目指す
爽快! 津軽富士ドライブ

「津軽富士」の異名を持つ岩木山の麓周辺で、パワースポットや温泉が点在する絶好のドライブコースを堪能する。

1 高照神社
たかてるじんじゃ
MAP 付録P.12 C-3

宝物眠る弘前藩の正倉院

弘前藩主・為信と、4代藩主・信政が祀られる。隣接の「高岡の森 弘前藩歴史館」には秀吉から下賜された「友成の太刀」など藩の貴重な史料が収蔵されている。

☎0172-52-2798(宮司宅) 所弘前市高岡神馬野87 休境内自由、歴史館は9:30〜16:30 休歴史館第3月曜 料歴史館300円 交JR弘前駅から車で30分 Pあり

→弘前藩400年の歴史がここに

2 岩木山神社
いわきやまじんじゃ
MAP 付録P.12 C-3

縁結びのパワースポットと名高い

岩木山信仰の中心となる社。宝亀11年(780)の創建。縁結びや金運などさまざまなご利益があるとされるパワースポットだ。社殿にある桃山時代の彫刻も必見。

☎0172-83-2135 所弘前市百沢 休境内自由 交JR弘前駅から車で30分 Pあり

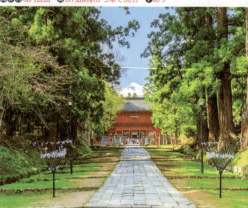

↑鳥居から社殿までを直線で結んだ日本でも珍しい神社。正面に楼門と岩木山が見える

岩木山信仰とお山参詣

標高1625mの二重式火山の岩木山。古くから「お岩木様」や「お岩木山」と親しまれ、信仰の対象となってきた。「五穀豊穣」と「家内安全」を祈願する「お山参詣(山カゲ)」は津軽を代表する秋の行事。3日間にわたり行われ、最終日の旧暦8月1日には岩木山に集団登拝し、山頂の奥宮でご来光を拝む。

↑2日目の宵山では、登山囃子が奏でられるなか、参詣者が黄金色の御幣やのぼりを掲げて練り歩く

名物グルメをチェック

食事処 マタギ亭
しょくじどころ マタギてい

嶽温泉にある「山のホテル」内にある食事処。マタギだった先々代が考案した「マタギ飯」が名物。ジビエ料理も楽しめる。

MAP 付録P.12 B-3

☎0172-83-2329 所弘前市常盤野湯の沢19(LO14:30) 休不定休 営11:00〜15:00 交JR弘前駅から車で40分 Pあり

↑鶏肉、舞茸、たけのこなどが入った山の幸たっぷりの名物マタギ飯1400円

移動時間 ◆ 約1時間15分

おすすめドライブルート

絶景が続き、山道にはカーブも多いコース。脇見やスピード超過に注意しながら楽しみたい。

JR弘前駅
ジェイアールひろさきえき

↓ 県道3号（鰺ヶ沢街道）経由
12.5km／30分

1 高照神社
たかてるじんじゃ

↓ 県道30号、
県道3号（鰺ヶ沢街道）経由
1.5km／3分

2 岩木山神社
いわきやまじんじゃ

↓ 県道3号（鰺ヶ沢街道）経由
8.2km／10分

3 津軽岩木スカイライン
つがるいわきスカイライン

↓ 9.8km／30分

岩木山8合目駐車場
いわきさんはちごうめちゅうしゃじょう

爽快！津軽富士ドライブ

↑69カ所のカーブがあるドライブコース。行きはスピードの出しすぎに注意したい

3 津軽岩木スカイライン
つがるいわきスカイライン

MAP 付録 P.12 B-3

津軽の絶景ドライブコース

岩木山の麓から8合目まで延びる9.8kmの有料道路。天気が良ければ日本海に浮かぶ大島や、北海道の松前までの雄大な眺望が楽しめる。

☎0172-83-2314（岩木スカイライン） 所弘前市岩木山内 開8:00～17:00（上りの入場は～16:00） 休11月中旬～4月中旬（冬季閉鎖） 料普通車1830円 交JR弘前駅から車で45分 Pあり

↑8合目駐車場が終点。十三湖や北海道の松前が見える。9合目まではリフトがある

山麓の温泉街を巡る

岩木山麓に古くからある人気の温泉街にも立ち寄りたい。岩木山神社の近くにある百沢温泉や、観光拠点にも便利な嶽温泉など、評判のお湯と地元の幸を楽しめる。

世界一の桜並木

県道3号と周辺の道約20kmにわたっておよそ6500本もの桜が咲き誇る世界一の桜並木。4月下旬～5月上旬が見頃。

GOURMET 食べる

「奇跡のりんご」を使った
弘前フレンチの名店

レストラン山崎
レストランやまざき

親方町 MAP 付録P.14 C-3

「洋館とフランス料理の街ひろさき」を代表するレストラン。地元食材にこだわった本格派のフレンチを提供する。なかでも「奇跡のりんご」で知られる木村秋則さんのリンゴを使った「冷製スープ」は絶品。

☎0172-38-5515
所 弘前市親方町41 小田桐ビル1F
時 11:30～14:00(LO) 17:30～20:30(LO)
休 月曜 交 JR弘前駅から弘南バス・土手町循環で10分、下土手町下車、徒歩5分
P あり

↑長谷川自然牧場産熟成豚肉のリエット、陸奥湾産ホタテほか魚介サラダ、りんごの冷製スープ、鶴田産巨峰のコンポート・アイスクリーム添えなど

予約 要
予算 L 3000円～
     D 6000円～

おすすめメニュー
奇跡のりんごフルコース 5400円
シェフにおまかせフルコース 8640円

↑ゆったりと食事ができる店内

↑ビルの1階がレストラン

海の幸、山の幸をふんだんに使った弘前フレンチに舌鼓

旬を届ける名店の華麗な一皿

西洋の文化を早くから取り入れてきた弘前には、ハイレベルなフレンチレストランが揃う。地場食材を贅沢に使用した、本場仕込みの料理をじっくり味わいたい。

ソースにも手間をかけた
本場仕込みの料理の数々

レストランポルトブラン

弘前公園周辺 MAP 付録P.14 C-3

地元の食材を主体にした本格フレンチの人気店。コースはベースを選んで、チョイスメニューによって料金が加算されるシステム。特に喜ばれているのが魚料理。フランス産のワインとともに料理を堪能できる。

☎0172-33-5087
所 弘前市本町44-1
時 11:30～14:00(LO) 17:00～20:00(LO)
休 日曜 交 JR弘前駅から弘南バス・土手町循環で15分、大学病院前下車すぐ
P あり

予約 要
予算 L 1700円～
     D 2700円～

おすすめメニュー
おすすめランチ 2700円
おすすめディナー 4500円

↑奥入瀬ガーリックポークのりんごジュース煮。フランス産の鴨肉、フォアグラを使った5400円コースのメイン料理

↑シックなインテリアに落ち着いた照明で、ゆったりとした店内

↑階段を上がり小さなドアを開けると、広い店内が

津軽●弘前

厳選した地元食材の
魅力を伝えるメニューが充実

シェ・アンジュ

弘前駅周辺 MAP 付録P.13 D-3

テラス付きの南仏風なたたずまいで、店名は「天使の家」という意味。国産和牛、地元野菜、西海岸産の魚など季節の食材にこだわり、そのおいしさが伝わってくるレストラン。気軽に食事ができると人気だ。

☎0172-28-1307
所 弘前市外崎2-7-1
営 11:30～14:30(LO14:00) 17:00～21:00 (LO20:00、前日までに要予約) 休 日曜
交 JR弘前駅から徒歩10分 P あり

→ランチのお魚コース。野菜たっぷりサゴチの和風スフレ仕立て、酸味がよくさっぱり味の栄黄雅りんごの冷製スープほか

おすすめメニュー
シェフのおまかせフルコース
3500円～

↑南仏風でおしゃれなたたずまいの一軒家

↑入口壁面に大きく飾られているシンボルの天使

→ワインやシャンペンを飲みながら気軽に食事ができる雰囲気

予約 ディナーのみ要
予算 L 2160円～
D 4320円～

本格的な料理が気軽に味わえ
古くから市民に親しまれている店

フランス食堂 シェ・モア

フランスしょくどう シェ・モア
弘前駅周辺 MAP 付録P.15 E-3

弘前市内では老舗のフランス料理店。地元の旬の食材を中心に、わが家(シェ・モア)のようなカジュアルな感覚で食事ができるとあって、市民に親しまれている。素材を見てアドリブで作るのがシェフのスタイルだ。

☎0172-33-7990
所 弘前市代官町53-2
営 11:00～14:00(LO) 17:00～20:30(LO) 休 月曜
交 JR弘前駅から徒歩10分 P あり

→りんごコースの2品。リンゴのソースを使った魚料理とメインディッシュの県産牛ほほ肉りんごのパートフィロ包み焼き

予約 望ましい
予算 L 1980円～
D 2640円～

おすすめメニュー
りんごランチコース(昼)
3850円
季節のシェフおまかせコース(夜)
6380円

↑市内でいちばん古いフランス料理店。市民にもっと広く親しんでほしいと、新しく店舗を構えた

→気軽にフランス料理を楽しめる店内。白と茶色を基調とした店内は食堂の雰囲気

旬を届ける名店の華麗な一皿

121

弘前の地で百余年
受け継がれてきた幻のそば

三忠食堂本店
さんちゅうしょくどうほんてん
弘前駅周辺 MAP 付録P.15 E-2

明治40年(1907)頃に創業し世代を超えて愛される老舗食堂。店内には古い欄間や箪笥などが見られ、歴史を感じさせる。大豆の粉をつなぎに、じっくり寝かせて作る名物の「津軽そば」をはじめ昔ながらの味と製法を守り続けている。

☎0172-32-0831
所 弘前市和徳町164
営 11:00〜19:30 休 火曜
交 JR弘前駅から徒歩20分 P あり

予約	可
予算	L 600円〜

↑昔ながらの大衆食堂の趣を感じさせるレトロな店内

↑カレーライス850円。中華そばのだしを利かせたルウに玉ネギの甘さと豚肉の旨みが溶け合う人気メニュー

津軽そば 630円
フツフツ切れる独特な食感のそばに上品な風味のつゆが絡む、やさしい味わい

津軽の風土と人がつくる温かな郷土料理

地物を食す歓び

豊かな自然の恵みがもたらす食材を生かした料理には、津軽人の知恵が詰まっている。作り手のやさしさがあふれる伝統の味を存分に堪能したい。

和食の職人技が光る
極上の郷土料理

創作郷土料理の店
菊冨士 本店
そうさくきょうどりょうりのみせ きくふじ ほんてん
土手町 MAP 付録P.15 D-3

創業90年以上の創作そばと郷土料理の老舗。日本海直送の「白神の魚」や郷土料理の逸品と濃醇な地酒を堪能できる。北東北の良質なそば粉を使用したそばは、カツオ節を贅沢に使った風味豊かなだし汁で食す。

☎0172-36-3300
所 弘前市坂本町1 営 11:00〜15:00 (LO14:30) 17:00〜22:00 (LO21:00)
休 不定休 交 JR弘前駅から弘南バス・土手町循環で8分、中土手町下車すぐ
P あり(アウトエア弘前駐車場利用)

予約	望ましい
予算	L 1000円〜 D 4000円〜

↑手前のテーブル席のほか、奥に座敷席もあり

↑帆立の貝焼味噌720円。とろとろ卵と味噌のコクがたまらない。古くから滋養食としても愛される逸品

若生おにぎり 320円
薄くやわらかい1年ものの昆布でご飯を包んだ、磯の香り豊かなおにぎり

親しみやすさと
やさしさに心温まる

居酒屋 土紋
いざかやどもん

弘前駅周辺 MAP 付録P.15 E-2

いがめんち660円
店主の母の味を受け継いだイカメンチはジューシーかつ旨みたっぷり

全国の日本酒ファンを魅了する弘前の蔵元・三浦酒造から直送される「豊盃」のみを取り扱う名酒場。食の宝庫・青森ならではの豊かな食材本来のおいしさを引き出した酒肴は芳醇な地酒にも負けない味わいだ。

☎0172-36-3059
所 弘前市代官町99　営 17:30〜22:30(LO22:00)　休 日曜、祝日
交 JR弘前駅から徒歩15分　P あり

予約 可
予算 D 4000円〜

→たらたま500円(税別)。やわらかくほぐした干しタラを溶き卵で和えた、津軽の伝統的おつまみ

↑カウンターは店主や女将との会話も弾む特等席

津軽の食と音楽を楽しむ夜

津軽三味線の生演奏と
郷土の味に酔いしれる

津軽三味線
ライブハウス 杏
つがるしゃみせんライブハウス あんず

土手町 MAP 付録P.15 D-3

予約 望ましい
予算 D 4000円〜
※お通し代1500円(演奏料込)が必要

演奏中は入店できないので、演奏時間を確認して入店を

津軽三味線の若手奏者が中心のフレッシュな生演奏を間近に見ながら津軽の味覚に舌鼓。地場食材を生かした料理は、コースのほか単品でも味わえる。ビリビリと体で感じる力強い音色はライブならでは。

☎0172-32-6684
所 弘前市親方町44-1　営 18:00〜22:00(LO21:30、さくらまつり、ねぶたまつり期間17:00〜)
休 不定休　交 JR弘前駅から弘南バス・土手町循環で10分、下土手町下車、徒歩3分　P なし

↑1日2回、津軽三味線の生演奏を実施

→良質な金木産の馬を使った馬刺し1200円

↑季節の汁物(時価)

地物を食す歓び

津軽●弘前

レトロモダンな空間が魅力
郷愁を誘う洋館カフェ

街歩きの休憩には洋風建築を生かした
おしゃれなカフェに立ち寄りたい。
異国情緒を感じる空間で優雅に過ごせる。

広大な庭園を散策したあとに
モダンな空間でコーヒーを

大正浪漫喫茶室
たいしょうろまんきっさしつ

弘前公園周辺 MAP 付録P.14 B-2

岩木山を借景にした藤田記念庭園(P.117)の敷地内に位置。入口では大正浪漫を感じさせる看板がお出迎え。モダンなサンルームでコーヒーを飲めば、大正時代にタイムスリップしたような気分になる。

1. スイーツセット825円。アップルパイは数種類から選ぶ
2. 庭園の台地に建っている大正時代の洋館
3. サンルームと大広間を利用したカフェ

☎ 0172-37-5690
所 弘前市上白銀町8-1 藤田記念庭園内
営 9:30～16:30(LO16:00)
休 無休 交 JR弘前駅から弘南バス・土手町循環で17分、市役所前下車、徒歩3分
P あり

意外な歴史的建造物から
変身を遂げた人気店

スターバックス コーヒー
弘前公園前店
スターバックス コーヒー ひろさきこうえんまえてん

弘前公園周辺 MAP 付録P.14 B-2

大正6年(1917)に建設された旧日本軍第八師団長官舎であった建物を改装した和モダンなスターバックス。県産のブナを使用し、こぎん刺しのソファが置かれた郷土色の薫る癒やし空間が地元でも人気。

☎ 0172-39-4051
所 弘前市上白銀町1-1 営 7:00～21:00 休 不定休 交 JR弘前駅から弘南バス・土手町循環で17分、市役所前下車すぐ P なし

1. 庭園を望む和室をモダンに改装した明るい店内
2. 弘前市役所の隣に建ち、三角屋根が目印
3. チョコレートチャンクスコーン286円(右)とスターバックス ラテ418円(左)

ゆったりとした時間の流れを
感じられるカフェ

サロン・ド・カフェ アンジュ

弘前公園周辺 MAP 付録P.14 C-3

追手門広場の旧東奥義塾外人教師館(P.114)にあるカフェ。洋館の広い空間は歴史を感じさせ、ゆったりとして時間が止まったような雰囲気だ。津軽藩再現コーヒーやランチもある。

1. コーヒー385円とシェ・アンジュ(P.121)で作られたアップルパイ495円
2. 明治34年(1901)に建てられた雰囲気そのままの店内

☎ 0172-35-7430
所 弘前市下白銀町2-1 旧東奥義塾外人教師館1F
営 9:30～18:00(LO17:30)
休 無休 交 JR弘前駅から弘南バス・土手町循環で17分、市役所前下車すぐ
P 弘前市立観光館駐車場利用(1時間無料)

愛される老舗喫茶

コーヒー文化が息づく街でこだわりの一杯

歴史ロマンが漂う弘前の喫茶店。重厚でクラシカルなインテリアと自慢のおいしいコーヒーで、旅人をやさしく迎えてくれる。

洋館カフェ／老舗喫茶

1. レンガのアーチが目印の外観。弘前公園に近いので、観光客も多く訪れる
2. アンティーク調の店内にどこか懐かしさが感じられる。この雰囲気に古くからのファンも多い
3. 生クリームにマロングラッセが入ったマロンコーヒー450円とホットサンド300円

1. コーヒー450円と自家製シュークリーム200円。ミートパイやドリアセットなども
2. アンティーク家具などで癒される店内。2階にあるピアノでコンサートも開かれる
3. 弘前市で2番目に歴史がある喫茶店。地元画家たちの絵画展が楽しませてくれる

1. 柱時計の音が静けさを醸し出す店内。ふらりと気軽に入って、読書をするのもよい
2. ブレンドコーヒー400円。モーニングコーヒー500円はお得でうれしい
3. ランチのハヤシライス650円。パスタなどもあり、家庭的なやさしい味だ

厳選されたコーヒーが味わえる落ち着いた趣のある店内

珈琲専科 壹番館
こーひーせんか いちばんかん
土手町 MAP 付録P.15 D-2

店名は町名からとったもので、創業40年以上になる喫茶店。一歩店内に入ると昭和時代にタイムスリップしたような懐かしい雰囲気が広がる。オーナー夫婦との温かい会話に心が癒される。

☎0172-36-2098
⌂弘前市一番町24
⏰8:00〜14:00 休日曜
🚍JR弘前駅から弘南バス・土手町循環で10分、下土手町下車、徒歩3分 Ⓟなし

クラシック音楽を聴きながらこだわりのコーヒーを味わう

名曲&珈琲 ひまわり
めいきょく&こーひー ひまわり
土手町 MAP 付録P.15 D-3

60年以上市民に親しまれている老舗。落ち着いた照明のなか静かにクラシックが流れる店内は、大人の雰囲気を醸し出している。コーヒーを楽しむのもよいが、食事も人気の店だ。

☎0172-35-4051
⌂弘前市坂本町2 ⏰11:00〜18:00
休木曜(祝日の場合は営業)
🚍JR弘前駅から弘南バス・土手町循環で8分、中土手町下車、徒歩2分 Ⓟなし

一人で読書にふけるのもママとの会話に興じるのもよし

珈琲時代屋
こーひーじだいや
土手町 MAP 付録P.14 C-2

もともと銀行として使用され、国登録有形文化財に指定されている建物の1階にある。30年以上前から続く喫茶店で、ママさんが観光客を温かく迎えてくれるアットホームな雰囲気が魅力。

☎0172-35-9447
⌂弘前市元寺町9 ミトビル1F
⏰8:00〜19:00 休日曜
🚍JR弘前駅から弘南バス・土手町循環で10分、下土手町下車、徒歩3分 Ⓟなし

SHOPPING 買う

津軽に代々伝わる技と心に魅せられて
暮らしになじむ逸品

繊細で洗練された品や、素朴な温かさを感じる品が揃う津軽の伝統工芸品は、使うごとに深みが増す。古典的なものから現代風にアレンジしたものまで、自分用に、贈り物にふさわしい品をご紹介。

津軽●弘前

こぎん刺し
こぎんさし

江戸時代に津軽地方の農民生活から生まれた刺し子。縦の織り目に対して奇数の目を刺すのが特徴だ。その模様は約300種あるといわれている。

がま口　3190円
伝統の刺し子で買い物も楽しくなる。小さなバッグに入るほどの大きさで手になじむ

おしゃれに身につけたい

ピンブローチ　大 各1210円　小 各990円
おでかけにワンポイントのおしゃれを。いつもの洋服をスタイリッシュに変えてくれる

ブックカバー　2750円
読書好きに必須の美しいこぎん模様のブックカバー。毎日手にする大切な本にぜひ

カード入れ　3300円
おしゃれなアイテムのひとつにもなって、さりげなく使いたい。ギフトにも喜ばれる

ブナコ

木質の美しいブナの薄板をテープ状にカットしたものを、コイル状に巻いて押し出しながら立体の形にしたものが「BUNACO（ブナコ）」という工芸品だ。

プレート（上）2640円～
トレイ（下）4400円～
ブナコの加工技術を生かしたプレートとオーバル型のトレイ。シンプルなデザインに木目が生きる

素敵なインテリアが揃う

ティッシュボックス　9900円
癒やし系のフォルムで人気No.1。色は4種類。曲線を生かしたデザインでゆらゆら揺れる
※写真のナチュラル色以外は8800円

フライングスツール　5万5000円
見た目にも洗練された美しいフォルムと座り心地を追求した驚くほど軽いスツール

ペンダントランプ　4万700円
天然ブナ材のぬくもりが部屋全体をやさしいイメージに変え、素敵な空間を演出してくれる

---

green
グリーン

弘前駅周辺　MAP 付録P.15 E-3

津軽伝統工芸の「こぎん刺し」のほかに、オーガニック商品や化粧品なども揃えた雑貨店。ひとつひとつの商品にこだわり、自分用はもちろん贈り物にも利用できる。

☎ 0172-32-8199
所 弘前市代官町22
営 11:00～18:00
休 水曜（祝日の場合は翌日）
交 JR弘前駅から徒歩8分　P あり

雑貨や服など人と環境にやさしいライフスタイルを提案するおしゃれなセレクトショップ

BUNACO Show Room「BLESS」
ブナコショールーム「ブレス」

土手町　MAP 付録P.15 D-3

ぬくもりと美しさを感じるブナコ。新製品やグッドデザイン賞受賞などの製品を展示販売する。手作りされた製品は、暮らしのインテリアとして心が癒やされるものばかり。

☎ 0172-39-2040
所 弘前市土手町100-1 もりやビル2F
営 10:30～19:00　休 不定休
交 JR弘前駅から弘南バス・土手町循環で8分、中土手町下車すぐ　P あり

モダンなグレーの建物の2階がショールーム。デザイン性の高い製品が揃っている

あけびつる細工
あけびつるざいく

津軽に自生するあけびの蔓を乾燥させ、水に浸けてやわらかくし、手で一本一本編み上げていく「あけびつる細工」。軽くて耐久性に優れている。

織編みバッグ M
2万8000円（税別）

三つ編み状の持ち手がかわいらしいバッグ。カジュアルなおでかけにぴったり

あけび蔓 月型すかし入り 中
2万円（税別）

ふっくら丸みを帯びたシルエット。アクセントに透かしが入った大人のバッグ

あけび蔓 屋根付きバスケット
2万2000円（税別）

屋根が付いている高さ約17cmのバッグ。おでかけや小物入れなど、さまざまな用途に使えそう

使うほどに風合いが深まる

宮本工芸
みやもとこうげい

弘前駅周辺 MAP 付録P.15 D-2

昭和22年(1947)創業の老舗で、今もなお機械に頼ることなく全工程を職人の手仕事で、あけびつる細工や山ぶどう皮細工を作っている。在庫のない場合もあり、電話での注文も受け付けている。

☎ 0172-32-0796
所 弘前市南横町7 営 9:00～18:00 休 日曜、GW 交 JR弘前駅から徒歩14分 P あり
URL https://www.miyamoto-akebikougei.com/

津軽塗
つがるぬり

江戸時代に始まり、唐塗、七々子塗、紋紗塗、錦塗の4技法が現代に伝わる。重ねた色漆の美しい模様と堅牢さが特徴で、経済産業大臣指定伝統工芸品。

ねぶた塗汁椀(右)
7500円（税別）
梨子地青貝入汁椀(左)
7500円（税別）

漆を幾層も重ねた津軽塗のお椀は手ざわりがよく、持ちやすい温度を保ってくれる

七々子塗桜紋茶筒
3万円（税別）

菜種の実を用いて輪紋を研ぎ出す粋な七々子塗に桜の模様を加えた弘前らしい一品

りんご皿
6000円（税別）

青森ならではのリンゴ形の皿に弘前ねぶたをイメージした「ねぶた塗」を施した

堅牢優美、華やかな風格

津軽塗の源兵衛
つがるぬりのげんべえ

弘前公園周辺 MAP 付録P.14 C-1

津軽塗師5代目である店主が営む粋な店。伝統的な模様から、現代風にアレンジしたモダンな品、ねぶた絵師でもある店主が考案した「ねぶた塗」などの斬新な模様までさまざまな商品が並ぶ。

☎ 0172-38-3377
所 弘前市大浦町4-3 営 10:00～17:00 休 木曜 交 JR弘前駅から弘前バス・土手町循環で21分、文化センター前下車、徒歩5分 P あり

下川原焼
したかわらやき

江戸時代後期に、弘前藩藩主が子どもたちの玩具として土人形を作るよう命じたことから始まる。素朴で温かみのある手ざわりと鮮やかな色彩が特徴。

下川原焼 風俗人形 各1100円

津軽の昔の風俗や行事を象った土人形の笛。さまざまな種類がある

鳩笛ペンダント 各1100円

下川原焼の職人とchicoriとのコラボでできた特別なアクセサリー

鳩笛 880円～

ぽってりした形が愛らしい鳩笛。そっと息を吹き込めば「ホー、ホー」とやさしく鳴く

やさしい姿と音色にほっこり

暮らしになじむ逸品

chicori
チコリ

土手町 MAP 付録P.15 D-3

ナチュラル&シンプルなファッションやポーランド陶器、下川原焼の鳩笛など、流行や年齢にとらわれず愛着をもって長く使い続けられるアイテムを取り揃えるセレクトショップ。

☎ 0172-32-3020
所 弘前市坂本町2 営 12:00～17:00 休 日曜 交 JR弘前駅から弘南バス・土手町循環で8分、中土手町下車、徒歩2分 P なし

津軽の名産を食べて買って楽しむ
リンゴの街で買う美味セレクション

ふじ、つがる、紅玉など多彩な品種を誇る青森のリンゴ。
定番のパイや和菓子からお酒まで、人気の商品をご紹介。

D 気になるリンゴ
864円(1個)
青森県産リンゴをまるごと1個シロップ漬にしてパイ生地で包んで焼き上げた有名なお菓子

A パティスリーヴェルジェ
土手町 MAP 付録P.15 D-2
美しいケーキの世界が広がる
クリームのような真っ白な外観のおしゃれなケーキ店。彩り豊かなケーキがずらりと並び、リンゴ菓子のほか、ヘルシーな焼きドーナツも評判。
☎0172-32-1949　所 弘前市百石町18
営 10:00～19:15　休 月曜(祝日の場合は翌日)
交 JR弘前駅から弘南バス・土手町循環で10分、下土手町下車、徒歩3分　P あり

アップルパイ
青森産のふじや紅玉を使用したバリエーション豊かな味が楽しめる。

A アップルパイ 299円
ふじを使用。高温の窯で焼いているので、外側はサクッとして、中はジューシー

B りんごたっぷりパイ 350円
青森県産ふじをたっぷり使用した、シナモン風味とほどよい甘さのアップルパイ

E アップルパイ 800円(11～3月)
リンゴの風味を逃さずじっくりと煮込んだパイ。日持ちするのでおみやげに最適

G とれたて紅玉のアップルパイ 432円
ソテーした紅玉を、はちみつとカルバドスだけで香付けした濃厚な味わいのパイ

B 洋菓子工房ノエル
ようがしこうぼうノエル
土手町 MAP 付録P.15 D-3
コンテスト受賞のパイも並ぶ
地元で30年近く愛されてきた人気の洋菓子店。第2回アップルパイコンテスト弘前市長賞を受賞した「りんごたっぷりパイ」が人気。
☎0172-35-7699　所 弘前市品川町2-2
営 9:00～18:30　休 火曜
交 JR弘前駅から弘南バス・土手町循環で8分、中土手町下車、徒歩6分　P なし

C 街を歩きパイ！ジャムポッケ 432円
リンゴ、レーズンやナッツなどをジャムにして、北海道産オーガニック小麦、バターを使った手作り生地で包み、焼き上げたアップルパイ

C 奇跡のりんご二段しぼりペクチンドリンク 324円
奇跡のりんごのはちみつとペクチンが入ったドリンク

奇跡のりんご
木村秋則さんが育てた無農薬・無肥料栽培のリンゴの魅力を届ける。

C 奇跡のりんごかりんとう 650円(1袋)
リンゴの皮や種、芯などすべてかりんとうの生地に練り込み、低温でじっくり揚げた一品

C パティスリー山崎
パティスリーやまざき
親方町 MAP 付録P.14 C-3
「奇跡のりんご」からの贈り物
木村秋則さんの奇跡のりんごと長谷川自然牧場産熟成豚肉を使ったスイーツ＆ナチュラルフーズの店。おみやげに、また健康食品としても最適。
☎0172-34-7469　所 弘前市親方町36
営 10:00～21:00　休 月曜
交 JR弘前駅から弘南バス・土手町循環で10分、下土手町下車、徒歩5分　P あり

C 奇跡のりんごすりおろしソースハンバーグ 1080円
長谷川自然牧場の熟成豚肉を使用。脂のうまさと、豚肉特有の臭みがないジューシーな味

C 奇跡のりんごペクチン入り顆粒 5400円
木村秋則式「自然栽培」で作られたリンゴ100%の食物繊維が入ったアップルペクチン入り顆粒

E らぶる
108円（1個）
シャリシャリのリンゴをソフトな生地で包んで焼いた絶妙な組み合わせが人気

D 旅さち
640円（5個入り）
リンゴの形のパイ生地に白餡とリンゴの果肉をのせて焼き上げたお菓子

D パティシエのりんごスティック
850円（5本入り）
大きめにカットした青森県産リンゴをパイで包んで焼いた人気のお菓子。温めるとよりおいしくなる

A 我が家のりんご
190円（1個）
カルバドスとバターでソテーした青森県産リンゴがたっぷり入った風味豊かなタルト

洋菓子
リンゴの風味、食感とチョコやクリームとの絶妙なコラボを味わう。

B アップルシューロール
2240円（1本、要予約）
紅玉と酸味のあるヨーグルトクリームをスフレタイプのスポンジで巻いたロールケーキ

A 津軽りんごマドレーヌ
175円（1個）
ふわふわの生地の中にシャキシャキのリンゴを混ぜ込んだ、風味と食感を楽しめる一品

B りんごの想い
1080円（1本）
紅玉とチョコレートを合わせた、しっとりとして酸味の生きたケーキ

シードル
ヨーロッパでは古くから親しまれているリンゴを発酵させたお酒。

和菓子
甘酸っぱいリンゴと、あんこやせんべいなど繊細な組み合わせも。

F 芳華 1480円（12枚入り）
ペースト状にしたリンゴを、薄皮せんべいで挟んだ、上品な味わいの和菓子

E こあき 600円（5袋入り）
青森県産の小麦粉で作った生地に薄くスライスしたリンゴをのせて焼いたおせんべい

F 花かざし
1156円（18本入り）
リンゴを乾燥させゼリーで固めた、リンゴの風味をたっぷり味わえるお茶菓子

G タムラシードル
甘口（左）、辛口（右）
各1320円（500ml）
青森県産リンゴ100%使用のシードル。食事と一緒に楽しめる

D ラグノオアプリ
表町 MAP 付録P.15 F-3

人気商品を焼きたてで
リンゴのお菓子「ラグノオ」の直営店舗。人気の「パティシエのりんごスティック」が食べられる店。

☎0172-32-1260　弘前市表町2-11 弘前駅ビル アプリーズ1F　10:00～20:00　施設に準ずる　JR弘前駅直結　アプリーズ駐車場50台

E しかないせんべい
新寺町 MAP 付録P.14 C-4

菓子で四季の移ろいを伝える
大正15年（1926）創業で、隠れ家のような造りのお店。和洋のさまざまな商品が並び、季節ごとに品種が変わるリンゴの焼き菓子が評判。

☎0172-32-6876　弘前市新寺町32　9:00～19:00　無休　JR弘前駅から弘南バス・久渡寺線／金属団地・桜ヶ丘線で12分、弘前高校前下車、徒歩1分　あり

F 寿々炉
すずろ　土手町 MAP 付録P.15 D-3

上品な和風味でリンゴを堪能
厳選された素材で作る和菓子は地元でも人気。上品な味わいのリンゴのお菓子には定評がある。店内で生菓子と抹茶のセットも楽しめる。

☎0172-36-2926　弘前市田代町14-2　9:30～17:00　水曜　JR弘前駅から弘南バス・土手町循環で10分、下土手町下車、徒歩5分　あり

G タムラファーム
青樹町 MAP 付録P.12 C-3

自家製リンゴで作る絶品の味
土づくりからこだわった自家製リンゴを栽培。真っ赤な紅玉を使ったアップルパイや、自家製完熟リンゴのみを使用したシードルが名物。

☎0172-88-2926　弘前市青樹町18-28　8:30～17:00　日曜、祝日　JR弘前駅から車で20分　あり

リンゴの街で買う美味セレクション

HOTELS 泊まる

弘前から足をのばして、個性的な温泉宿へ

由緒正しき名湯にて

800年の歴史を持つ大鰐温泉や昔ながらの湯治場の風情が残る黒石温泉郷など、弘前市の周辺は名湯の宝庫といわれる。

大鰐温泉の基本

●大鰐温泉の歴史
800年の歴史を持ち、津軽の藩主も訪れたという史実が残る古湯。湯治場として栄えた当時の面影を残し、津軽の奥座敷として、人々に親しまれている。

交通information
JR弘前駅からJR奥羽本線普通で大鰐温泉駅まで12分／中央弘前駅から弘南鉄道大鰐線で大鰐駅まで28分

ご当地の魅力があふれる
プレミアムな大人の宿

星野リゾート　界 津軽
ほしのリゾート　かい つがる
大鰐温泉 MAP 付録P.13 D-4

古くから湯治場として知られる大鰐温泉に建つモダンな温泉旅館。伝統工芸のこぎん刺しを取り入れた客室、古代檜の湯船、津軽三味線の生演奏など津軽の文化を存分に味わえる。季節ごとの贅沢な山海の幸も絶品。

☎0570-073-011（界予約センター）
所 大鰐町大鰐上牡丹森36-1
交 JR大鰐温泉駅から定時無料送迎バスで5分
P あり in 15:00 out 12:00 室40室（全室禁煙）
予約 1泊2食付2万5000円〜

1. 水辺にせり出したテラスから四季折々の風情が感じられる「津軽四季の水庭」
2. 迫力ある津軽三味線の生演奏は圧巻
3. とろみのある大鰐温泉を堪能できる青森ヒバの大浴場
4. 山海の幸が並ぶ贅沢な会席料理。秋冬には大間のマグロづくしの特別会席も登場
5. 津軽こぎんがデザインされた「ご当地部屋」

山あいの木々に囲まれた夢心地に浸れる秘湯の宿

ランプの宿 青荷温泉
ランプのやど あおにおんせん
黒石温泉郷 **MAP** 付録P.13 E-3

夕方になると客室にランプが灯され、館内は幻想的な雰囲気に包まれる。敷地内には、源泉かけ流しの内湯を含め4つのお風呂が点在。ランプの明かりと周りを取り囲む自然のもとで楽しむ湯めぐりは、ほかでは味わえない。

☎0172-54-8588
所 黒石市沖浦青荷沢滝ノ上1-7 交 弘南鉄道・黒石駅から弘南バス・虹の湖線で40分、虹の湖公園下車、送迎シャトルバス(定時運行)で20分(道の駅 虹の湖から無料送迎あり) Pあり in15:00 out10:00 室31室(全室禁煙) 予算 1泊2食付1万1150円〜

黒石温泉郷の基本
●黒石温泉郷の歴史
八甲田山系を源とする浅瀬石川沿いに点在する温湯、落合、板留、青荷からなる温泉群。伝統の津軽こけしや、リンゴの歴史にふれられる施設もある。

(交通 **information**)
JR弘前駅から弘南鉄道弘南線で黒石駅まで28分、弘南バス・黒石〜湯川線(板留経由)に乗り換えて、温湯温泉まで22分/板留温泉、落合温泉まで25分/青荷温泉まで1時間(虹の湖公園バス停下車、送迎シャトルバス利用)

「りんご風呂」が名物の宿

津軽のお宿 南田温泉 ホテルアップルランド
つがるのおやど みなみだおんせん ホテルアップルランド

湯船に真っ赤なリンゴがたくさん浮かんだ「りんご風呂」が名物。甘酸っぱい香りに、身も心も癒やされそう。貸切の檜風呂や、足湯のほか、内湯も2カ所ある。

南田温泉 **MAP** 付録P.13 D-3

☎0172-44-3711
所 平川市町居南田166-3 交 JR弘前駅城東口から無料送迎バスで20分(要予約) Pあり in15:00 out10:00 室72室(全室禁煙) 予算 1泊2食付1万4450円〜

1. 黒石温泉郷に昭和4年(1929)に開湯した風情漂う宿
2. 青森県産のヒバを使用したぬくもり漂う健六の湯。男女別で女湯には露天風呂もある
3. いくつもランプが灯り語らいの場にもなる囲炉裏の間
4. 野趣あふれる露天風呂。レディースタイムもある
5. 真っ白な雪景色に包まれる冬に訪れるのも味わい深い

1. リンゴの甘い香りが漂う風呂。リンゴには保温・血行促進作用などお肌に良い成分が豊富だ
2. 客室からはさまざまな津軽の景色を楽しむことができる
3. 折々の旬の肴や地場の恵みを夕食で。季節の移ろいを感じ取れる

由緒正しき名湯にて

弘前市中心部のホテル
街なかのシティホテルはなにより移動に最適。朝食自慢のホテルも多い。

弘前プラザホテル
ひろさきプラザホテル

観光やビジネスの拠点に便利なシティホテル。郷土の味を楽しめる朝食バイキングも人気。

弘前駅周辺 **MAP** 付録P.15 E-2
☎0172-35-0345 所 弘前市代官町101-1
交 JR弘前駅から徒歩12分
Pあり(有料) in14:00 out11:00
室100室(禁煙48室、喫煙52室)
予算 シングル7020円〜、ツイン1万2960円〜

アートホテル弘前シティ
アートホテルひろさきシティ

弘前駅前という好立地。津軽の郷土料理や国際色豊かな料理が並ぶ朝食が魅力。

弘前駅周辺 **MAP** 付録P.15 E-3
☎0172-37-0700 所 弘前市大町1-1-2
交 JR弘前駅から徒歩1分 Pあり(有料)
in14:00 out11:00
室134室(禁煙115室、喫煙19室)
予算 ダブル8250円〜、ツイン7920円〜

弘前パークホテル
ひろさきパークホテル

津軽三味線の生演奏が聴けるダイニング「響」や、眺望が楽しめる朝食も好評。

土手町 **MAP** 付録P.15 D-3
☎0172-31-0089 所 弘前市土手町126
交 JR弘前駅から弘南バス・土手町循環で6分、青銀土手町支店下車すぐ Pあり(有料) in14:00
out11:00 室121室(禁煙72室、喫煙49室)
予算 シングル7150円〜、ツイン1万3200円〜

歴史

古代遺跡、城下町、瀟洒な建物にロマンが息づく
みちのくに花開いた豊かな文化

世界最古級の土器を生み、戦国時代の安藤氏から津軽氏の津軽支配。幕末までは蝦夷を警備し、明治になるといち早く欧米人を雇い、西洋文化を進展させた弘前の城下町。津軽の歴史に思いを馳せてみる。

紀元前

土器から見えてくる時代の推移
縄文文化の先進地

縄文時代の土器・土偶の豊かな文化が続き、弥生時代には津軽にまで水稲耕作が到達した

外ヶ浜町の大平山元遺跡から発掘された土器片は、縄文時代草創期の1万6500年前のもので、世界でも最古の土器とされる。縄文時代前期になると、土器は平底となり、円筒・深鉢形の円筒下層式土器に、中期には円筒上層式土器となっていくが、いずれも青森県域が中心エリアだった。晩期になると土器は装飾性が顕著になり、亀ヶ岡式土器と呼ばれ、全国的に知られていくが、その結果、乱掘されることになり、海外にも流出している。2021年5月26日には三内丸山遺跡をはじめとする17件の史跡が「北海道・北東北の縄文遺跡群」として世界文化遺産に登録される見通しとなった。

⇧円筒土器〈三内丸山遺跡センター所蔵〉

⇧亀ヶ岡遺跡から出土した藍胎漆器。植物繊維で編んだ器に漆を塗り成形したもの〈つがる市縄文住居展示資料館カルコ所蔵〉

三内丸山遺跡 ⇒P.152
さんないまるやまいせき
約5500年前から1500年間にわたって縄文人が定住した大規模集落跡。縄文文化の既成概念を覆した。

亀ヶ岡文化の遮光器土偶

亀ヶ岡遺跡は縄文晩期の共同墓地の遺跡で、有名な遮光器土偶は重要文化財。目の部分が北方民族が使う雪めがね(遮光器)に似ていることからこの名がある。

⇧遮光器土偶のレプリカ〈つがる市縄文住居展示資料館カルコ所蔵〉

つがる市縄文住居展示資料館カルコ
つがるしじょうもんじゅうきょてんじしりょうかんカルコ
木造 MAP 付録P.12 C-2

亀ヶ岡遺跡や市内・県内から出土した土器や土偶、漆器などを展示。遮光器土偶は精巧なレプリカ。

☎0173-49-6490　所つがる市木造若緑59-1　⏰9:00~16:00　休月曜(祝日の場合は開館)、祝日の翌日　料200円　交JR木造駅から徒歩15分　Pあり

⇧復元された竪穴住居では縄文時代の生活を再現

11~15世紀

謎が多い津軽の中世史
奥津軽、激動の時代へ

津軽地元の有力豪族の勢力争いで生き延び、あるいは滅亡する一族。安藤氏から南部氏へ

11世紀、奥羽北部は有力豪族・安倍氏の勢力下にあったが、前九年の役で滅亡。ただ安倍貞任の三男は津軽に落ち延び、津軽安藤(安東)氏の祖となり、十三湊に進出。文治5年(1189)、奥州合戦で平泉藤原氏が源頼朝に滅ぼされ、北条氏が執権となると、安藤氏は「蝦夷ノ沙汰・蝦夷管領」に。元亨2年(1322)に安藤一族は私戦「津軽大乱」を起こす。南北朝時代が終わると南部氏が十三湊の安藤氏を攻撃し、蝦夷地に追放。以後、南部氏が津軽を支配した。

中世の港湾都市として栄えた・十三湊
とさみなと

日本海側の交易拠点だった十三湊は古代からあったとされるが、中世に全盛期を迎え、15世紀後半まで国際的な貿易港として繁栄した。安藤氏が本拠地とし、「安東水軍」を率いて日本海交易ルートを掌握。当時、元や高麗、樺太各地と盛んに交流していたが、十三湖の十三湊はその中心でもあった。

十三湖 ⇒P.157
じゅうさんこ
安藤氏が拠点とした交易港・十三湊があった汽水湖。「十三湊遺跡」がある。

写真提供:五所川原市観光物産課

16〜19世紀

為信による津軽地方の統一
城下町・弘前の繁栄

南部氏の一族、津軽氏が津軽を統一。
2代藩主・信枚が弘前城と城下町を完成させる

　南部氏の一族・大浦氏の5代目として婿養子として入っていた為信は、元亀2年(1571)の石川城攻略を足がかりに津軽統一を進める。その後、豊臣秀吉によって領土を安堵され、津軽氏と称し、のちに初代弘前藩主となった。関ヶ原の戦い後、慶長8年(1603)に高岡(現在の弘前)に新城築造や町割を計画するが死去したため築城は一時中止となる。完成するのは2代藩主・信枚の慶長16年(1611)。寛永5年(1628)に高岡を弘前に改称。信枚が帰依する天海僧正(家康の側近)によって命名されたとする説もある。4代藩主・信政は城下町の拡大や新田開発、産業や文化の育成に尽力し、弘前藩に全盛期をもたらした。

↑南部氏から独立して初代藩主となった津軽為信。その濃い髭でも知られた〈長勝寺所蔵〉

弘前公園(弘前城) ◆P.109
ひろさきこうえん(ひろさきじょう)
公園内には史跡弘前城(弘前城資料館)や弘前城植物園などがある。銘木も多く、桜の名所でもある。

仲町 ◆P.112
なかちょう
弘前の城下は碁盤割で、下町・仲町・上町に分かれ、仲町には昔ながらの武家屋敷が保存されている。

禅林街 ◆P.113
ぜんりんがい
33もの禅寺(曹洞宗)が並木道沿いに立ち並ぶ地域で、参道奥に位置する長勝寺は津軽家の菩提寺。

幕府の命令で北方警備に駆り出された弘前藩。
箱館戦争では勤王派として功績を挙げた

　寛政4年(1792)、ロシア使節が蝦夷地に来航するが、そのため弘前藩はその警備にあたった。その後、蝦夷地は幕府の直轄地となり、弘前藩や盛岡藩などは蝦夷地警備を幕末まで続け、安政元年(1854)には、日米和親条約で開港された箱館の警備を命じられている。
　幕末期の箱館戦争に新政府側として参加するが、明治4年(1871)の廃藩置県で弘前藩は12代・承昭で終わり、弘前県となり、県庁移転によって青森県と名を変えた。

仲町
弘前城の北側には、武家屋敷や町家が並び、仲町は当時の面影を残している。

高岡城(弘前城)
5層の天守、6つの郭、3重の濠で構成された。天守は寛永4年(1627)に焼失。

禅林街
いちばん奥の長勝寺を中心に、弘前城の南側に寺院が置かれ、長勝寺構と呼ばれた。

↑城下町・弘前の誕生は、慶長8年(1603)の津軽為信による高岡城(弘前城)の築城計画に始まる。慶長16年(1611)に城が完成。寺社をはじめ、家臣の住居、商人らが移住した。『津軽弘前城之絵図』(弘前市立博物館所蔵)

今に伝わる津軽の伝統工芸品

津軽地方を代表する伝統工芸品は江戸時代に始まり、繊細な技術や素朴さが大切に受け継がれている。

こぎん刺し
こぎんさし
◆P.126
江戸時代から津軽の岩木川流域に伝わる刺し子技法のひとつ。

あけびつる細工
あけびつるざいく
◆P.127
岩木山麓に伝わる伝統工芸。天然のあけびの蔓を編んで作る。

津軽塗
つがるぬり
◆P.127
300年以上の歴史を持つ漆器で、唐塗など4種の技法がある。

弘前の珈琲文化の始まり・藩士の珈琲

文化4年(1807)、北方警備のため幕命で蝦夷地に出兵した弘前藩士の多くが浮腫病で命を落とした。そのため再び警備に赴いた藩士には浮腫病予防として幕府からコーヒーが配給された。これが日本で初めて一般人が飲んだコーヒーとされ、『藩士の珈琲』と呼ぶ。

みちのくに花開いた豊かな文化

19世紀

趣深い洋館、教会が立ち並ぶ
西洋文化との出会い

西欧文化を吸収するために外国人教師を採用。宣教師ジョン・イングは西洋リンゴを紹介

幕末から明治維新以降に、西欧の知識や産業を学ぶために「お雇い外国人」が多く雇用されたが、弘前では東奥義塾がいち早く外国人教師を招聘。このことが津軽地方に西洋文化を広める大きな要因になった。寛政8年(1796)、9代弘前藩主・寧親が藩校・稽古館を創設、これを前身として私立学校・東奥義塾は明治5年(1872)に開校している。明治7年(1874)、同校に英語教師として赴任したアメリカ人宣教師ジョン・イングは弘前教会の設立や西洋リンゴの紹介などでも知られる。

↑弘前に大きな影響を与えたジョン・イング（東奥義塾高校所蔵）

旧東奥義塾外人教師館
きゅうとうおうぎじゅくがいじんきょうしかん
◯P.114

東奥義塾に招聘した外国人教師専用住居として建造。

20世紀

情熱と技術が支えた大工事
青函トンネルの物語

未曾有の難工事の末、世界に類を見ない海底トンネルが開通した

青函トンネルの構想は戦前からあったが、当時は青函連絡船が本州と北海道をつないでいた。しかし昭和29年(1954)に日本海難史上最大の犠牲者を出した洞爺丸事故により、安全面から青函トンネル構想が一気に具体化、昭和39年(1964)に国家プロジェクトとして巨費を投じて着工された。海底トンネルとしては世界一の長さと深さを持つ建造物で、その工事は困難をきわめ、最終的には24年もの歳月をかけて昭和63年(1988)に完成したが、34名もが殉職した。

青函トンネル記念館
せいかんトンネルきねんかん
外ヶ浜町 MAP 付録P.12 A-1

難事業の全貌を資料や模型、映像などでわかりやすく紹介。海面下140mの体験坑道が人気。
↑音声案内にも耳を傾けたい

☎0174-38-2301 ㊟外ヶ浜町三厩龍浜99 ㊟4月下旬～11月初旬8:40～17:00 ㊟期間中無休 ㊟展示ホール400円、体験坑道1200円、セット料金1500円 ㊟JR三厩駅から三厩地区循環バス・龍飛崎灯台行きで30分、青函トンネル記念館前下車すぐ ㊟あり

弘前出身の建築家・堀江佐吉

津軽藩の御用大工の子として弘化2年(1845)に弘前に生まれた堀江佐吉は箱館で西洋建築を学び、弘前に戻ってから多くの建造物を設計・施工。現旧第五十九銀行本店本館(青森銀行記念館)(P.115)は国の重要文化財。

↑太宰治記念館「斜陽館」(P.138)

↑旧弘前市立図書館(P.114)

リンゴ王国・青森の誕生

明治8年(1875)に内務省から青森県庁にリンゴの苗木が配布されたことから青森のリンゴ栽培の歴史が始まる。明治10年(1877)には初めて結実。初期のリンゴ栽培は士族が大きな役割を果たした。なかでも、リンゴ苗木の配布に関わった菊池楯衛は、のちに自ら栽培技術の研究に取り組み、その基礎をつくったことで「青森りんごの開祖」と呼ばれた。

青森県立郷土館 ◯P.154
あおもりけんりつきょうどかん

青森の歴史や文化が学べる施設。青森りんごに関するコーナーも充実。建物の一部は旧青森銀行本店(国登録文化財)。
※2021年度は通年にわたり休館中

津軽の民謡と津軽三味線のあゆみ

民謡という用語は明治期からのもので、民衆による伝統的な歌はそれ以前から伝承されてきた。津軽には『津軽じょんから節』や『おはら節』などが「五大民謡」として親しまれている。独奏的に演じられる津軽三味線は、撥で打楽器的に弾き、太棹を使うのが特徴だが、元来はボサマという盲目の芸人により確立された。

↑津軽三味線の始祖・仁太坊の最後の弟子である白川軍八郎は、独創的な新手を次々編み出し、津軽三味線の神様と呼ばれた

津軽三味線会館 ◯P.139
つがるしゃみせんかいかん

津軽三味線発祥の地、五所川原市金木町にあり、その歴史などを紹介。迫力あるライブも楽しめる。

津軽の短い夏を謳歌する、勇壮で華麗な風物詩
ねぶた(ねぷた)祭りの魅力にふれる

青森の「ねぶた(ねぷた)」は「仙台七夕」「秋田竿燈」とともに「東北三大祭り」のひとつ。武者絵などが描かれた巨大な山車燈籠がさまざまなかけ声とともに街を練りまわる。

40以上の地域で開催

ねぶた・ねぷたは現在では全国的な広がりをみせているが、青森県内だけでも40を超える市町村で実施され、ねぶた・ねぷたの型やお囃子もさまざま。その由来は諸説あるが、農作業の妨げとなる眠気を流す「ねむりながし」の習俗がねぶた・ねぷたとなったという説や、アイヌ語からの説(「根=死」に「蓋」)もあるようだ。

ねぶた・ねぷたの呼称の違いは、地域による訛りによるもので、青森市や下北地方ではねぶた、弘前市と周辺の津軽エリアはねぷたと呼ぶが、かけ声は地域によって異なる。一般的な多くの祭礼と違い、ねぶた・ねぷたには神社の介在はない。

弘前ねぷたまつり

大半が扇ねぷたで、県内最多の約80台のねぷたが曳きまわされる。

五所川原立佞武多

1996年に80年ぶりに復活。高さ20mを超える山車も練り歩く。

青森ねぶた祭

人形型の組ねぶたが躍動。跳人として誰もが参加できる。

その他の地域のねぶた(ねぷた)
上記以外にも県内では多くのねぶたが開催される。平川ねぷたでは世界一の扇ねぶたが、黒石ねぷたでは見送り絵が有名。

ねぶた・ねぷたを体感する

津軽藩ねぷた村 ➡ P.116

弘前ねぷたや凧絵の展示、実物大のねぶたの骨組みなどが見学できる。

立佞武多の館 ➡ P.136

常時20mを超す立佞武多を3基保管して展示。制作現場も見られる。

ねぶたの家 ワ・ラッセ ➡ P.153
実際の祭りで使用された4台の大型ねぶたを常設展示している。ねぶたの制作技術の歴史がわかる。

津軽 歴史年表

西暦	元号	事項
5500年前頃		円筒土器文化が繁栄し、三内丸山遺跡➡P.152などが残る
3000年前頃		籃胎漆器や遮光器土偶に代表される亀ヶ岡文化が繁栄する
*		安藤氏が蝦夷沙汰代官に任命される
1322	元亨 2	津軽大乱(安藤氏の乱)に勝利した安藤季久が十三湊に拠点を置き、のちに貿易港として繁栄
1442	嘉吉 2	安藤盛季・康季、南部義政に敗れて、十三湊を追われる
1597	慶長 2	津軽為信が津軽統一を完成
1610	15	2代・津軽信枚により高岡城(のちの弘前城➡P.109)の築城工事が開始
1627	寛永 4	高岡城の天守が落雷により焼失
1808	文化 5	蝦夷地警備の功績で弘前藩は10万石に達する
1810	7	現在の弘前城➡P.109の3層天守が竣工
1813	10	厳しい年貢の取り立てに反発した人々が、津軽領内の各村から弘前城の北門(亀甲門)に押し寄せる民次郎一揆が起こる
1868	慶応 4 明治 元	戊辰戦争が始まる。弘前藩と盛岡・八戸藩の連合軍が野辺地で交戦(野辺地戦争)
1871	4	廃藩置県により弘前藩が解体
1872	5	弘前に私立学校・東奥義塾➡P.114が開校
1875	8	青森県庁にリンゴの苗木が配布される
1895	28	弘前公園➡P.109が開園
1908	41	青函連絡船が就航
1944	昭和 19	太宰治➡P.140、津軽地方の取材旅行に出かけ、小説『津軽』を執筆
1988	63	津軽海峡線開業、青函トンネル開通
1992	平成 4	三内丸山遺跡➡P.152の発掘が始まる
1993	5	白神山地➡P.142の中心部が世界自然遺産に登録される
2000	12	三内丸山遺跡➡P.152が国の特別史跡に指定される
2010	22	東北新幹線・新青森駅が開業
2015	27	弘前城➡P.109天守を曳屋で移動
2016	28	北海道新幹線開業

*は年が特定できない事項

周辺の街とスポット
AROUND HIROSAKI

↑巨大な山車が「ヤッテマレ!」のかけ声のもと、街を練り歩く勇壮な五所川原立佞武多

古くから栄えた商業の中心地
夏は立佞武多祭りで賑わう

津軽北部の商業の中心で、津軽観光の起点ともなる五所川原。毎年8月に開催される五所川原立佞武多は、青森ねぶた、弘前ねぷたと並ぶ青森三大佞武多に数えられる。太宰治が慕った叔母キヱ(きゑ)が住んだ場所でもあり、彼は幾度となくこの地を訪れた。

ACCESS
鉄道 JR弘前駅からJR五能線で五所川原駅まで45分
車 JR弘前駅から国道339号経由で27km

立佞武多で名高い津軽半島の玄関口
五所川原
ごしょがわら

太宰治の叔母キヱ(きゑ)が住んだ街。迫力ある五所川原立佞武多で知られ、豪奢な山車が夏の夜を彩る。

五所川原で続く「虫送り」
田植え後に、農作物の虫よけや五穀豊穣を祈る伝統行事。わらで作った虫人形を先頭に行列が練り歩く。約450年の歴史があり、かつては津軽各地で行われていた。

北国の短い夏を熱気に包む
巨大な立佞武多を間近で鑑賞
立佞武多の館
たちねぶたのやかた
MAP 付録P.16 B-1

→巨大な立佞武多の周囲にスロープが設けられ、あらゆる位置から眺められる

立佞武多と呼ばれる巨大な山車が市街地を巡る五所川原立佞武多。毎年8月4〜8日に開催され、五所川原の夏の風物詩となっている。館内には、高さ約23mもの立佞武多が展示されており、その迫力ある姿や精巧な造りは見事。制作風景の見学ができる。

☎0173-38-3232
所 五所川原市大町506-10
時 9:00〜19:00(10〜3月は〜17:00)
休 無休 料 600円
交 JR五所川原駅から徒歩7分
P あり(有料)

→立佞武多を手作業で仕上げていく制作現場も見学したい

『津軽』にも登場する太宰の恩人・中畑氏が招魂堂として建立

↑内部には、太宰直筆のはがきやゆかりの品々など、貴重な資料が展示されている

グルメ＆ショッピング

あげたいの店「みわや」
あげたいのみせ「みわや」

昭和52年(1977)の創業以来、変わらない味で愛される店。餡たっぷりのたい焼を注文を受けてからサッと揚げてくれる。

MAP 付録P.16 B-1

☎0173-34-2064
所五所川原市上平井町99 営9:00～夕方（売り切れ次第閉店） 休日曜 交JR五所川原駅から徒歩8分 Pあり

太宰治がたびたび訪問した叔母キヱ(きゑ)宅の蔵を復元

太宰治「思ひ出」の蔵
だざいおさむ「おもひで」のくら

MAP 付録P.16 B-1

太宰治が母のように慕った叔母キヱ家が、金木の津島家から分家した際に建てられた蔵を復元。疎開中の太宰が訪れた際はこの蔵に寝泊まりして、キヱの家族らと酒を酌み交わしたという。

☎0173-33-6338(まちなか五所川原)
所五所川原市大町501-2 営10:00～17:00 休8月13・14日 料200円 交JR五所川原駅から徒歩3分 Pあり

↑複合商業施設「トカトントンスクエア」が隣接　↑もとの蔵の解体部材を用いて2014年に復元

↑外はカリッと、中はふんわりした食感に仕上げる

↑定番のあんこをはじめ、チョコやカレーなど味は全5種類

亀乃家
かめのや

明治時代から4代続く老舗。あっさり透明な豚骨スープの中華そばに陸奥湾産ホタテのかき揚げをのせた名物「天中華」は滋味深い味わい。

MAP 付録P.16 B-1

☎0173-35-2474
所五所川原市大町506-7 営10:00～17:00 休月曜、第4火曜 交JR五所川原駅から徒歩7分 Pなし 地元住民からも愛され、昼どきには客が絶えない

津軽平野を走るローカル鉄道
季節ごとのイベント列車が人気

津軽鉄道
つがるてつどう

MAP 付録P.16 B-1

五所川原市と中泊町を結ぶ鉄道。冬のストーブ列車(P.105)をはじめ、夏の風鈴列車、秋の鈴虫列車などのイベント列車が注目を集める。車内ではアテンダントによる観光案内も。

☎0173-34-2148 所五所川原市～中泊町 料津軽五所川原駅～津軽中里駅870円（ストーブ列車は別途500円）

↑常連の要望で生まれた名物メニュー、天中華800円

↑太宰治の作品にちなんで「走れメロス号」と命名。津軽平野をまっすぐに走り抜けていく

明治時代に東北屈指の大富豪が建てた屋敷のミニチュアを展示

津軽鉄道 P.105/P.137

約200本の「赤～いりんご」の木が1km²にわたり植栽されている

果肉も赤い珍しいリンゴ

五所川原の特産品として知られる「赤～いりんご」。果肉、花、若葉、枝までが赤いリンゴは世界的にも珍しい。ジャムやジュースなどの加工品も人気。

深みのある風合いを備えた津軽の焼物

金山の良質な粘土を用いた津軽金山焼は1350℃の高温で焼く「焼き締め」の技法が特徴。かつてこの地にあった須恵器の影響を受けており、独特の風合いが魅力だ。窯の見学もできる。

津軽金山焼
つがるかなやまやき

MAP 付録P.13 D-2

☎0173-29-3350
所五所川原市金山千代松5-79 営9:00～17:00 休無休 交JR五所川原駅から車で15分 Pあり

↑ギャラリーでは、多彩な種類の作品が展示販売されている

↑津軽のおみやげもあったり。レストランも併設

五所川原

↑明治期の木造建築である太宰治の生家。戦後は旅館「斜陽館」として利用され、その後記念館に

太宰治、津軽三味線が生まれた地を歩く

金木
かなぎ

津軽平野のほぼ中央に位置する金木は、太宰治が生まれ、幼少期を過ごした故郷。津軽三味線発祥の地としても有名だ。

太宰の面影を探して街を散策
贅沢な造りの斜陽館は必見

金木は太宰治のふるさと。生家の斜陽館や津島家の菩提寺など、太宰ゆかりの場所が多数点在しており、今も街の随所に太宰の面影が息づいている。津軽三味線にまつわる施設や桜が美しい芦野公園、古くから信仰を集める霊場にも足を運びたい。

ACCESS
鉄道 JR弘前駅からJR五能線で五所川原駅まで45分、津軽鉄道で金木駅まで25分
車 JR弘前駅から国道339号経由で40km

太宰治の生家として知られる
贅を尽くした和洋折衷の大豪邸

太宰治記念館「斜陽館」
だざいおさむきねんかん「しゃようかん」
MAP 付録P.16 B-4

太宰治の父が明治40年(1907)に建てた大邸宅。和洋折衷、入母屋造りの重厚な建物で、国の重要文化財に指定されている。太宰の愛用品や原稿、書簡、初版本などを展示。

☎0173-53-2020 ⌂五所川原市金木町朝日山412-1 ⌚9:00~17:30(10~3月は~17:00) 休12月29日 料600円 ⌂津軽鉄道・金木駅から徒歩7分 Pあり

↑2階にある鹿鳴館風のモダンな洋間。当時の豪華な生活が垣間見える

↑囲炉裏を備えた板の間。上部は吹き抜けとなっている

妻子を連れて疎開した太宰が
多数の作品を執筆した家

太宰治 疎開の家
「旧津島家新座敷」
だざいおさむ そかいのいえ「きゅうつしまけしんざしき」
MAP 付録P.16 B-4

終戦直前、太宰治が妻子とともに疎開した家。大正11年(1922)に建てられた木造家屋で、当時は津島家の離れだった。文壇デビュー後の太宰の住居として唯一現存する建物。

↑奥の部屋は太宰が使用した書斎。太宰はこの家で1年4カ月を過ごし、23もの作品を書き上げた

☎0173-52-3063 ⌂五所川原市金木町朝日山317-9 ⌚9:00~17:00 休第1・3水曜 料500円 ⌂津軽鉄道・金木駅から徒歩4分 Pあり

↑太宰文学碑。上部には太宰文学の不滅を想い描いた不死鳥が刻まれている

幼き日の太宰治も遊んだ緑豊かな美しい自然公園

芦野公園
あしのこうえん
MAP 付録P.16 B-3

太宰治が幼い頃によく遊んだ公園。太宰治の文学碑や銅像などが園内に立つ。
☎0173-35-2111
（五所川原市金木総合支所）
⌂五所川原市金木町芦野84-170
⌚入園自由
🚃津軽鉄道・芦野公園駅からすぐ
🅿あり

桜の名所・芦野公園

約1500本の桜が咲き誇る芦野公園は、「日本さくら名所100選」にも選ばれた桜の名所。なかでも、園内を走る津軽鉄道を覆う桜のトンネルが美しい。

津軽三味線の歴史を学び力強い生演奏に聴き惚れる

津軽三味線会館
つがるしゃみせんかいかん
MAP 付録P.16 B-4

津軽の厳しい風土から生まれた津軽三味線の歴史をはじめ、民謡、郷土芸能などを紹介。多目的ホールでは毎日、津軽三味線ライブも実施している。
☎0173-54-1616
⌂五所川原市金木町朝日山189-3
⌚9:00～17:00　休12～3月　料600円
🚃津軽鉄道・金木駅から徒歩8分　🅿あり

↑津軽三味線のほか、世界のさまざまな弦楽器を展示するコーナーもある

🏷名物グルメをチェック

赤い屋根の喫茶店「駅舎」
あかいやねのきっさてん「えきしゃ」

太宰治の『津軽』に登場する芦野公園駅の旧駅舎を改装。地元・金木特産の馬肉を使用した料理も人気。
MAP 付録P.16 B-3
☎0173-52-3398
⌂五所川原市金木町芦野84-171　⌚10:00～16:30(LO)　休水曜　🚃津軽鉄道・芦野公園駅からすぐ　🅿あり

↑昭和の面影が残る、ノスタルジックな店内

↑郷土料理・馬肉鍋の具が入った中華まん330円

↑馬肉入りの激馬かなぎカレー850円

🏷信仰を集める津軽の霊場

恐山と同様、イタコの口寄せで知られる霊場。大小約2000体の地蔵が安置されている。旧暦6月22～24日に例大祭が行われる。

川倉賽の河原地蔵尊
かわくらさいのかわらじぞうそん
MAP 付録P.12 C-1
☎0173-53-3282
⌂五所川原市金木町川倉七夕野426-1
⌚9:00～16:00　休12～3月　料拝観自由
🚃津軽鉄道・芦野公園駅から車で5分　🅿あり

↑多数の地蔵が安置された地蔵堂。神秘的な雰囲気が漂う

津軽が生んだ文豪の歴史をたどる
太宰治のふるさとへ

没後70年余の歳月を経てもなお愛され続ける太宰治。
故郷の津軽を訪ねて、太宰文学の原点を探りたい。

津軽屈指の名家に生まれた 昭和を代表する無頼派の作家

『人間失格』『斜陽』『ヴィヨンの妻』などの小説で知られる作家・太宰治。明治42年(1909)、大地主・津島家の六男として北津軽郡金木村に生まれ、多感な幼少期をこの地で過ごした。実母よりも育ての親だった叔母きゑや子守のたけを慕い、その心情は小説『津軽』や『思ひ出』にもたびたび記されている。昭和23年(1948)、玉川上水で愛人と入水自殺。39年の生涯で残した作品の数々は、今も多くのファンを魅了してやまない。

➡『人間失格』原稿〈青森県近代文学館所蔵〉。太宰の原稿や初版本などを展示する施設にも訪れたい

故郷を旅して己を見つめた 太宰治の自伝的小説『津軽』

昭和19年(1944)、太宰は約3週間かけて津軽半島を一周した。この旅を題材とした小説『津軽』には、懐かしい旧友との交流、津軽の歴史や風土などが、ユーモアを交えながら明るく描かれている。クライマックスは、子守のたけと30年ぶりの再会を果たす場面。太宰はこの旅を通して、自己を見つめ直すこととなる。

➡旧奥谷旅館を利用した龍飛岬観光案内所。太宰が宿泊した部屋が復元されている

津軽●弘前 周辺の街とスポット

撮影:渡辺好章〈日本近代文学館所蔵〉

地図:
- 三厩・龍飛崎
- 小説「津軽」の像記念館
- 小泊
- 雲祥寺
- 南台寺
- 太宰治記念館「斜陽館」
- 太宰治 疎開の家「旧津島家新座敷」
- 金木
- 五所川原
- 太宰治「思ひ出」の蔵
- 深浦 / 太宰の宿 ふかうら文学館
- 弘前 / 旧藤田家住宅(太宰治まなびの家)

『津軽』ゆかりの街を巡る

金木 かなぎ ➡P.138
太宰治の生まれ故郷。太宰ゆかりの名所が数多く集まり、特に豪壮な斜陽館は見応えがある。津軽三味線発祥の地でもある。

五所川原 ごしょがわら ➡P.136
毎年8月に開催される五所川原立佞武多で知られる街。太宰治の叔母キヱの家があったため、太宰は幼い頃からよく遊びに来ていた。

深浦 ふかうら
かつて北前船の拠点として栄えた港町。美しい夕日と千畳敷海岸が有名。太宰が宿泊した旧秋田屋旅館を改築した文学館がある。

三厩・龍飛崎 みんまや・たっぴざき
三厩は、義経伝説が残る津軽半島北端の地。『津軽』には、太宰が三厩から龍飛崎まで海岸沿いの道を歩いた様子が記されている。

小泊 こどまり
『津軽』のラストシーンの舞台。太宰はこの地で子守のたけと30年ぶりに再会した。太宰がたけの行き先を尋ねたたばこ店が今も残る。

今別 いまべつ
貞伝上人ゆかりの本覚寺がある。『津軽』には、太宰が寺の老婦人から長々と説明を聞かされる場面がおもしろおかしく描かれている。

太宰治の人生が見えてくるスポット

太宰ゆかりのスポットをたどりながら彼が歩んだ人生に思いを馳せたい。

太宰治記念館「斜陽館」 ➡P.138
だざいおさむきねんかん「しゃようかん」

明治40年(1907)に建てられた太宰治の生家。和洋折衷の大豪邸で、津島家の裕福な暮らしぶりがうかがえる。

金木 MAP 付録P.16 B-4

太宰治 疎開の家 ➡P.138
「旧津島家新座敷」
だざいおさむ そかいのいえ「きゅうつしまけしんざしき」

太宰が妻子を連れて疎開した津島家の離れ。この家に滞在した1年4カ月の間に、23もの作品を生み出した。

金木 MAP 付録P.16 B-4

太宰治「思ひ出」の蔵 ➡P.137
だざいおさむ「おもひで」のくら

太宰が幼い頃、母と慕った叔母キヱ(きゑ)宅の蔵を復元。直筆のはがきなど貴重な資料が並ぶ展示室となっている。

五所川原 MAP 付録P.16 B-1

旧藤田家住宅
（太宰治まなびの家）
きゅうふじたけじゅうたく(だざいおさむまなびのいえ)

旧制弘前高校在学中に太宰が3年間下宿した家。2階には太宰が使用していた机や茶筆筒などが残されている。

弘前駅周辺 MAP 付録P.15 E-4

📞0172-39-1134
所 弘前市御幸町9-35
開 10:00～16:00
休 無休 料 無料
交 JR弘前駅から徒歩20分 P あり

青森県近代文学館 ➡P.154
あおもりけんきんだいぶんがくかん

太宰治や寺山修司など、青森県を代表する13人の作家を中心に、直筆原稿や書簡、遺品などを紹介している。

荒川 MAP 付録P.13 E-2

雲祥寺
うんしょうじ

幼少の太宰が子守のたけに連れられてよく訪れた寺。たけは寺宝の地獄絵を太宰に見せて道徳を教えたという。

金木 MAP 付録P.16 B-4

📞0173-53-2074
所 五所川原市金木町朝日山433 開 料 境内自由(地獄絵は法事などを除く8:00～16:00)
交 津軽鉄道・金木駅から徒歩7分 P なし

南台寺
なんだいじ

津島家の菩提寺。子守のたけはこの寺の日曜学校で本を借り、太宰に読ませて文学に親しむきっかけをつくった。

金木 MAP 付録P.16 B-4

📞0173-52-2661
所 五所川原市金木町朝日山493
開 休 料 境内自由
交 津軽鉄道・金木駅から徒歩8分 P あり

太宰の宿 ふかうら文学館
だざいのやど ふかうらぶんがくかん

太宰が宿泊した旧秋田屋旅館を改築。太宰が滞在した当時の部屋が再現され、書簡などの資料を展示している。

深浦 MAP 付録P.12 A-3

📞0173-84-1070 所 深浦町深浦浜町134
開 8:30～17:00(2階9:00～16:00)
休 11～3月の月曜(祝日の場合は翌日)
料 300円
交 JR深浦駅から徒歩15分 P あり(共用駐車場利用)

小説「津軽」の像記念館
しょうせつ「つがる」のぞうきねんかん

太宰が子守のたけと再会した場所にあり、小説『津軽』ゆかりの品や、たけのインタビュー映像などが見られる。

小泊 MAP 付録P.12 A-1

📞0173-64-3588 所 中泊町小泊砂山1080-1
開 9:00～16:30(11～3月は～16:00) 休 10月1日～3月31日の月・火曜 料 200円 交 JR五所川原駅から弘南バス・小泊線で1時間40分、小泊小学校前下車、徒歩2分 P あり

太宰治のふるさとへ

原始の緑に包まれた広大な森を歩く
白神山地
しらかみさんち

緑深いブナ林に覆われた約13万haの広大な山地。
多様な命が息づく森の中で、神々しい自然に出会う。

世界遺産

津軽●白神山地

開発を逃れて奇跡的に生き残った世界最大級の原生的なブナ林

白神山地は、青森県南西部と秋田県北西部にまたがる約13万haの山岳地帯。人為的な影響をほとんど受けていない世界最大級のブナ林が分布している。以前は東日本のどこにでもあったブナ林だが、激しい開発によりほぼ消滅。奇跡的に残された白神山地のブナ林は、「かつて北日本を覆っていたブナ林の最後で最良の遺物」と評価され、1993年、屋久島とともに日本初の世界自然遺産に登録された。

観光のポイント

散策コースを巡り豊かな緑にふれる
初心者向けから上級者向けまで多彩な散策コースがあり、ブナ林の中を歩きながら自然を体感できる。樹齢100年を超すブナの巨木をはじめ、多様な動植物に出会えるのも魅力

「リゾートしらかみ」に乗って絶景を堪能
白神山麓を日本海沿いに走る観光列車に乗車。目の前に広がる壮大な景色を楽しみたい

交通information

JR函館駅からJR函館本線・特急北斗、はこだてライナーでJR新函館北斗駅まで20分、新幹線・はやぶさに乗り換えてJR新青森駅まで1時間、新青森駅からリゾートしらかみで弘前駅まで30分、鰺ケ沢駅まで1時間40分、十二湖駅まで3時間10分／JR青森駅からJR奥羽本線・特急つがるで弘前駅まで35分（普通で50分）／JR青森駅からリゾートしらかみで弘前駅まで40分、鰺ケ沢駅まで1時間50分、十二湖駅まで3時間15分

⬆推定樹齢400年のブナ巨木、マザーツリー

⬆十二湖の青池。吸い込まれそうに美しいブルー

⬆迫力ある岩肌が露出した日本キャニオン

十二湖散策コース ➡P.144
じゅうにこさんさくコース

ブナの自然林に大小33の湖沼が散在。それぞれに魅力的な湖沼をたどりながら歩く。

暗門渓谷ルート ➡P.146
あんもんけいこくルート

迫力ある3つの滝を巡る上級者向けのルート。暗門川沿いの変化に富んだ景観が楽しめる。

白神山地

白神山地の世界遺産に認定されたエリア

広大な白神山地のうち、世界自然遺産の登録地域は約1万7000ha。中心部の約1万haは核心地域、周辺の約7000haは緩衝地域と呼ばれる。核心地域の入山には事前申請が必要だが、緩衝地域は自由に入山可能。緩衝地域やその周辺でも、多種多様な植生や景観が見られる。

リゾートしらかみ ➡P.147

日本海の絶景を望む観光列車。車内では津軽三味線生演奏などのイベントも。

143

白神山地

津軽●白神山地

美しい湖と豊かなブナ林が圧倒する
十二湖散策コース

澄んだ湖沼が点在するブナの自然林をのんびり散策。
雄大な自然に心癒やされ、神秘的な光景に魅了される。

地震により形成された
大小33の個性的な湖沼群

　ブナ林に囲まれた33の湖沼を巡るコース。これらの湖沼は、江戸時代の大地震により川がせき止められてできたといわれ、特に青池が美しい。整備された散策路は初心者にも歩きやすいため人気。
MAP 付録P.17 D-1

START & GOAL
森の物産館キョロロ
もりのぶっさんかんキョロロ
MAP 付録P.17 D-1

十二湖観光の拠点となる施設。特産物販売や軽食コーナーのほか、有料駐車場やコインロッカーも完備。
☎0173-77-2781　所深浦町松神松神山国有林内　時季節により異なる　休12～3月　料無料
交JR十二湖駅から弘南バス・奥十二湖行きで15分、終点下車すぐ　Pあり(有料)

↑まるで青いインクを流し込んだよう。時間帯により青の濃淡が変化する

2 青池
あおいけ

神秘的な青色に感動

透き通った青色が美しい人気スポット。昼頃は透明度の高いブルー、午後はダークな青色となる。

1 鶏頭場の池
けとばのいけ

鏡のように澄んだ水面が印象的

その名のとおり、鶏のトサカのような形をした池。周囲には広葉樹の自然林が広がる。

↑風の穏やかな日は、水面が鏡のように周辺の景色を映し出す

地滑りと雪がもたらす白神山地の多彩な植物

白神山地には、ブナ林のほかにも多彩な植物群落がある。その多様性の要因は、独特の地形と気候にある。土砂や火山灰でできた白神山地の岩石は軟弱で、激しい隆起のたびに地滑りを繰り返し、断層の多い複雑な地形となった。そこへ大量の雪が降ると、雪崩が斜面を削り、崖下に雪が溜まる。一方、尾根は風で雪が飛ばされ、積雪はわずかとなる。結果、それぞれの環境に適応した豊かな植生が育まれた。

↑春はブナの根元から雪がとけ始める

144

3 ブナ自然林
ブナしぜんりん

すがすがしい空気に心が洗われる

青池を過ぎると、ブナの自然林に囲まれた散策路が約500mにわたって続く。樹齢100年を超える巨木も多い。

↑背の高いブナが大きく枝葉を広げている

4 沸壺の池
わきつぼのいけ

↑池のほとりに立つ桂の大木の根元に水源がある

青池に匹敵する抜群の透明度

透明度が極めて高く、澄みきった美しさは青池に引けを取らない。早朝は水面に霧がたちこめ、幻想的な光景に目を奪われる。

5 落口の池
おちくちのいけ

↑十二湖庵(茶屋)で抹茶を味わいながら、目の前の池を観賞できる

四季折々の風情が漂う

沸壺の池の水が流れ込んでおり、水深20mほど。夏はホタルが舞い、秋は紅葉が見事。

移動時間 ◆ 約40分

散策ルート

- 森の物産館キョロロ
  - ↓ 徒歩5分
- 1 鶏頭場の池
  - ↓ 徒歩5分
- 2 青池
  - ↓ 徒歩5分
- 3 ブナ自然林
  - ↓ 徒歩10分
- 4 沸壺の池
  - ↓ 徒歩5分
- 5 落口の池
  - ↓ 徒歩10分
- 森の物産館キョロロ

もっと十二湖と白神山地を知る

深浦町白神十二湖エコ・ミュージアム
ふかうらまちしらかみじゅうにこエコ・ミュージアム

MAP 付録P.17 D-1

ハイビジョン映像やジオラマなどの展示物を通して、十二湖や白神山地の自然を体感できる施設。自然体験や登山、森林セラピーなども開催している。

☎0173-77-3113
所 深浦町松神松神山1-3
時 9:00～17:00 休 月曜 交 JR十二湖駅から徒歩20分 P あり

十二湖の由来

33の湖沼群だが、崩山の中腹から眺めると12の池が見えるためこの名がついた。十二湖散策コース周辺にも見どころが点在する。

浸食崩壊により白い凝灰岩がむき出しになった大断崖を一望できる

十二湖に生息する動植物の資料を展示。幻の魚イトウの養殖場も併設

平成の名水百選にも選ばれた沸壺の池の清水で点てた抹茶が味わえる

本格的なログハウス14棟を備えた自炊型キャンプ場。うち5棟にはサウナも完備

十二湖散策コース

太古の自然に出会う旅

_{白神山地が楽しめる多彩な散策コース}

手軽な散策路から本格的なルートまで充実。コースへ一歩足を踏み入れると、緑あふれる大自然に包まれる。

世界遺産の径 ブナ林散策道コース
_{せかいいさんのみち ブナりんさんさくどうコース}

世界遺産登録地域内を気軽に散策

世界遺産緩衝地域内で唯一、ブナ林の中を気軽に散策できるコース。一周2km程度の大回りのほか、コンパクトな小回りコースがあり、初心者に最適。

MAP 付録P.17 F-2
問い合わせ アクアグリーンビレッジANMON ☎0172-85-3021

所要時間	小回り30分 大回り1時間10分
シーズン	5〜10月

散策の拠点
アクアグリーンビレッジANMON
_{アクアグリーンビレッジアンモン}

コース入口にある総合案内所。入浴施設やキャンプ場など、豊富な施設が備わる。

MAP 付録P.17 F-2
☎0172-85-3021
所 西目屋村川原平大川添417
営 9:00〜17:00(施設により異なる)
休 11月中旬〜4月下旬 料 無料
交 JR弘前駅から弘南バス・津軽峠行きで1時間30分、アクアグリーンビレッジANMON下車、徒歩1分 P あり

暗門渓谷ルート
_{あんもんけいこくルート}

所要時間	3時間
シーズン	7月上旬〜10月下旬

3つの滝を目指して川沿いを歩く

暗門川沿いを歩いて3つの滝を巡る上級者向けのルート。迫力ある滝をはじめ、変化に富んだ景観が楽しめる。通行届の提出が必要。

MAP 付録P.17 F-2
問い合わせ アクアグリーンビレッジANMON ☎0172-85-3021

白神山地のシンボルツリー
マザーツリー

推定樹齢400年のブナの巨木。樹高30m、胸高幹回り約4.7mおよび、「母なる木」として親しまれる。幹に触れると、力強い生命力が伝わってくる。

MAP 付録P.17 F-1
所 西目屋村鬼川辺国有林
交 アクアグリーンビレッジANMONから弘南バス・津軽峠行きで40分、終点下車、徒歩5分 ※弘南バスは6月上旬〜11月上旬運行 弘南バス☎0172-36-5061

水陸両用バスで湖面をゆく
ニシメヤ・ダムレイクツアー
_{ニシメヤ・ダムレイクツアー}

MAP 付録P.12 C-3

津軽白神湖を水陸両用バスで巡るツアー。春〜秋にかけて開催。

☎0172-85-3315(津軽白神ツアー)
所 西目屋村田代神田219-1 道の駅津軽白神インフォメーションセンター受付
休 水曜、ほか定休日あり 交 JR弘前駅から車で30分 P 66台
出発時間 9:30、10:50、13:15、14:40 所要時間 約50〜60分 料金 2500円
※予約は電話または公式HPから。乗車日の2カ月前の毎月1日より受付開始

↑津軽白神湖は深い森に抱かれたダム湖。陸上約40分、水上約20分の旅を

↑豪快に水しぶきを上げて湖へ入る瞬間は迫力満点

津軽の伝統にふれながら五能線を走る
リゾートしらかみの絶景

野趣に富んだ自然が織りなす
日本海沿いの絶景を眺めながら、
情緒あふれるローカル線の旅へ。

2016年に登場した車両「橅（ぶな）」編成
写真提供：JR東日本秋田支社

風光明媚な海岸を走る人気の観光列車

　リゾートしらかみは、JR五能線を経由して秋田駅〜弘前駅・青森駅を結ぶ観光列車。奇岩に白波が打ち寄せる日本海の風景が素晴らしく、一度は乗ってみたいローカル線として注目を集めている。郷土色豊かな車内イベントも楽しみのひとつ。全車指定席で、乗車日の1カ月前から予約できる。

MAP 付録P.17 D-1
☎050-2016-1600（JR東日本お問い合わせセンター）
🚃秋田・青森駅間 乗車券4510円、指定席券530円（通常期）

⊕日本海と十二湖の青池をイメージした車両「青池」編成（左）、夕日のように鮮やかな色合いの車両編成「くまげら」（右）

注目ポイント
**期間や車両限定で楽しめる
津軽ゆかりのパフォーマンス**

津軽三味線生演奏や津軽弁「語りべ」実演などの車内イベントが楽しめる。津軽の素朴な文化を間近で感じられるのが魅力。実施される期間や車両は限られるので、事前にチェックを。

⊕世相と風刺を取り入れた津軽弁の人形芝居
⊕古くから伝わる昔話を、津軽独特の方言でやさしく語る
⊕『津軽じょんから節』などを津軽三味線で演奏
写真提供：JR東日本秋田支社

五能線沿線にある津軽西海岸の絶景

千畳敷海岸 せんじょうじきかいがん
約200年前の地震により隆起してできた岩棚。約12kmにわたり独特の光景が広がる。

深浦海岸 ふかうらかいがん
美しい海岸線が連なり、春から秋にかけては日本海に沈む雄大な夕日が眺められる。

行合崎海岸 ゆきあいざきかいがん
奇岩に囲まれ、広い芝生に覆われた岬。6月中旬頃からニッコウキスゲが咲き誇る。

大間越 おおまごし
ゴツゴツとした岩や入り組んだ断崖が海岸沿いに続く。夕景スポットとしても人気。

太古の自然に出会う旅／リゾートしらかみ

147

多彩な文化にふれられる県都
青森 あおもり

新幹線の開通によりアクセスが便利になった街で、芸術や歴史に浸ってみたい。山海の恵みが味わえるグルメスポットも見逃せない。

津軽●青森

↑青森湾を望むA-FACTORYは、青森のおいしいものが集まるグルメ&ショッピングスポット

近代アートや豪快な夏の風物詩 縄文文化など魅力は尽きない

北に陸奥湾、南に八甲田山という海と山に囲まれ、明治4年(1871)に弘前より県庁が移されてから、青函連絡船や東北本線により、北海道と本州を結ぶ交通の要衝としても発展してきた。また、多くの芸術家を輩出し、青森県立美術館をはじめ、青森出身のアーティストの作品にふれられるスポットが充実。東北でも屈指の規模を誇る青森ねぶた祭や、縄文人の悠久の歴史探訪が楽しめる三内丸山遺跡など、見どころは多岐にわたる。

観光のポイント

青森県出身の芸術家の作品にふれる
青森県立美術館では、棟方志功や奈良美智、成田亨、寺山修司などの作品を収蔵、展示

縄文文化や伝統の祭りに親しむ
縄文集落跡の三内丸山遺跡センターを訪ねたり、夏には青森ねぶた祭を堪能できる

交通information

JR函館駅からJR函館本線・特急北斗、はこだてライナーでJR新函館北斗駅まで20分、新幹線・はやぶさに乗り換えてJR新青森駅まで1時間、JR奥羽本線・普通に乗り換えてJR青森駅まで5分/JR弘前駅からJR奥羽本線・特急つがるでJR新青森駅まで30分(普通で40分)、JR青森駅まで35分(普通で50分)

海沿いのショップで買い物を楽しむ
JR青森駅周辺のウォーターフロント、A-FACTORYや青森県観光物産館アスパムでショッピングが楽しめる

↑東北三大祭りのひとつ、青森ねぶた祭

↑青森の特産品が揃う青森県観光物産館アスパム

↑ベイブリッジにも青森の頭文字「A」が

青森県観光物産館 アスパム　➡P.162
あおもりけんかんこうぶっさんかんアスパム

青森の「A」をイメージした正三角形の建物で、観光と物産の拠点。展望台もある。

A-FACTORY　➡P.162
エーファクトリー

青森のおいしい食材が集まる。市場と工房を兼ね、ガラス越しにシードルの醸造工程の一部を見学できる。

三内丸山遺跡　➡P.152
さんないまるやまいせき

国の特別史跡に指定されている遺跡で日本最大級の縄文集落跡（縄文時代前期〜中期）。

青森県立美術館　➡P.150
あおもりけんりつびじゅつかん

青森ゆかりの作家の作品を中心に展示。建築や空間などの細部のこだわりも魅力。

| WALKING & SIGHTSEEING |
| 歩く・観る |

シンボル的な存在
あおもり犬
あおもりけん

海外でも評価されている青森県弘前市出身の美術家、奈良美智氏の立体作品。高さは8.5mもあり、地下2階に展示されている。

➡ 屋外に展示されており、開館時間中は、「あおもり犬連絡通路（降雪期間閉鎖）」を経由して直接触れることや、写真撮影も可能

注目したい人物
美術家・奈良美智
日本の現代美術界を代表する作家のひとり。青森県立美術館では、『あおもり犬』のほか、多くの作品を収蔵展示している。

©Yoshitomo Nara 2005年

津軽●青森

個性あふれる青森の芸術を世界へ発信
青森県立美術館
あおもりけんりつびじゅつかん

スタイリッシュな建物に、青森県出身の芸術家の作品が集結。アートの新しい魅力を伝える、文化都市を象徴する美術館だ。

斬新な建築デザインも魅力でアートを身近に感じられる工夫も

日本最大級の縄文遺跡である三内丸山遺跡(P.152)に隣接。棟方志功、奈良美智、成田亨、寺山修司など、地元ゆかりの個性豊かな作家の作品のほか、巨匠シャガールのバレエ『アレコ』の舞台背景画など、洋画や日本画、現代アートまで幅広い収蔵品を誇る。

新青森駅周辺 MAP 付録P.18A-4
☎ 017-783-3000 ㊙ 青森市安田近野185
⏰ 9:30～17:00（入館は～16:30）
㊡ 第2・4月曜（祝日の場合は翌日、企画展開催、展示替えなどの場合は変更あり）
💴 510円（企画展は別料金） 🚃 JR新青森駅からあおもりシャトルdeルートバス（ねぶたん号）で11分／JR青森駅から青森市営バス・三内丸山遺跡線で20分、県立美術館下車すぐ 🅿 あり

独特の風貌を持つ少女たちが有名
奈良美智展示室
ならよしともてんじしつ

1998年から奈良美智作品の収蔵を始め、有名な挑むような目つきの女の子の作品など現在170点余りを所蔵。

➡ ドローイングから立体作品まで、さまざまな作品が鑑賞できる

©Yoshitomo Nara

奈良美智氏の立体作品
八角堂
はっかくどう

美術館南側のトレンチにある八角形の小さな展示スペース。天井のない八角形の空間に作品が設置され、誰でも無料で鑑賞できる。

Photo:©Yuki Morishima(D-CORD)
Artwork:©Yoshitomo Nara

『Miss Forest / 森の子』
2016年に開館10周年記念で八角堂の内部に設置された、奈良美智氏によるブロンズ像。訪れる人に何かを語りかけるようなたたずまいが印象的だ

Photo:©Yuki Morishima (D-CORD)
Artwork:©Yoshitomo Nara 2016年

世界のムナカタの作品を紹介
棟方志功展示室
むなかたしこうてんじしつ

昭和31年(1956)、ヴェネツィア・ビエンナーレで日本人として初の国際版画大賞を受賞した版画作品をはじめ、雄渾な倭画や油絵などを展示。

『花矢の柵』
アイヌに伝わる儀式をテーマに自然と人への礼賛を表現した「板壁画」と呼ばれる大型の作品

注目したい人物

板画家・棟方志功
明治36年(1903)、青森市生まれ。川上澄生の木版画に感銘を受け、版画を「板画」と称して独自の世界を築き上げた板画家。昭和45年(1970)には文化勲章を受章。

↑青森が生んだ世界的巨匠、棟方志功の代表作を中心に展示している

個性的で多彩な原画の数々
成田亨コレクション
なりたとおるコレクション

絵画、彫刻、特撮美術など多ジャンルで活躍。『ウルトラQ』『ウルトラマン』『ウルトラセブン』に登場するヒーローやメカ、怪獣、宇宙人のデザイン原画計189点を所蔵している。

注目したい人物

彫刻家・成田亨
青森県出身のデザイナー、彫刻家。ウルトラシリーズでヒーローや怪獣たちのデザインのほか、油彩画や彫刻の作品発表も行っている。

『ウルトラマン』
今も語り継がれるウルトラシリーズで不動の人気を誇る国民的ヒーロー

シャガールの世界に浸る
アレコホール

美術館の中心に設けられた4層吹き抜けの巨大な空間に、シャガールが手がけた、バレエ『アレコ』の舞台背景画全4作品が展示されている。

↑演奏会のほか多くのイベントも開催
©ADAGP, Paris & JASPAR, Tokyo, 2021, Chagall® E4205

『第1幕 月光のアレコとゼンフィラ』
『アレコ』の背景画。幅約15m、高さ約9mという大きな作品だ

注目したい人物

画家・シャガール
20世紀のロシア出身のユダヤ系フランス人画家。2度の世界大戦などさまざまな苦難に遭いながらも、豊かな色彩感覚で、愛や結婚をテーマにした作品を数多く残した。

青森県立美術館

館内の立ち寄りスポット

Cafe 4匹の猫
カフェ よんひきのねこ

公園に突き出た2階東ウイングにあり、青森県産の食材を使ったメニューが揃う。美術館の企画展や催し物に合わせたメニューなども。

↑人気メニューのあべ鶏とあおもりリンゴのカレー1180円

MAP 付録P.18 A-4
☎017-761-1401 ⏰10:30〜16:30(LO16:00)
休要問い合わせ

ミュージアムショップ

青森県出身の作家の作品をモチーフにしたオリジナルグッズをはじめ、デザイン雑貨やおしゃれな文房具、美術関連書籍などを販売している。

MAP 付録P.18 A-4
☎017-761-1420
⏰9:30〜17:00 休美術館に準ずる

©Yoshitomo Nara
↑『あおもり犬』をモチーフにした「あおもり犬貯金箱」各4950円

151

大型掘立柱建物 おおがたほったてばしらたてもの
三内丸山遺跡のシンボルのような存在で、6本柱の巨大な櫓が復元されているが、用途や目的についてはまだ解明されていない

縄文ロマンへ誘う日本最大級の縄文集落跡
三内丸山遺跡
さんないまるやまいせき

津軽●青森

壮大なスケールを誇る縄文遺跡で、縄文時代の印象を変えた住居跡や出土品から、当時の人々の暮らしに思いを馳せたい。

大型竪穴建物 おおがたたてあなたてもの
長さ約32m、幅約10mの大型竪穴建物が復元されている。集会所、共同作業所、共同住宅などであったと考えられている
❷大型竪穴建物は内部の見学もできる〈三内丸山遺跡センター所蔵〉

膨大な数の出土品から縄文時代の暮らしを解明

沖館川右岸の河岸段丘上に立地する縄文時代前期から中期（約5900～4200年前）の大規模集落跡。1992年から本格的な発掘調査が行われ、竪穴建物跡や数多くの土器や土偶などが見つかっている。

新青森駅周辺 MAP 付録P.18 A-4
☎017-766-8282（三内丸山遺跡センター）
所 青森市三内丸山305
開 9:00～17:00（GW・6～9月は～18:00）
休 第4月曜（祝日の場合は翌日）
料 410円
交 JR新青森駅からあおもりシャトルdeルートバス（ねぶたん号）で17分／JR青森駅から青森市営バス・三内丸山遺跡線で30分、三内丸山遺跡前下車すぐ Pあり

注目ポイント
無料ガイドツアーを実施
遺跡のことをわかりやすく解説してくれるガイドツアーもおすすめ。
開 9:15、10:00～16:00（4・7・10～3月は～15:30）の間で1時間おきに実施
所要 50分 ※10人以上の場合は要予約

南盛土
みなみもりど
約1000年かけてできたもので、土器や石器のほか、土偶などが出土している

〈三内丸山遺跡センター所蔵〉

子どもの墓 こどものはか
土器に遺体を入れ埋葬する。これまでに800基以上の子どもの墓が見つかっている

〈三内丸山遺跡センター所蔵〉

掘立柱建物
ほったてばしらたてもの
地面に穴を掘り、柱を立てた跡。高床式の建物と考えられ、復元されている

縄文時遊館 じょうもんじゆうかん
縄文時代を満喫できる施設で、縄文時代の生活や文化を体感できる「さんまるミュージアム」や体験工房、縄文シアターやレストラン、ショップなどがある。

さんまるミュージアム
出土した遺物約1700点を展示するほか、プロジェクションマッピング上映も行われる。

〈三内丸山遺跡センター所蔵〉

体験工房
たいけんこうぼう
ものづくりを通して、縄文時代を楽しめるメニューを用意。
料 220円～ 所要 30分～

れすとらん 五千年の星
れすとらん ごせんねんのほし
縄文人が食べていたと思われる食材をメニューに取り入れている。
☎017-782-5001
営 10:30～17:00（LO、11～4月は～16:30LO）、食事11:00～15:00（LO、11～4月は～14:00LO）

フィナーレには、受賞したねぶたが船に載せられ、海上を運行し、約1万1000発の花火が夜空を彩る

極彩色の灯籠と人々の乱舞。夏の夜の歓喜！
青森ねぶた祭 躍動の夜

8月2〜7日

1年がかりで制作される絢爛豪華なねぶたと、エネルギッシュな跳人(はねと)の踊り、お囃子と人々のかけ声が、北国の短い夏の夜を熱狂の渦に巻き込む。

重さ4tもある巨大なねぶたと大勢の跳人たちが街に繰り出す

毎年8月2〜7日に開催される夏祭りで、期間中250万人の観光客が訪れる。神話、三国志や水滸伝などの武者物、歌舞伎などを題材にした巨大な人型の灯籠を載せた山車の運行と、華やかな衣装をまとい、お囃子に合わせて踊る跳人(はねと)が祭りを盛り上げる。

☎ 017-723-7211（青森観光コンベンション協会）
青森駅周辺 MAP 付録P.19 D-2

ねぶた祭を体感できる博物館
ねぶたの家 ワ・ラッセ
ねぶたのいえ ワ・ラッセ

吹き抜けのねぶたホールには迫力ある大型ねぶた4台を常設展示。一年中ねぶた祭を体感することができる。

青森駅周辺 MAP 付録P.18 B-1
☎ 017-752-1311　所 青森市安方1-1-1
開 9:00〜18:00(5〜8月は〜19:00)　休 8月9・10日　料 620円　交 JR青森駅からすぐ　P あり

↪ ねぶた祭の歴史や魅力を紹介（写真提供：ねぶたの家 ワ・ラッセ）

見学 information

開催スケジュール
8月1日
18:00〜21:00　ねぶた祭前夜祭
8月2〜3日
19:10〜21:00　子どもねぶた、大型ねぶたの運行
8月4〜6日
19:10〜21:00　大型ねぶたの運行
8月7日
13:00〜15:00　大型ねぶたの運行
19:15〜21:00　ねぶた海上運行、青森花火大会
　　　　　　　（会場／青森港）

開催場所
JR青森駅周辺の国道4・7号、新町通、八甲通、平和公園通で囲まれたエリアが運行コース。最終日は青森港から海上運行する。

有料観覧席
8月2〜6日の各日と7日の昼ねぶた＆夜花火大会セット券の観覧席券などを販売。

衣装レンタル
市内の呉服店や貸衣装店などで衣装をレンタルすれば、跳人として祭りに参加できる。着付けセットは2500〜4000円程度で、予約も可。

最終夜の海上運行
ねぶた大賞などを受賞した6台ほどのねぶたが、花火大会が行われている青森港から海上運行し、花火とともにフィナーレを飾る。

ねぶた祭のここに注目

跳人 はねと
「ラッセラー・ラッセラー」と声をかけながら、大型ねぶたと一緒に跳ね歩き、祭りを盛り上げる。

化人 ばけと
奇抜な衣装やメイクで登場し、祭りを笑いで盛り上げる。沿道の観客から拍手喝采を浴びることも多い。

囃子方 はやしかた
笛、太鼓、手振り鉦のお囃子からなる。団体ごとに揃いの半天姿で賑やかに奏でる。

扇子持ち せんすもち
ねぶたの曳き手に、扇子で進行方向や回転などの指示を与え、見物客にもねぶたをアピールする。

青森の見どころ
青森県の歴史や文化に親しむならこちらへ
青森をもっと楽しむ

本州最北端の県庁所在地は、歴史と芸術が薫る文化都市。
豊かな自然環境を背景にした青森ならではの観光スポットや立ち寄りスポットは多彩で、知られざる青森の魅力にも出会える可能性は無限大。

青森県立郷土館
あおもりけんりつきょうどかん
本町 MAP 付録P.19 D-2
青森の自然や歴史、文化を紹介

遮光器土偶(P.132)で知られる亀ヶ岡遺跡の出土品をはじめ、リンゴをテーマにした常設展示やイタコの信仰を紹介する民俗部門など、8つの展示室で青森県を多角的に紹介している。

☎017-777-1585 所青森市本町2-8-14
営9:00〜18:00(11〜4月は〜17:00) 休不定休 料310円(1・2月は250円、特別展は別料金) 交JR青森駅から青森市営バス・新町経由各路線で5分、新町二丁目下車、徒歩8分 Pあり
※2021年度は通年で休館中

↑庶民の生活を中心に農林漁業の道具をはじめ、祭りや民間信仰に関する資料を展示し、庶民の暮らしぶりを紹介する民俗展示室

↑自然展示室では、動物や植物のジオラマなどが展示され、青森県の自然体系が学べる

↑古墳時代から現代史に至るまで波乱に満ちた郷土の歩みを紹介する

青森県近代文学館
あおもりけんきんだいぶんがくかん
荒川 MAP 付録P.13 E-2
県を代表する作家を紹介

青森県を代表する作家、太宰治(P.140)、寺山修司、秋田雨雀、三浦哲郎、石坂洋次郎などをパネルや年表、自筆原稿などで紹介している。

☎017-739-2575 所青森市荒川藤戸119-7 県立図書館2F 営9:00〜17:00 休第4木曜、奇数月第2水曜 料無料 交青森駅から青森市営バス・青森朝日放送行きほかで20分、社会教育センター前下車すぐ Pあり
※2021年度は通年にわたり休館

↑日本の近代文学に影響を与えた青森県出身の13人の作家の資料が展示されている

青森公立大学 国際芸術センター青森
あおもりこうりつだいがく こくさいげいじゅつセンターあおもり
合子沢 MAP 付録P.13 E-2
青森から芸術文化を発信

アーティスト・イン・レジデンスプログラムを中心に、芸術体験の場を提供している。豊かな自然のなか、野外彫刻などをたどる散策路もある。

☎017-764-5200 所青森市合子沢山崎152-6 営9:00〜19:00(展覧会期間中10:00〜18:00) 休大学入学試験に関わる日程 料無料(ワークショップは別料金) 交JR青森駅から青森市営バス・モヤヒルズ・青森公立大学行きで40分、青森公立大学下車、徒歩3分 Pあり

↑世界的に活躍している建築家・安藤忠雄氏による設計

青森市森林博物館
あおもりししんりんはくぶつかん
青森駅周辺 MAP 付録P.18 B-3
ストーリー性のある展示

明治41年(1908)建築の青森営林局庁舎を利用し、森林生態系や木材加工技術、伝統的な林業用具、日本最初の森林鉄道などを8つの展示室で紹介。

☎017-766-7800 所青森市柳川2-4-37 営9:00〜16:30 休月曜(祝日の場合は翌日) 料250円 交JR青森駅から徒歩15分 Pあり

↑主に青森県産ヒバ材を使ったルネサンス式木造建築

北洋硝子
ほくようがらす
富田 MAP 付録P.18 A-3
伝統工芸の津軽びいどろ

色鮮やかで流麗なガラス製品、「津軽びいどろ」を制作販売。古くから伝わる「宙吹き」などの技法で作られる津軽びいどろの制作工程も見学できる(要予約)。

☎017-782-5183 所青森市富田4-29-13 営9:00〜16:00 休日曜、祝日、土曜不定休 交JR青森駅から車で10分 Pあり

↑色合いにこだわったハンドメイドのガラス製品が揃う

青函連絡船 メモリアルシップ 八甲田丸
せいかんれんらくせん メモリアルシップ はっこうだまる
青森駅周辺 MAP 付録P.18 B-1

連絡船を利用した海上博物館

青函航路の青森発最終便となった青函連絡船八甲田丸を利用した日本初の鉄道連絡船ミュージアム。車両甲板や操舵室、エンジンルームなどを展示し、連絡船の歴史を紹介。

☎017-735-8150
所 青森市柳川1-112-15
時 9:00〜19:00(入場は〜18:00)
11〜3月9:00〜17:00(入場は〜16:30)
休 11〜3月の月曜(祝日の場合は翌日)、3月第2週の月〜金曜
料 船内見学510円
交 JR青森駅から徒歩5分 P あり

↑八甲田丸は昭和39年(1964)に就航し、歴代の青函連絡船のなかで23年7カ月と現役期間が最長。青函連絡船の最終航行船の大役も務めた

↑4階操舵室。パノラマの眺望が楽しめる煙突展望台がある

↑3階青函鉄道連絡船記念館では、連絡船などの模型や資料を展示

善知鳥神社
うとうじんじゃ
青森駅周辺 MAP 付録P.18 C-2

青森市発祥の地とされる

大同2年(807)、坂上田村麻呂の再建と伝えられ、江戸時代初期、青森総鎮守の社となった。青森市の街づくりはこの神社を中心に行われた。

☎017-722-4843
所 青森市安方2-7-18
時 休 料 境内自由
(お守りなどの授与は9:00〜17:00)
交 JR青森駅から徒歩10分
P あり(有料)

↑善知鳥とは昔この地にいた鳥の名前で、青森市の前身の呼び名

↑商売繁栄や安全、厄除けとして今も信仰されている龍神之水

360°3Dシアター
さんびゃくろくじゅうどスリーディーシアター
青森駅周辺 MAP 付録P.18 C-1

祭りと大自然を体感

国内最大級の360度スクリーンで、青森県が持つ魅力をダイナミックな映像で楽しめる。1回の上映は約15分間で、プログラムは四季と祭りの2部構成。

☎017-735-5311(青森県観光物産館アスパム)
所 青森市安方1-1-40
時 10:00〜17:00の間で30分おきに上映
休 公式HPを確認 料 650円
交 JR青森駅から徒歩8分
P 150台(有料)

↑四季の映像は4パターンあるので、事前に公式HPで確認を

↑高画質映像と立体音響の大迫力
ねぶた制作:竹浪比呂央

青森が誇る巨匠・棟方志功
むなかたしこう

「わだばゴッホになる」。21歳で上京した青森の青年が世界の巨匠に。

青森市の鍛冶屋の家に生まれ、青年時代にゴッホの絵画に感動し、「ゴッホになる」と画家を目指す。昭和31年(1956)、ヴェネツィア・ビエンナーレに『湧然する女者達々』などを出品し、日本人初の国際版画大賞を受賞した。昭和44年(1969)、青森市から名誉市民第一号を授与された。

棟方志功記念館
むなかたしこうきねんかん

棟方志功の文化勲章受章を記念し昭和50年(1975)に開館。代表作の板画『二菩薩釈迦十大弟子』をはじめ、倭画や油絵などのほか、板木や彫刻刀・筆などの愛用品も展示している。

松原 MAP 付録P.10 F-3
☎017-777-4567 所 青森市松原2-1-2 時 9:00(11〜3月9:30)〜17:00 休 月曜(祝日の場合は開館) 料 550円(特別展は別料金) 交 JR青森駅から青森市営バス・中筒井方面行きで15分、棟方志功記念館通り下車、徒歩4分 P 29台

↑校倉造りを模した建物は、池泉回遊式の庭園と調和している

↑2012年には鎌倉市にあった棟方板画館と合併し、497作品1112点が移管され、国内最多の収蔵を誇る

青森をもっと楽しむ

奥津軽ドライブ

雄大な眺めを求めて周遊
津軽半島の旅

高野崎までの海岸線から龍飛崎の展望台へ続く山岳道路、穏やかな十三湖など、自然豊かな絶景コースを楽しめる。

↑龍飛崎と小泊を結ぶ竜泊ライン。変化に富んだ絶景が続くドライブコース

↑岩場へと続く潮騒橋と渚橋は満潮時は渡れない

① 高野崎
たかのさき

MAP 付録P.12 B-1

荒々しくも美しい景勝地

奇岩・怪岩が突き出た迫力ある景勝地。荒々しく波打つ豪快な風景は見応え十分。夕日のスポットとしても人気がある。

☎0174-35-3005(今別町産業観光課)
所 今別町袰月 休 料 見学自由 交 JR奥津軽いまべつ駅から車で20分 P あり

② 龍飛崎
たっぴざき

MAP 付録P.12 A-1

津軽半島最北端にある岬

津軽半島の突端。龍も飛ぶほどの強い風が吹くことが名前の由来。全国唯一の階段国道である国道339号が走っている。

☎0174-31-1228(外ヶ浜町産業観光課)
所 外ヶ浜町三厩龍浜 休 料 見学自由 交 JR奥津軽いまべつ駅から車で30分 P あり

↑頂上の展望台からは眼下に龍飛漁港、その先には北海道まで見渡すことができる

注目ポイント
日本で唯一存在する国道指定の階段

日本で唯一の、国道として指定されている階段。362段の細い階段には国道339号の標識も立っている。総延長は388mあり、階段の上からの景色も抜群。
⇒片道約15分。駐車場に車を停めて散策を

津軽●青森

3 十三湖
じゅうさんこ
MAP 付録P.12 C-1

貴重な鳥類とシジミの宝庫

岩木川をはじめ、13の河川が流れ込んでいるからなど、名前の由来には諸説ある湖。天然記念物のオオワシなど貴重な鳥類が生息している。

☎0173-38-1515(五所川原市観光協会)
所 五所川原市十三　休 無 見学自由
交 JR奥津軽いまべつ駅から車で40分　P あり

↑良質なヤマトシジミの産地としても知られる

名物グルメをチェック

しじみ亭 奈良屋
しじみていならや

十三湖の名物ヤマトシジミを多彩な料理で提供する。しじみ料理セットの「しじみ三昧」や釜めし、チャウダーが人気。

MAP 付録P.12 C-1

☎0173-58-3581　所 中泊町今泉唐崎255
営 9:00〜18:00 食事処10:00〜17:00
休 水曜　交 JR奥津軽いまべつ駅から車で30分
P あり

↑ミニ釜飯、ミニしじみらーめんなど9品が付く、しじみづくし1870円

おすすめドライブルート
移動時間 ◆ 約4時間30分

龍飛崎周辺は絶景と、ご当地グルメなど食も楽しめる。カーブが多いので運転には注意したい。

JR青森駅
ジェイアールあおもりえき

↓ 国道280号経由
55.4km／1時間10分

1 高野崎
たかのさき

↓ 国道280・339号経由
26.3km／40分

2 龍飛崎
たっぴざき

↓ 国道339号(竜泊ライン)経由
35km／50分

3 十三湖
じゅうさんこ

↓ 県道12・228号経由
19km／25分

4 髙山稲荷神社
たかやまいなりじんじゃ

↓ 県道2号、国道339・101・7号経由
61km／1時間20分

JR青森駅
ジェイアールあおもりえき

---

4 髙山稲荷神社
たかやまいなりじんじゃ
MAP 付録P.12 C-1

緑豊かな庭園に連なる圧巻の千本鳥居

五穀豊穣、海上安全、商売繁盛の神様として江戸時代から信仰されてきた神社。龍神宮から神明社をつなぐ千本鳥居の眺めは必見。

↑参道から約100段の階段を上がってようやく本殿へ

☎0173-56-2015
所 つがる市牛潟町鷲野沢147-1
休 無 境内自由
交 JR奥津軽いまべつ駅から車で45分
P あり

↓朱色に連なる千本鳥居と、四季折々の花を咲かせる庭園のコントラストはおとぎの国のよう

津軽半島の旅

GOURMET 食べる

嗜好に合わせた料理を提供
思い出となる楽しい時間を

フランス料理

レストラン ラヴィ

橋本 MAP 付録P.19 E-2

店名は「時間」「人生」という意味。料理を楽しんで食べて人生の思い出のひとコマに、という思いを込めた店だ。地産地消を基本に、予約段階や来店した時点で客の嗜好に合わせて料理を提供してくれる。

↑4000円コースより。海の幸のマリネ、真鯛のローストバターソース、帆立貝と小海老のパイ包み焼き、デザート、パン、飲み物付き

おすすめメニュー
オリジナルコース
4000円

↑清潔感のあるシンプルで明るく広い店内。小パーティもできる(左)。入口正面にテラス、一部レンガを使用したおしゃれな外観(右)

☎017-777-1757
所 青森市橋本1-8-19
営 11:00～14:00 17:00～22:00(LO21:00)
休 日・月曜
交 JR青森駅から青森市営バス・東部方面線／南部方面線で6分、NTT青森支店前下車、徒歩5分
P あり

予約 可
予算 L 1500円～
　　 D 2500円～

津軽●青森

季節を味わう幸福の美食旅へ
フレンチ&イタリアンの名店

青森の食材をこよなく愛するシェフが生み出す料理は、どれも素材の味を存分に引き立てている。口の中に広がる四季折々の味わいや、海、山に囲まれた青森が誇る豊かな食文化を楽しみたい。

自然派ワインを楽しみながら
厳選された季節の素材を味わう

イタリア料理

アル・チェントロ

青森駅周辺 MAP 付録P.18 C-3

青森市の中心街から少し離れた場所にあるイタリアンレストラン。「ヴァン・ナチュール(自然派ワイン)を楽しむための料理を」と、厳選された県産食材を使用し、素材の味を生かした季節料理を提供している。

☎017-723-5325
所 青森市長島2-15-2
営 18:00～22:00 (LO20:30)
休 日曜
交 JR青森駅から徒歩17分
P あり

↑入口の白い石壁が目を引くシックな建物

↑目にも鮮やかな季節のデザートがフィナーレを彩る

↑店内中央の存在感あるワインセラーにはヴァン・ナチュールが並ぶ

↑手間を惜しまず、それでいて手を加えすぎない、素材の良さを最大限に生かした料理。コンフィやパスタソースなどは通信販売も

予約 要
予算 D 5800円～
(別途コペルト500円)

おすすめメニュー
ディナーコース
5800円～
(別途コペルト500円)

↑煮穴子の一本握り、ウニ、中トロ、アワビなど夜だけの豪華な寿司盛り合わせ。味噌汁の付くセットで、プラス180円で十三湖シジミ汁などに変更可能

おすすめメニュー
スペシャルセット八甲田
2960円

リーズナブルな価格で
四季折々の本格寿司を

鮨処 あすか 新町店
すしどころ あすか しんまちてん

青森駅周辺 MAP 付録P.18 B-2

新鮮な旬の食材を毎朝厳選し、熟練の職人が握る寿司は質が良く、ボリュームも文句なしの満足感。青森ならではの一品料理や地酒も豊富に取り揃える。

☎017-723-5000
所 青森市新町1-11-22
営 11:30～14:30(LO14:00) 17:00～22:00(LO21:30) 休 火曜 交 JR青森駅から徒歩5分 P 10台

↑青森駅から続く新町通りに面しており気軽に立ち寄れる

↑個室ダイニングもあり。写真は8名「ばらの間」

北国の四季と巧みな手仕事
極上寿司で
旬の味覚を堪能

こだわりの食材とおもてなしが評判の名店をご案内。
職人の確かな技が光る青森の旬の一貫をいただく。

↑職人技を目の前で見られるカウンター席。少人数でも居心地がよい店内

予約 望ましい
予算 L 1500円～
     D 2500円～

フレンチ&イタリアン／極上寿司

笑顔と元気がモットー
居心地のいい寿司店

一八寿し
いっぱちずし

青森駅周辺 MAP 付録P.18 C-2

昭和39年(1964)創業の寿司屋。暖簾をくぐると職人たちが威勢のいい声で迎えてくれる。素材にこだわった寿司はもちろん、気持ちのよい接客に惚れ込んでリピーターになる人も多い。

☎017-722-2639
所 青森市新町1-10-11
営 11:30～14:30 16:00～22:00
(日曜、祝日は～21:00)
休 第2・4日曜
交 JR青森駅から徒歩7分 P なし

↑立派な店構えとは裏腹に手ごろな値段設定がうれしい

↑アットホームな店内は団体のみならず、一人でも居心地がいい

おすすめメニュー
にぎり 松 2200円

↑味を最優先するからこそ、地元産を中心にときには県外の旬の素材も提供。県産米とブレンドしたシャリがさっぱりしていて食べやすい

予約 望ましい
予算 L 1000円～
     D 3000円～

津軽弁が飛び交う市場で人気の「のっけ丼」を食べる

青森のっけ丼 青森魚菜センター内
あおもりのっけどん あおもりぎょさいセンターない

青森駅周辺 MAP 付録P.18 B-2

三方を海に囲まれ、陸奥湾をも抱える青森県。その旬の魚介類が揃うのがこの市場だ。その日獲れた魚介が買えるだけでなく、食べたい具材を選んで「のっけ丼」としても食べられるとあって人気を呼んでいる。

☎ 017-763-0085
⌂ 青森市古川1-11-16　⏰ 7:00〜15:00（店舗により異なる）　休 火曜
🚃 JR青森駅から徒歩5分　P なし

↑市民や市内の飲食店のほか、今では多くの観光客もやって来る

↑約30店舗が並ぶ店内からはカッチャ（市場で働く女性）たちの津軽弁が聞こえてくる

予約	不可
予算	750円〜

のっけ丼
案内所で750円か1500円の食事券を購入し、それぞれの店で具材を求め丼にのせていく

青森市民が親しむご当地グルメ

AOMORI 郷土の味

自分で好きな具材を選んで作るオリジナルの海鮮丼や、煮干しスープから生まれる多様な味わいの津軽ラーメンは、食べ比べをするのが楽しい。

↑じゃっぱ汁740円。真鱈の頭や中骨などを味噌仕立てで煮込んだもの。魚一尾を余すことなく食べる伝統料理

予約	可
予算	1100円〜

昔ながらの郷土料理を陸奥湾を望むお座敷で

みちのく料理 西むら アスパム店
みちのくりょうり にしむらアスパムてん

青森駅周辺 MAP 付録P.18 C-1

季節の新鮮素材を一流の料理人が毎日厳選して仕入れ、ひとつひとつ心を込めて仕上げている。地元青森の蔵元が良質な米と水で造り上げた酒も多数取り揃えており、郷土料理や魚介類とも相性抜群。

☎ 017-734-5353
⌂ 青森市安方1-1-40 青森県観光物産館アスパム10F
⏰ 11:00〜15:30（LO15:00）
休 施設に準ずる　🚃 JR青森駅から徒歩8分
P 150台（有料）

↑ほたて貝焼味噌920円。ホタテの貝殻にぶつ切りしたホタテをたっぷりのせ、だし汁で味を調えた料理

粥の汁 620円
野菜や山菜、こんにゃくや油揚げなどを小さく刻んだ精進料理。津軽の伝統的な小正月の一品

↑天候の良い日には北海道が見えることもある、海側の「にしんの間」

↑津軽風の絵や方言の暖簾・民芸品に囲まれ、青森市街や八甲田を一望できる「たらの間」

県産小麦を使用した
こだわり麺と昔ながらの味

煮干し中華専門店
つじ製麺所
にぼしちゅうかせんもんてん つじせいめんじょ

青森駅周辺 MAP 付録P.18 B-2

↑駅近くにあり、観光客も多く訪れる

メニューに合わせた麺を作る、まさに製麺所のようなラーメン店。県産小麦を使用し、地産地消にも力を入れている。ていねいに時間をかけてとった煮干しだしは独特の臭みやえぐみがなく、自家製麺と相性抜群。

☎017-721-2690
所 青森市古川1-10-9-1 青森センターホテル1F
営 11:00〜14:45(LO) 17:30〜18:45(LO)
土・日曜、祝日11:00〜15:15(LO)
休 水曜 交 JR青森駅から徒歩5分
P 青森センターホテル駐車場利用

↑広めの店内だが、ピークの時間帯は常に混み合う

| 予約 | 不可 |
| 予算 | 580円〜 |

あっさり煮干し中華そば
580円
透き通ったスープは煮干しと昆布の合わせだし。卵不使用の麺を使っている

| 予約 | 不可 |
| 予算 | 700円〜 |

こく煮干し
800円
煮干しの旨みを存分に堪能できる一杯。麺の太さもお好みで選ぶことができる

煮干し通を唸らす
濃厚煮干しラーメン

長尾中華そば
西バイパス本店
ながおちゅうかそば にしバイパスほんてん

新青森駅周辺 MAP 付録P.18 A-3

↑西バイパス本店のほか青森県内に5店を展開

今や定番の濃厚煮干しラーメンを広めた同店。こだわりのスープはヒラゴをベースに4種類のイワシをブレンドしてだしをとる。「煮干しラーメンのうまさを広めたい」という店主の思いが感じられる味だ。

☎017-783-2443
所 青森市三好2-3-5 営 7:00〜21:00(LO20:45、スープが無くなり次第終了)
休 月曜(祝日の場合は翌日)
交 JR新青森駅から徒歩15分
P 共用駐車場利用

↑壁にはカップラーメンの蓋がコレクションされている

津軽三味線の演奏が響く食事処へ

津軽の味・音・人
すべてを堪能できる店

りんご茶屋
りんごちゃや

本町 MAP 付録P.19 D-2

| 予約 | 望ましい |
| 予算 | 3000円〜 |

郷土料理を味わいながら、生の津軽三味線と民謡を聴くことができるアットホームな居酒屋。料理に舌鼓を打ちながら、生演奏と女将さんの軽快な津軽弁に耳を傾ける。つい長居してしまう居心地のよい空間だ。

☎017-776-7402
所 青森市本町2-4-2
営 18:00〜23:00
休 日曜
(祝前日の場合は要問い合わせ)
交 JR青森駅から徒歩18分
P なし

↑生演奏は毎日約30分。お通し代1100円と料理代で堪能できる

↑看板は創業時から愛用し続けている年代物

おすすめメニュー
イカメンチ 800円
貝焼き味噌 880円
※イカメンチは仕入れ状況により提供できない場合あり

↑イカメンチ(右)は刻んだイカを野菜と一緒に揚げた一品、貝焼き味噌(左)はホタテの貝殻で具と味噌を煮込んで卵でとじた料理

↑女将さんとの会話を楽しめるカウンター(左)、小上がりの座席も用意されている(右)

AOMORI 郷土の味

161

SHOPPING 買う

アップルブランデー
3646円(200mℓ)
青森県産リンゴをフランス製のシャラント式蒸留装置で蒸留
A-FACTORY（フードマルシェ）

エーファクトリー アオモリシードル
1848円(750mℓ)
館内醸造のアオモリシードルはアルコール度数により3種類
A-FACTORY（フードマルシェ）

とまとけちゃっぷ
580円(280g)
蓬田村産「桃太郎トマト」をケチャップに。塩分控えめでやさしい味
青森県観光物産館アスパム（青森県地場セレクト）

青森県の名菓&名産を持ち帰る
おみやげSelection

ショッピングは青森駅近くにある2つの施設がおすすめ。少し足をのばして、伝統工芸品を扱うお店に行くのもいい。

八戸サバ缶バー
1個410円
八戸のブランドサバ「八戸前沖さば」を使用。7種類の個性ある味付けが人気を集めている
青森県観光物産館アスパム（青森県地場セレクト）

青森の南部せんべいラスク
各184円
青森名物「南部せんべい」をラスクに。プレーンとシナモン、メープルの3種
A-FACTORY（フードマルシェ）

津軽のかおり
833円(720mℓ)
青森県産リンゴを5種類ブレンドしたストレートジュース
青森県観光物産館アスパム（青森県地場セレクト）

シードルマグ 2750円
津軽千代造窯・小山陽久さんとのコラボレーション商品
A-FACTORY（フードマルシェ）

食べる蜂蜜 アカシア
1200円(120g)
ナッツをたっぷりと漬けた青森県産アカシアハチミツ
青森県観光物産館アスパム（青森県地場セレクト）

津軽弁缶バッジ
1個300円
津軽弁をおもしろイラストとともにデザイン。全部で100種類以上ある、大人気のおみやげ
青森県観光物産館アスパム（青森県地場セレクト）

おみやげはココで購入

A-FACTORY
エーファクトリー

青森駅周辺 MAP 付録P.18 B-1

青森県産リンゴを使ったシードルを醸造する工房と地元の名産品が並ぶマルシェの複合施設。レストランやカフェで食事も楽しめる。

☎017-752-1890 所青森市柳川1-4-2
営9:00〜20:00（一部店舗により異なる）
休不定休
交JR青森駅からすぐ
Pあり

青森県観光物産館アスパム
あおもりけんかんこうぶっさんかんアスパム

青森駅周辺 MAP 付録P.18 C-1

青森県の「おいしい」が集まった物産コーナーは県内最大級の品揃え。青森市街と陸奥湾を一望できる展望台もおすすめ。

☎017-735-5311 所青森市安方1-1-40
営9:00〜20:00（施設・時期により異なる。公式HPを要確認）
休12月31日、2月下旬の2日間 交JR青森駅から徒歩8分
Pあり（有料）

つがる工芸店
つがるこうげいてん

桜川 MAP 付録P.13 E-2

青森市桜川の閑静な住宅街の中にひっそりと建つ。こぎん刺しや陶芸品など、店主自ら買い付けた民芸品が揃う。

☎017-743-7009 所青森市桜川7-19-50
営月末6日間のみ10:00〜18:00（左記以外の期間は要連絡）休1〜3月
交JR青森駅から青い森鉄道・八戸方面行きで6分、筒井駅下車、徒歩10分
Pあり

青森の伝統工芸品をpick up

根曲竹りんごかご 3600円
青森県で採れる「根曲がり竹」を材料にして編んだ丈夫な籠
つがる工芸店

あまびえたん 2750円
津軽金山焼でひとつひとつ手作りされた、疫病退散の妖怪といわれる「アマビエ」をモチーフとした置物
青森県観光物産館アスパム（青森県地場セレクト）

津軽ガラス 深皿
1836円
先代店主がデザインに携わり青森の北洋硝子と共同制作
つがる工芸店

花立 8000円
弘前市の陶芸家・高野博さんによる花立。ほかに器の販売も
つがる工芸店

HOTELS 泊まる

歴史的人物たちも愛した由緒ある老舗温泉宿
椿館
つばきかん
浅虫温泉 MAP 付録P.13 E-2

☎017-752-3341
所 青森市浅虫内野14
交 青い森鉄道・浅虫温泉駅から徒歩7分(浅虫温泉駅から無料送迎あり) P あり
in 15:00 out 10:00
室 25室(禁煙4室、喫煙21室)
予算 1泊2食付1万1150円～

江戸時代に創業し、明治期には天皇をはじめ新政府の要人も宿泊。青森を代表する板画家・棟方志功や作家・太宰治が愛したことでも知られる。今も9本ある自家源泉のお湯を存分に満喫できる。

1. 源泉かけ流しの大浴場。しっとりとした美肌の湯を楽しめる。男女別で露天風呂も
2. 客室は明るくゆったりとした純和室
3. 貴重な棟方志功の作品が見られるロビー

青森から海に面する浅虫温泉へ出かける
名宿で大人の休日

陸奥湾を望む青森のいで湯、浅虫温泉。
古くから湧く良質なお湯と美しい眺め、
新鮮な海の幸など楽しみながらゆったりと過ごしたい。

浅虫温泉の基本
●浅虫温泉の歴史
陸奥湾沿いにあり、青森の奥座敷とも呼ばれる温泉街。平安時代に発見され、織物に使う麻を蒸すのに使われたのが名前の由来。江戸時代には藩主も湯治に訪れた。

交通information
青い森鉄道・青森駅から浅虫温泉駅まで20分

絶景の展望風呂と津軽三味線に酔いしれる
南部屋・海扇閣
なんぶや・かいせんかく
浅虫温泉 MAP 付録P.13 E-2

☎017-752-4411
所 青森市浅虫蛍谷31
交 青い森鉄道・浅虫温泉駅から徒歩3分(浅虫温泉駅から無料送迎あり、駅到着時要連絡) P あり in 15:00 out 10:00 室 85室(禁煙57室、喫煙29室)
予算 1泊2食付1万5270円～

陸奥湾が一望できる絶景の展望風呂が自慢の宿。すべての客室から陸奥湾の眺めを楽しめる。館内には郷土の工芸品や絵画が展示されているほか、津軽三味線のライブも毎晩行われている。

1. 最上階9階から陸奥湾を見渡せる展望風呂。男女とも露天風呂が併設されている
2. 海側の和室には、掘りごたつが付き、海が見渡せる
3. 毎晩20時30分から津軽三味線ライブを開催

青森市中心部のホテル
観光に便利なだけではない、こだわりのある青森の街なかホテル。

ホテルJALシティ青森
ホテルジャルシティあおもり

ダイソンドライヤーやハンディスチームアイロン等アイテム充実の女性向け客室が人気。

青森駅周辺 MAP 付録P.18 C-2
☎017-732-2580 所 青森市安方2-4-12
交 JR青森駅から徒歩6分 P あり(有料)
in 14:00 out 11:00
室 167室(禁煙143室、喫煙24室) 予算 シングル1万3500円～、ツイン2万2500円～

ホテル青森
ホテルあおもり

多彩な宿泊プランが魅力。ゆったりした客室からは、陸奥湾や市街地の夜景が楽しめる。

堤町 MAP 付録P.19 E-2
☎017-775-4141 所 青森市堤町1・1・23
交 JR青森駅から青森市営バス・東部方面行で6分、文化会館前下車、徒歩3分(JR新青森駅から無料送迎あり、要予約) P あり(有料)
in 14:00 out 11:00 室 155室(全室喫煙可)
予算 シングル1万2100円～、ツイン2万1780円～

163

幻想的な自然と現代アートの世界へ
十和田湖・奥入瀬
とわだこ・おいらせ

深いブルーが美しい十和田湖、そこを源とする奥入瀬渓流の力強い流れ。街とアートが一体化した十和田市現代美術館も訪れたい。

水と緑がつくる自然の美
奥入瀬渓流
おいらせけいりゅう

↑木々や花々の間を縫うように流れる滝や川に沿って、遊歩道が整備されている奥入瀬渓流。絶景ポイントにも気軽に行ける

新緑、紅葉が周囲を彩る
清流沿いに延びる散歩道

　十和田湖(P.166)の東岸から流れ出る全長14kmの渓流で、せせらぎを聞きながら多様な滝や水流の姿に心癒やされる、和みの散歩道だ。噴火によって形成された岩などが堆積する一帯は別名「瀑布街道」とも呼ばれ、新緑や紅葉の季節を中心に変化に富んだ数々の滝がカメラや絵筆を携えた人々を引きつける。300種類ほど存在する苔をはじめ、ブナの木や野鳥など、このエリア固有の生態系と自然のパワーを徒歩やレンタサイクルで楽しみたい。

奥入瀬 **MAP** 付録 P.17 E-3
☎0176-75-2425(十和田湖総合案内所)
所十和田市奥瀬　開休料散策自由　Pあり

↑旅行者が少なく、静寂と雪景色が堪能できる冬もおすすめ

交通information
バス JR青森駅からJRバス東北・みずうみ号(冬季運休)で焼山バス停まで2時間20分
車 青森駅から県道40号・国道103号経由で1時間20分

お役立ちinformation

奥入瀬観光のベストシーズン
雪が解け、流れが勢いを増す春、緑に包まれる夏、滝がツララに凍る白銀の冬と、四季いずれも美しいが、特に人気の季節が秋。紅葉を映し水面が赤く染まり、カメラを構える人の姿も多い。

奥入瀬渓流のたどり方

●バスを利用する
車も便利だが渓流沿いの駐車場は限られており、休日、特にハイシーズンは駐車場所を確保するのに苦労する。奥入瀬渓流を最大限堪能する方法としては十分な時間をかけて歩いてまわるのが理想だが、バス+徒歩で巡るのが一般的。

●レンタサイクルを利用する
渓流沿い国道102号は爽快なサイクリングコース。各宿が貸し出す自転車のほか、渓流足ストサイクル楽チャリもおすすめ。

●休憩&食事ポイント
休憩所は焼山周辺に集中しており、ほかには石ヶ戸、子ノ口にある。また渓流沿いの見どころ数カ所にベンチが設置されている。トイレは焼山、子ノ口、石ヶ戸のほか2カ所にあるのみ。飲み物などは持参しての散策がおすすめ。

観光案内所・休憩所

●奥入瀬湧水館
1階に奥入瀬流水をボトリングする工場を備え、見学も可。
奥入瀬 **MAP** 付録 P.17 E-3
☎0176-74-1212　所十和田市奥瀬栃久保182　開9:00～16:30　休無休　交奥入瀬渓流館前バス停から徒歩すぐ

↑奥入瀬源流水で淹れたコーヒーとアップルパイ 750円

●奥入瀬渓流館
物販のほか奥入瀬の生態系がわかるジオラマも好評。
奥入瀬 **MAP** 付録 P.17 E-3
☎0176-74-1233　所十和田市奥瀬栃久保183　開9:00～16:30　休無休　交奥入瀬渓流館前バス停から徒歩すぐ

観光のポイント

日暮れの時間に注意
鬱蒼とした渓谷で、日没時刻より早めに暗くなる。特に日の短い秋は要注意

車利用の場合は駐車場を事前に確認
マイカー利用なら、すぐには駐車場所が見つからない場合を想定して動きたい。特に、新緑、紅葉のハイシーズンは、駐車場が満車になることが多い

千変万化の流れと滝を楽しむ
奥入瀬渓流散策

河口側から水も空気も清涼な川沿いを上り水源、十和田湖を目指す。

歩く時間 ◆ 約5時間〜

散策ルート

渓流の下流から上流に向かって、整備された遊歩道を歩く。

- 焼山バス停
  - ↓ 徒歩1時間20分
- 1 三乱の流れ
  - ↓ 徒歩1時間
- 2 阿修羅の流れ
  - ↓ 徒歩20分
- 3 雲井の滝
  - ↓ 徒歩1時間20分
- 4 白糸の滝
  - ↓ 徒歩30分
- 5 寒沢の流れ
  - ↓ 徒歩すぐ
- 6 銚子大滝
  - ↓ 徒歩30分
- 子ノ口バス停

1 三乱の流れ (さみだれのながれ)

流れの中央に咲くツツジ

このエリアは増水することが少なく、流れの中にある岩の上にも植物が育つ。特にツツジが有名で、初夏には清流と花の共演が見られる。

→ 流れが3つに分かれることから三乱の流れと呼ばれるようになった

2 阿修羅の流れ (あしゅらのながれ)

渓流随一の絶景として有名

苔むした岩を縫うように、川岸の木々の色を映した急流が荒々しく走る。ポスターなどの撮影地としても知られ、奥入瀬一有名。

→ 阿修羅の名のとおり豪快な流れ。紅葉の秋、新緑の夏は撮影や写生を楽しむ人々で賑わう

4 白糸の滝 (しらいとのたき)

繊細な白糸を思わせる優美な滝

30mの高さを何本もの白糸を垂らしたように落ちる。周囲には白絹の滝、不老の滝、双白髪の滝と4本の滝があり、一目四滝と称される。

→ 木々に囲まれるように落ちる4本の滝が見事

3 雲井の滝 (くもいのたき)

水量豊かな約20mの段瀑

高さ約20m、3段に連なる滝。奥入瀬渓流のなかでも水量豊かで勢いが強い箇所であり、浸食が激しく、今も少しずつ後退している。

→ 奥入瀬渓流のなかでも、特に迫力のある雲井の滝

5 寒沢の流れ (さむさわのながれ)

森の奥から下りてくる迫力ある流れ

小さな滝が折り重なるようにして岩々の間を勢いよく流れ落ちてくるさまがダイナミック。

→ 川底を滝のように流れる清流

6 銚子大滝 (ちょうしおおたき)

幅約20m。別名「魚止の滝」(うおどめ)

ここで遡上を阻まれるため、十和田湖には魚は棲めないといわれた。周囲の植物の色を映した光を浴び、豪快な水音を立てて落ちる勇壮な滝だ。

→ 白い水しぶきを豪快にあげる滝

レンタサイクルの貸し出し・返却場所が3ヵ所設けられているので、徒歩と自転車を組み合わせて楽しむことも可能。

奥入瀬渓流散策

奥入瀬渓流の源、神秘の湖
十和田湖
とわだこ

鮮やかな緑、燃えるような紅葉、
墨絵を思わせる雪景色と、美しく表情を変える山々。
紺碧の湖周辺を巡る。

澄んだ深い青色の水をたたえる
2つの県にまたがるカルデラ湖

　秋田、青森の両県にまたがる周囲約46kmの湖。約20万年前、十和田火山の噴火活動によって形成された二重カルデラ湖で、現在も活火山に指定されている。「十和田湖および奥入瀬渓流」は特別名勝および天然記念物でもある景勝地であり、奥入瀬渓流(P.164)、八甲田火山群と併せて十和田八幡平国立公園にも属す。新緑や紅葉のシーズンを中心に観光地としても人気を博している。

十和田 **MAP** 付録P.17 D-4
☎0176-75-2425(十和田湖総合案内所) 所十和田市奥入瀬十和田湖 時休料散策自由 Pあり

↑ブナやカバの木が茂る周囲の森には、イヌワシやツキノワグマが棲み、国の鳥獣保護区となっている

交通information
バス JR青森駅からJRバス東北・みずうみ号(冬季運休)で十和田湖(休屋)バス停まで3時間10分
車 青森駅から県道40号・国道102号経由で1時間45分

津軽●十和田湖・奥入瀬

瞰湖台
かんこだい

御倉半島と中山半島をつなぐ中湖を一望する。標高は538m。

↑宇樽部と休屋の間、国道103号沿いに位置

乙女の像
おとめのぞう

昭和28年(1953)建造のブロンズ像。モデルは智恵子夫人。

↑高村光太郎最後の作品

見返りの松
みかえりのまつ

中山半島の最北端に立ち、別名「夫婦松」と呼ばれる2本の松。

↑振り返って再び見たくなるという、寄り添う2本の松

水上からの絶景を愛でる

4月半ばから11月初旬にかけて運航。湖畔の入り組んだ半島や断崖を巡り、緑や紅葉といった十和田湖の美しい自然を堪能できる遊覧船。

十和田湖遊覧船
十和田 **MAP** 付録P.17 D-4
☎0176-75-2909 所十和田市奥入瀬十和田湖畔休屋 時休屋発着8:15〜16:20
休11月中旬〜4月中旬 交十和田湖(休屋)バス停からすぐ Pなし
休屋〜子ノ口【休屋・子ノ口航路】
料1430円 所要約50分
休屋〜休屋【おぐら中山半島巡り航路】
料1430円 所要約50分

立ち寄りスポット

十和田神社
とわだじんじゃ

大同2年(807)に坂上田村麻呂が創建したとされ、祭神として日本武尊ヤマトタケルノミコトが祀られているが、かつては東北地方に多い水神信仰の場であったとも伝えられている。その昔、湖を支配していた龍蛇・八之太郎を退治したという修行僧・南祖坊を、青龍権現として崇め祀ったとされている。おより紙による占いも有名で、神社で購入したおより紙を湖に投じ、沈めば願いが叶うという。

十和田 **MAP** 付録P.17 D-4
☎0176-75-2508 所十和田市奥入瀬十和田湖畔休屋486 時休料境内自由 交十和田湖(休屋)バス停から徒歩15分 Pなし

五色岩
ごしきいわ

約1000年の時をかけ、噴火によりつくられた玄武岩の円錐火山。

↑近年注目のパワースポット

ユニークなアートが集まる
十和田市現代美術館
とわだしげんだいびじゅつかん

十和田市の官庁街通りを象徴する美術館に、国内外のアーティストらによる作品が揃う。
見応えあるアートの世界へ。

白い「アートのための家」に現代アートの枠がずらり

白くシンプルな箱型の建物を連ねた美術館に、ロン・ミュエク、オノ・ヨーコ、奈良美智といった現代美術の巨星たちの作品を展示。その規模は、美術館前の官庁街通りとアート広場にまで広がり、市街地を背景にアート作品が楽しめるスケールの大きさも魅力。

十和田 MAP 付録 P.17 F-3
- ☎0176-20-1127 所十和田市西二番町10-9
- 9:00～17:00(入館は～16:30)
- 月曜(祝日の場合は翌日)
- 1200円(企画展開催時以外は520円)
- 十和田市現代美術館バス停からすぐ
- 約90台(1回200円、美術館有料観覧者には無料駐車券配布)

注目ポイント
アーツ・トワダ ウィンターイルミネーション
十和田市現代美術館のアート広場に約30万ものLEDが敷き詰められ、ロマンティックなイルミネーションが広がる。
開催時期 12月中旬～2月中旬(予定)
問い合わせ
十和田市商工観光課 ☎0176-51-6773

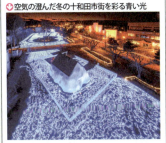
空気の澄んだ冬の十和田市街を彩る青い光

敷地内にはパビリオンのように点在された展示室や屋外展示が多数あり、アートな空間が広がる
撮影：小山田 邦哉

光の橋
スペイン人アーティスト、アナ・ラウラ・アラエズ氏の作品。光と静かな音、作品に包まれ瞑想気分が味わえる。
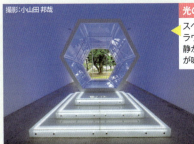
撮影：小山田 邦哉

アッタ
「農耕するアリ」としてきのこ栽培をすることで知られる熱帯雨林のハキリアリがモチーフ。日本人アーティスト・椿昇氏の作品。

撮影：小山田 邦哉

愛はとこしえ 十和田でうたう
水玉と編模様が広がる草間彌生氏の作品。そのまま屋外広場の一部となっており、体感することができる。

撮影：小山田 邦哉

オン・クラウズ (エア-ポート-シティ)
網状に編んだひもでバルーンをつなぐ。建築を学んだ、トマス・サラセーノ氏らしいアートと建築の両領域にまたがる作品だ。

フラワー・ホース
韓国の芸術家・チェ・ジョンファ氏の作品。美術館へとつながる官庁街通りの別名「駒街道」にちなんだ馬。

撮影：小山田 邦哉

十和田湖／十和田市現代美術館

好みと便利さに応じて、移動手段を選ぶ
函館・津軽へのアクセス

新青森駅からの新幹線延伸により、短時間で函館へアクセスできる地域が増えた。直通の便を利用できない地域は、少しでも乗り継ぎによる時間を短くして、目的地に向かいたい。

鉄道でのアクセス
北海道新幹線の開業でアクセスは便利に

2016年に開業した北海道新幹線により、東京から函館市の中心部まで約5時間で行けるようになった。新函館北斗駅から函館駅までは、新幹線の発着時刻に合わせて運行する「はこだてライナー」に乗車する。弘前には新青森駅または秋田駅からJR奥羽本線の特急つがるまたは普通列車を利用する。札幌～函館を結ぶ特急列車は本数が多く便利だ。

プレミアムな旅を演出する空間

新幹線のファーストクラスといわれるグランクラス。革張りのリクライニングシートや青色のカーペットが洗練さを際立たせる。車内には専任のアテンダントが付き、軽食などを販売（「シートのみサービス」を一部列車で実施。詳しくは要確認）。東京～新函館北斗間の価格は、通常期で運賃を含めて片道3万9320円（2021年4月1日現在）。

JR北海道 H5系
写真提供：JR北海道

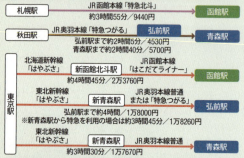

※新幹線、JR特急の料金は片道運賃と特急料金（通常期の普通車指定席）を合算したものです

問い合わせ先
JR北海道電話案内センター･････････ ☎011-222-7111
JR東日本お問い合わせセンター･････ ☎050-2016-1600

便利なチケットをチェック

●北海道＆東日本パス
JR北海道およびJR東日本の各線、青い森鉄道線、IGRいわて銀河鉄道線および北越急行ほくほく線の普通列車（快速含む）普通車自由席、JR東日本のBRTが7日間乗り放題で、1万1330円。

●津軽フリーパス
JR奥羽本線や五能線（いずれも一部区間のみ）、津軽鉄道の五所川原～金木間、弘南鉄道全線の快速を含む普通列車の自由席と、弘南バス（一部区間を除く）が2日間乗り放題で、2100円。

●レール＆レンタカーきっぷ
JRと駅レンタカーを組み合わせたきっぷで、条件を満たせば、JRの乗車券や特急券が割引される。

※各きっぷの利用条件や手続きの詳細については以下のHPを参照。
JR東日本おトクなきっぷ　www.jreast.co.jp/tickets/
JR駅レンタカー　www.ekiren.co.jp/

高速バスでのアクセス
夜行便を利用すれば時間を有効に使える

函館へは札幌から昼行便、夜行便があり、仙台など東北地方からは青森駅や弘前駅近くの弘前バスターミナルに向かう昼行便が充実。時間や体力に余裕があれば東京からも利用できる。

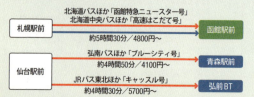

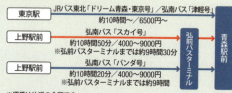

※運賃は片道の金額です
※矢印の色は、赤が昼行便、青が夜行便を示しています

問い合わせ先
北海道中央バス（札幌ターミナル）･･･････ ☎0570-200-600
北都交通（函館駅前ターミナル）･･･････････ ☎0138-22-3265
北海道バス･･･････････････････････････････ ☎050-3533-0800
JRバス東北（仙台駅東口バス案内所）････ ☎022-256-6646
弘南バス（高速バス予約センター）･･･････ ☎0172-37-0022
宮城交通（仙台高速バスセンター）･･･････ ☎022-261-5353

飛行機でのアクセス

直行便は東京、大阪、名古屋、札幌の4都市のみ

空港到着後は、JRの駅へ向かうシャトルバスに乗車。8時台に空港に到着する便を利用すれば、初日からゆっくり観光できる。

函館空港へ

出発地	便名	便数	所要時間	料金
羽田空港	ANA／JAL	6便／日	1時間20分	3万5500円〜
	ADO	2便／日	1時間20分	2万7700円〜
伊丹空港	ANA／JAL	2便／日	1時間30分	4万4200円〜
中部国際空港	ADO／ANA	1便／日	1時間30分	3万9800円〜
新千歳空港	ANA	2便／日	35分	1万7700円〜
丘珠空港	JAL	6便／日	40分	1万9100円〜

青森空港へ

出発地	便名	便数	所要時間	料金
羽田空港	JAL	6便／日	1時間15分	3万4400円〜
伊丹空港	ANA／JAL	6便／日	1時間40分	4万1700円〜
神戸空港	JAL／FDA	1便／日	1時間40分	4万1900円〜
小牧空港	FDA	4便／日	1時間20分	3万4500円〜
新千歳空港	ANA／JAL	5便／日	50分	2万4000円〜

※航空料金は通常期の片道の金額を表示しています

車でのアクセス

冬季の道路情報に気をつけて出かけたい

高速道路を利用の場合、函館へは札幌から延びる道央自動車道を、青森へは東北自動車道または青森JCTから延びる青森自動車道を利用する。積雪や路面凍結など冬季の道路情報に注意。

道央自動車道・大沼公園IC → 函館新道、国道5号経由 約40分／32km → 函館駅

フェリーでのアクセス

海を渡って車で観光したい人におすすめ

津軽海峡を渡って、函館と青森を結ぶ。早朝から深夜までと出航時間も幅広く便利。車を利用する人には特に心強い交通手段。

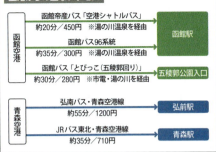

問い合わせ先

- ANA（全日空） ☎0570-029-222
- JAL（日本航空）／HAC（北海道エアシステム） ☎0570-025-071
- ADO（エア・ドゥ） ☎0120-057-333
- FDA（フジドリームエアラインズ） ☎0570-55-0489
- 函館帝産バス ☎0138-55-1111
- 函館バス（函館駅前バス案内所） ☎0138-22-8111
- 弘南バス（弘前バスターミナル） ☎0172-36-5061
- JRバス東北（青森駅前JRバスきっぷうりば） ☎017-773-5722

問い合わせ先

- 日本道路交通情報センター（函館方面情報） ☎050-3369-6651
- 日本道路交通情報センター（北海道地方高速情報） ☎050-3369-6601
- 日本道路交通情報センター（青森方面情報） ☎050-3369-6602
- 日本道路交通情報センター（東北地方高速情報） ☎050-3369-6761
- NEXCO東日本お客様センター ☎0570-024-024

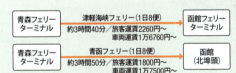

※旅客運賃は2等片道の金額を表示しています
※車両運賃での車両は6m未満の乗用車（中型車以上）で、ドライバー1名の2等片道運賃を含みます

問い合わせ先

- 津軽海峡フェリー（函館フェリーターミナル） ☎0138-43-4545
- 津軽海峡フェリー（青森フェリーターミナル） ☎017-766-4733
- 青函フェリー（函館） ☎0138-42-5561
- 青函フェリー（青森） ☎017-782-3671
- 函館帝産バス ☎0138-55-1111
- 函館バス（函館駅前バス案内所） ☎0138-22-8111
- 青森観光バス ☎017-739-9384

※飛行機は2021年5月の料金、鉄道は通常期に指定席を利用した場合の料金です

函館市の交通

市電を中心にして、観光スポットをスムーズに巡る

函館観光の移動は中心部を走る市電が中心で、市電が通っていないエリアではバスを利用。
ほかにもレンタサイクルや観光バス、タクシーなども取り入れながら、プランを立てたい。

市電

市の中心部を走る、移動のメイン手段

箱館ハイカラ號
大正7年(1918)から昭和11年(1936)まで客車として、その後は冬期間の除雪作業車両として利用された。1993年に当時の姿に復元され、レトロ電車として運行を開始。4月中旬～10月にかけての運行(運行日の詳細は要問い合わせ)。※2021年5月末日現在、運休中

湯の川を出発し、十字街から函館どつく前に向かう5系統と谷地頭に向かう2系統の2路線がある。函館どつく前～谷地頭間は直通がなく、十字街で乗り換えが必要。電車が来たら、中央の入口から乗車し、整理券を取り、降車したい停留場に近づいたら、ブザーを押して知らせる。降車時に整理券とともに運賃(210～260円)を支払う。また、五稜郭タワーや函館空港など近くに市電が通っておらず、電車からバスに乗り継ぐ場合(一部の停留場のみ)は、乗継券を利用すると別々に支払うよりも少し安くなる。降車時、運転手に乗り継ぎの旨を伝え、運賃と乗り継ぎ運賃50円(一部を除く)を支払い、乗継券を受け取り、2時間以内に利用すればよい。

函館市企業局交通部 ☎0138-52-1273

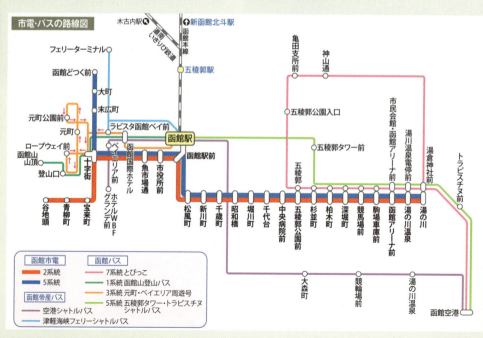

市電・バスの路線図

バス

市電でのアクセスが難しい場合でも安心

3系統 元町・ベイエリア周遊号
JR函館駅前を出発し、金森赤レンガ倉庫のあるベイエリアや函館山山麓、元町などを循環する。特に坂道の多い元町エリアでの移動が便利。1乗車210円。

5系統 五稜郭タワー・トラピスチヌシャトルバス
湯の川温泉を経由し、JR函館駅と函館空港を結ぶ。市電が近くに走っていない五稜郭タワー、トラピスチヌ修道院に向かう場合に便利。函館駅から五稜郭タワーまで15分240円、トラピスチヌ修道院まで37分300円、函館空港まで47分300円。

1系統 函館山登山バス ➡ P.43

7系統 とびっこ
函館空港を出発して湯の川温泉方面、五稜郭公園方面を循環。五稜郭回りと亀田支所回りの2路線がある。1乗車は通常乗合運賃で300円以下。函館空港から最短で湯の川温泉電停前まで15分240円、五稜郭公園入口まで30分280円。
函館バス(函館駅前バス案内所) ☎0138-22-8111

定期観光バス

ガイドさんの案内で、函館の街を深く知る

ガイドさんによる解説付きで、函館市内の主要スポットを巡る。半日や1日のコースで、さまざまなプランが用意されている。施設の入館料も料金に含まれ、お得に観光を楽しめる。
北都交通 函館支店 ☎0138-57-4000
※2021年5月末日現在、運休中

レンタサイクル

コンパクトな函館の街を快適に移動する

BAYはこだてレンタサイクル
金森赤レンガ倉庫(P.50)内のBAYはこだてで、シティサイクルの貸し出しを行っている。

BAYはこだてインフォメーション
ベイエリア MAP 付録P.9 D-2
☎0138-27-5530
営4月末~10月 10:00~17:00
料1台1000円

タクシー

坂が多い街での移動手段には有効

初乗りは1.3kmまで560円。函館山を除く元町、ベイエリアへは1000円前後。プランが多彩な観光タクシーもおすすめ。
道南ハイヤー ☎0138-47-0005 函館タクシー ☎0138-51-0168

函館観光に便利なフリー乗車券

①市電1日乗車券
価格:600円 有効期限:1日 乗り放題範囲:市電全線
発売場所:市電車内、函館市観光案内所など

②バス1日のりほ～だいきっぷ「カンパス」
価格:800円 有効期限:1日
乗り放題範囲:函館バスの指定区間
※3系統 元町・ベイエリア周遊号利用可
発売場所:函館駅前バス案内所、バス車内など

③市電・函館バス共通乗車券
価格:1000円(1日乗車券)、1700円(2日乗車券)
有効期限:1日(2日乗車券は2日)
乗り放題範囲:市電全線、函館バスの指定区間
※ロープウェイシャトル、函館山登山バスの利用可
発売場所:函館市観光案内所、函館駅前バス案内所、駒場乗車券販売所など

④はこだて旅するパスポート
価格:1日間用2690円、2日間用3650円
有効期限:1・2日
乗り放題範囲:JR函館本線普通列車の指定区間(普通車自由席のみ利用可)、函館バス(函館市内全線と指定区間)、市電全線、道南いさりび鉄道全線
発売場所:JR北海道函館支社管内の主な駅
※津軽海峡フェリー(函館~青森、大間)はパスポート提示により2割引で購入可

函館周辺への移動手段

北海道新幹線／JR函館本線
函館駅から新幹線停車駅の新函館北斗駅までは、はこだてライナーで約20分。大沼公園駅までは特急北斗(一部のみ停車)で約30分、普通列車で約40~50分。

道南いさりび鉄道
五稜郭(すべて函館駅発着)と北斗市の上磯駅、木古内駅を結ぶ。木古内駅から松前や江差に向かうバスに接続。

レンタカー
営業所は函館駅、新函館北斗駅、函館空港など交通の拠点にあるので、不便なく利用できる。

JR東日本お問い合わせセンター ☎050-2016-1600
道南いさりび鉄道 ☎0138-83-1977
函館バス(函館駅前バス案内所) ☎0138-22-8111
駅レンタカー北海道 函館駅営業所 ☎0138-22-7864
駅レンタカー北海道 新函館北斗駅営業所 ☎0138-77-5333
ニッポンレンタカー 函館空港前営業所 ☎0138-57-0919

函館市の交通

弘前市の交通

時間や目的に合わせて移動手段を選びたい

JR弘前駅を起点にして、主要観光スポットを巡るバスが便利。
徒歩やレンタサイクルもうまく組み合わせれば、観光の時間を有効に使える。

バス

弘前観光にはぜひ活用したい移動手段

弘南バス・土手町循環バス
JR弘前駅から土手町、弘前公園などを40分かけて循環する、観光に便利な100円バス。1日乗車券は500円。10:00〜18:00（12〜3月は〜17:00）に10分間隔で運行。

弘南バス・ためのぶ号
JR弘前駅から弘前公園を経由して、弘前市りんご公園に向かう。土手町循環バスと共通の1日乗車券が便利。冬季運休。

弘南バス・弘前管内路線バス
JR弘前駅から岩木山麓まで約40分。岳温泉では岩木山8合目駐車場に向かう便に接続（冬季運休）。

土手町循環バスの路線図

弘南バス（弘前バスターミナル）
☎0172-36-5061　URL www.konanbus.com/

レンタサイクル

天気が良い日に観光スポットを巡るなら

サイクルネットHIROSAKI
弘前市内の右記の5カ所で貸し出しを行っており、簡単な受付で利用できる。返却場所は貸出場所と異なってもよい。台数には限りがあり、予約不可。

☎0172-37-5501（弘前市立観光館）
🕘5月上旬〜11月下旬（天候などにより変更あり）
💴普通自転車1回500円、電動自転車（弘前市立観光館、弘前市観光案内所のみ）1回1000円

弘前市立観光館
弘前公園周辺　MAP 付録P.14 C-2
🕘9:00〜17:00（受付は〜16:00）

弘前市観光案内所
弘前駅　MAP 付録P.15 F-3
🕘9:00〜17:00（受付は〜16:00）

津軽藩ねぷた村
弘前公園周辺　MAP 付録P.14 C-1
🕘9:00〜17:00（受付は〜16:00）

弘前市まちなか情報センター
土手町　MAP 付録P.15 D-3
🕘9:00〜17:00（受付は〜16:00）

弘前市りんご公園
清水富田　MAP 付録P.12 C-3
🕘9:00〜17:00（受付は〜16:00）

タクシー

バスの待ち時間を節約したい場合に有効

初乗り運賃は1.2kmまで670円。JR弘前駅から旧弘前市立図書館などの洋館に近い弘前公園の追手門までは1300円前後。
北星交通　☎0172-33-3333

弘前周辺への移動手段

JR五能線／津軽鉄道
太宰治のゆかりの地・五所川原へは、1〜2時間に1本普通列車が運行（リゾートしらかみも停車）。五所川原駅から津軽鉄道に乗り換えて、金木駅までは約20分550円。

弘南鉄道
2つの温泉街（P.130）に向かう。JR弘前駅に隣接する乗り場から黒石駅までは約30分460円。弘前駅から徒歩15分の位置にある中央弘前駅から大鰐駅までは約30分430円。

弘前〜十和田湖間シャトルバス
弘前駅城東口を8:20または10:00に出発し、十和田湖までを結ぶ観光バス。4〜11月の土・日曜、祝日（弘前さくらまつり期間は毎日）に運行で、7日前までに要予約。片道3000円、日帰り往復5000円。所要約3時間。

レンタカー
JR弘前駅周辺にレンタカーの営業所が点在しているので、中心部から離れた場所へ向かう場合におすすめ。

JR東日本お問い合わせセンター　☎050-2016-1600
津軽鉄道　☎0173-34-2148／弘南鉄道　☎0172-44-3136
弘南バス（観光部）　☎0172-38-2255
第一観光バス（十和田タクシー）　☎0186-35-2166
駅レンタカー 弘前駅営業所　☎0172-35-0074
日産レンタカー 弘前駅前店　☎0172-33-0456

白神山地の交通

風光明媚な車窓の景色で知られる五能線。移動時間も自然の眺めを満喫したい

白神山地への交通の拠点は十二湖駅、鰺ケ沢駅、弘前駅の3カ所。
各駅に向かう鉄道を利用し、バスに乗り換えてそれぞれの散策コースに出かける。バスは冬季運休も。

鉄道・バス
運行本数が少ないので、念入りに計画を

JR五能線／リゾートしらかみ
リゾートしらかみを利用の際は運賃と座席指定席券530円（通常期）が必要。弘前〜十二湖間は約2時間40分、弘前〜鰺ケ沢間は約1時間5分、ほかに1〜2時間に1本普通列車が運行。

弘南バス・十二湖線
JR十二湖駅から奥十二湖行きのバスを利用し、15分370円、冬季運休。リゾートしらかみとの乗り継ぎも便利。

弘南バス・暗門白神号
JR弘前駅からアクアグリーンビレッジANMONまで1時間30分片道1680円。津軽峠まで直通の便もある。6月〜10月末まで運行。

JR東日本お問い合わせセンター ☎050-2016-1600
弘南バス（弘前バスターミナル） ☎0172-36-5061

青森市の交通

青森駅と新青森駅間の移動をスムーズに行いたい

青森駅、新青森駅と各駅の周辺にある観光スポットをつなぐシャトルバスが便利。
奥津軽エリアや十和田・奥入瀬方面に向かう鉄道やバスも充実。バスの運行日は事前に確認を。

バス
観光スポットを巡るのに便利な移動手段

あおもりシャトルdeルートバス ねぶたん号
青森県立美術館などの観光スポットや新青森駅、フェリーターミナル、青森駅とその周辺部を結ぶ。1乗車300円、1日乗車券は700円で車内でも購入可。

ねぶたん号の路線図

青森市営バス
青森駅から県立美術館線または浪館通り線を利用すれば、最短で青森県立美術館や三内丸山遺跡に向かえる。青森駅から少し離れたスポットに向かうときにも便利。

青森観光バス ☎017-739-9264　青森市営バス ☎017-722-6702

青森周辺への移動手段

北海道新幹線
約半数の便が停車する奥津軽いまべつ駅はレンタカーの営業所があるなど奥津軽エリアの観光拠点として便利。

JR津軽線／JR奥羽本線
青森〜新青森間はJR奥羽本線で約5分190円。奥津軽エリアの龍飛崎（P.156）の最寄り駅、JR津軽線の三厩駅までは途中の乗り換えを含め、約1時間20分〜2時間1170円。

青い森鉄道
青森駅と八戸駅を結ぶ。浅虫温泉駅までは約20分460円。

JRバス東北「みずうみ号」
青森駅、新青森駅から奥入瀬まで約2時間20分2350円、十和田湖まで約3時間10分3140円。1日3便で冬季運休。

レンタカー
青森駅、新青森駅、青森空港に営業所がある。

JR東日本お問い合わせセンター ☎050-2016-1600
青い森鉄道 ☎017-752-0330
駅レンタカー東日本 新青森営業所 ☎017-761-5515
オリックスレンタカー 青森駅前店 ☎017-773-3900
トヨタレンタカー 青森空港 ☎017-739-0115

INDEX

函館

歩く・観る

あ イクサンダー大沼カヌーハウス ⋯⋯ 90
大沼国際交流プラザ ⋯⋯⋯⋯⋯ 91
大沼国定公園 ⋯⋯⋯⋯⋯⋯⋯ 90
大沼遊船 ⋯⋯⋯⋯⋯⋯⋯⋯⋯ 90
大船遺跡 ⋯⋯⋯⋯⋯⋯⋯⋯⋯ 66
か 外国人墓地 ⋯⋯⋯⋯⋯⋯⋯⋯ 64
開陽丸 ⋯⋯⋯⋯⋯⋯⋯⋯⋯⋯ 98
垣ノ島遺跡 ⋯⋯⋯⋯⋯⋯⋯⋯ 18
勝山館跡 ⋯⋯⋯⋯⋯⋯⋯⋯⋯ 67
カトリック元町教会 ⋯⋯⋯⋯ 31・41
金森赤レンガ倉庫 ⋯⋯⋯⋯⋯ 31・50
金森ベイクルーズ ⋯⋯⋯⋯⋯ 48
観光遊覧船ブルームーン ⋯⋯⋯ 49
元祖活いか釣堀 ⋯⋯⋯⋯⋯⋯ 57
木古内町郷土資料館 ⋯⋯⋯⋯ 95
きじひき高原 パノラマ展望台 ⋯⋯ 92
旧中村家住宅 ⋯⋯⋯⋯⋯⋯⋯ 98
旧函館区公会堂 ⋯⋯⋯⋯⋯ 18・38
旧ロシア領事館 ⋯⋯⋯⋯⋯⋯ 39
五稜郭公園 ⋯⋯⋯⋯⋯⋯⋯ 30・61
五稜郭タワー ⋯⋯⋯⋯⋯⋯⋯ 62
さ サラキ岬（咸臨丸） ⋯⋯⋯⋯⋯ 94
志苔館跡 ⋯⋯⋯⋯⋯⋯⋯⋯⋯ 66
称名寺 ⋯⋯⋯⋯⋯⋯⋯⋯⋯⋯ 69
市立函館博物館 ⋯⋯⋯⋯⋯⋯ 71
市立函館博物館郷土資料館
（旧金森洋物店） ⋯⋯⋯⋯⋯⋯ 71
四稜郭 ⋯⋯⋯⋯⋯⋯⋯⋯⋯⋯ 69
新函館北斗駅 ⋯⋯⋯⋯⋯⋯⋯ 93
た 大三坂 ⋯⋯⋯⋯⋯⋯⋯⋯⋯⋯ 37
立待岬 ⋯⋯⋯⋯⋯⋯⋯⋯⋯⋯ 64
寺町 ⋯⋯⋯⋯⋯⋯⋯⋯⋯⋯⋯ 97
燈台の聖母トラピスト修道院 ⋯⋯ 92
トラピスチヌ修道院 ⋯⋯⋯⋯⋯ 65
な 二十間坂 ⋯⋯⋯⋯⋯⋯⋯⋯⋯ 37
日本基督教団函館教会 ⋯⋯⋯⋯ 41
は 函館朝市 ⋯⋯⋯⋯⋯⋯⋯⋯⋯ 56
函館公園 ⋯⋯⋯⋯⋯⋯⋯⋯⋯ 64
函館市旧イギリス領事館 ⋯⋯⋯ 39
函館市縄文文化交流センター ⋯⋯ 71
函館市青函連絡船記念館 摩周丸 ⋯ 55
函館市地域交流まちづくりセンター ⋯ 38
函館市熱帯植物園 ⋯⋯⋯⋯⋯⋯ 65
函館市文学館 ⋯⋯⋯⋯⋯⋯⋯ 71
函館市北洋資料館 ⋯⋯⋯⋯⋯⋯ 71
函館市北方民族資料館 ⋯⋯⋯⋯ 71
函館聖ヨハネ教会 ⋯⋯⋯⋯⋯⋯ 40
函館中華会館 ⋯⋯⋯⋯⋯⋯⋯ 64
函館八幡宮 ⋯⋯⋯⋯⋯⋯⋯⋯ 65
箱館奉行所 ⋯⋯⋯⋯⋯⋯⋯⋯ 63
函館山山頂展望台 ⋯⋯⋯⋯⋯ 29・61
函館山ロープウェイ ⋯⋯⋯⋯⋯ 43
八幡坂 ⋯⋯⋯⋯⋯⋯⋯⋯⋯ 30・36
土方・啄木浪漫館 ⋯⋯⋯⋯⋯⋯ 69

土方歳三最期の地碑 ⋯⋯⋯⋯⋯ 69
ふるさとの森公園（薬師山・萩山） ⋯ 95
フレンドリーベア ⋯⋯⋯⋯⋯⋯ 90
碧血碑 ⋯⋯⋯⋯⋯⋯⋯⋯⋯⋯ 69
北海道坂本龍馬記念館 ⋯⋯⋯⋯ 71
北海道立函館美術館 ⋯⋯⋯⋯⋯ 71
ま 松前城（福山城） ⋯⋯⋯⋯⋯⋯ 96
松前藩屋敷 ⋯⋯⋯⋯⋯⋯⋯⋯ 96
みそぎ浜 ⋯⋯⋯⋯⋯⋯⋯⋯⋯ 94
道の駅 北前船 松前 ⋯⋯⋯⋯⋯ 97
道の駅 みそぎの郷 きこない ⋯⋯ 95
緑の島 ⋯⋯⋯⋯⋯⋯⋯⋯⋯⋯ 47
基坂 ⋯⋯⋯⋯⋯⋯⋯⋯⋯⋯⋯ 37
茂辺地川 ⋯⋯⋯⋯⋯⋯⋯⋯⋯ 92
や 湯倉神社 ⋯⋯⋯⋯⋯⋯⋯⋯⋯ 65

食べる

あ 阿さ利本店 ⋯⋯⋯⋯⋯⋯⋯⋯ 76
一花亭たびじ ⋯⋯⋯⋯⋯⋯⋯ 57
うにむらかみ 函館本店 ⋯⋯⋯⋯ 78
えびす ⋯⋯⋯⋯⋯⋯⋯⋯⋯⋯ 57
か 海鮮処 函館山 ⋯⋯⋯⋯⋯⋯⋯ 79
活魚料理 いか清 ⋯⋯⋯⋯⋯⋯ 78
Cafe & Deli MARUSEN ⋯⋯⋯⋯ 52
CAFE & BAR エステ ⋯⋯⋯⋯⋯ 32
カフェテリア・モーリエ ⋯⋯⋯⋯ 45
cafe Drip Drop ⋯⋯⋯⋯⋯⋯⋯ 39
cafe LEAVES ⋯⋯⋯⋯⋯⋯⋯⋯ 93
カリフォルニア・ベイビー ⋯⋯⋯ 80
きくよ食堂 本店 ⋯⋯⋯⋯⋯⋯ 57
さ 茶房菊泉 ⋯⋯⋯⋯⋯⋯⋯⋯⋯ 44
茶房ひし伊 ⋯⋯⋯⋯⋯⋯⋯⋯ 44
シエスタ ハコダテ ⋯⋯⋯⋯⋯⋯ 62
Jolly Jellyfish ⋯⋯⋯⋯⋯⋯⋯ 80
すし蔵 ⋯⋯⋯⋯⋯⋯⋯⋯⋯⋯ 77
鮨処 木はら ⋯⋯⋯⋯⋯⋯⋯⋯ 77
ステーキハウス暁 ⋯⋯⋯⋯⋯⋯ 95
た テーブル・ドゥ・リバージュ ⋯⋯ 91
ティーショップ夕日 ⋯⋯⋯⋯⋯ 45
ティールーム ヴィクトリアンローズ ⋯ 39
鉄板焼 VUE MER ⋯⋯⋯⋯⋯⋯ 33
な 根ぼっけ ⋯⋯⋯⋯⋯⋯⋯⋯⋯ 79
は BAR JEY'S ⋯⋯⋯⋯⋯⋯⋯⋯ 83
函館ベイ美食倶楽部 ⋯⋯⋯⋯⋯ 51
函館麺厨房 あじさい本店 ⋯⋯⋯ 81
函館洋菓子スナッフルス 駅前店 ⋯ 82・84
冨茂登 ⋯⋯⋯⋯⋯⋯⋯⋯⋯⋯ 76
フランス菓子 ペシェ・ミニヨン ⋯ 82
鳳蘭 ⋯⋯⋯⋯⋯⋯⋯⋯⋯⋯⋯ 81
ま マメさん ⋯⋯⋯⋯⋯⋯⋯⋯⋯ 81
ら LA CONCHA ⋯⋯⋯⋯⋯⋯⋯⋯ 74
ラッキーピエロ 函館駅前店 ⋯⋯⋯ 80
ル・モン・ガギュー ⋯⋯⋯⋯⋯⋯ 33
レストラン ジェノバ ⋯⋯⋯⋯⋯ 32
レストラン雪河亭 ⋯⋯⋯⋯⋯⋯ 75
restaurant Toui ⋯⋯⋯⋯⋯⋯⋯ 73
Restaurante VASCU ⋯⋯⋯⋯⋯ 74

レストラン箕輪 ⋯⋯⋯⋯⋯⋯⋯ 75
レストラン矢野 ⋯⋯⋯⋯⋯⋯⋯ 97
六花亭 五稜郭店 ⋯⋯⋯⋯⋯ 63・85
L'oiseau par Matsunaga ⋯⋯⋯ 73

買う

あ アンジェリック・ヴォヤージュ ⋯⋯ 84
蝦夷松前 龍野屋 ⋯⋯⋯⋯⋯⋯ 97
か 華隆 ⋯⋯⋯⋯⋯⋯⋯⋯⋯⋯⋯ 93
さ 山頂ショップ ⋯⋯⋯⋯⋯⋯⋯ 43
シュウェット カカオ ⋯⋯⋯⋯⋯ 84
千秋庵総本家 ⋯⋯⋯⋯⋯⋯⋯ 85
な 沼の家 ⋯⋯⋯⋯⋯⋯⋯⋯⋯⋯ 91
は はこだて海鮮市場本店 ⋯⋯⋯⋯ 51
はこだて工芸舎 ⋯⋯⋯⋯⋯⋯⋯ 53
函館 蔦屋書店 ⋯⋯⋯⋯⋯⋯⋯ 65
函館西波止場 ⋯⋯⋯⋯⋯⋯⋯ 51
はこだて明治館 ⋯⋯⋯⋯⋯⋯⋯ 51
東出酒店 ⋯⋯⋯⋯⋯⋯⋯⋯⋯ 95
プロイハウス大沼 ⋯⋯⋯⋯⋯⋯ 91
ま ミルキッシモ 函館本店 ⋯⋯⋯⋯ 85

泊まる

か 割烹旅館若松 ⋯⋯⋯⋯⋯⋯⋯ 89
た 竹葉新葉亭 ⋯⋯⋯⋯⋯⋯⋯⋯ 89
東急ステイ函館朝市 灯の湯 ⋯⋯ 19
な NIPPONIA HOTEL 函館 港町 ⋯⋯ 19
は 函館国際ホテル ⋯⋯⋯⋯⋯⋯ 86
函館元町ホテル ⋯⋯⋯⋯⋯⋯⋯ 87
HakoBA 函館 by THE SHARE HOTELS 87
BEYOND VILLAGE ⋯⋯⋯⋯⋯⋯ 19
望楼NOGUCHI函館 ⋯⋯⋯⋯⋯⋯ 88
や 湯の川プリンスホテル渚亭 ⋯⋯⋯ 89
ら ラビスタ函館ベイ ⋯⋯⋯⋯⋯⋯ 86

津軽

歩く・観る

あ 青森県近代文学館 ‥‥‥‥141・154
青森県立郷土館 ‥‥‥‥‥‥‥154
青森県立美術館 ‥‥‥‥‥‥‥150
青森公立大学 国際芸術センター青森
‥‥‥‥‥‥‥‥‥‥‥‥‥‥154
青森県森林博物館 ‥‥‥‥‥‥154
青森ねぶた祭 ‥‥‥‥‥‥103・153
アクアグリーンビレッジANMON ‥‥‥146
鰺ヶ沢町の菜の花畑 ‥‥‥‥‥102
芦野公園 ‥‥‥‥‥‥‥‥‥‥139
暗門渓谷ルート ‥‥‥‥‥‥‥146
石場家住宅 ‥‥‥‥‥‥‥‥‥112
岩木山神社 ‥‥‥‥‥‥‥‥‥118
善知鳥神社 ‥‥‥‥‥‥‥‥‥155
雲祥寺 ‥‥‥‥‥‥‥‥‥‥‥141
奥入瀬渓流 ‥‥‥‥‥‥‥104・164
奥入瀬渓流館 ‥‥‥‥‥‥‥‥164
奥入瀬湧水館 ‥‥‥‥‥‥‥‥164
か カトリック弘前教会 ‥‥‥‥‥‥115
川倉賽の河原地蔵尊 ‥‥‥‥‥139
川崎染工場 ‥‥‥‥‥‥‥‥‥113
旧伊東家住宅 ‥‥‥‥‥‥‥‥112
旧岩田家住宅 ‥‥‥‥‥‥‥‥113
旧第五十九銀行本店本館
　（青森銀行記念館）‥‥‥‥‥115
旧奥義塾外人教師館 ‥‥‥‥‥114
旧弘前市立図書館 ‥‥‥‥‥‥114
旧藤田家住宅(太宰治まなびの家) ‥141
さ 最勝院五重塔 ‥‥‥‥‥‥‥‥117
三内丸山遺跡 ‥‥‥‥‥‥‥‥152
360°3Dシアター ‥‥‥‥‥‥‥155
十三湖 ‥‥‥‥‥‥‥‥‥‥‥157
十二湖散策コース ‥‥‥‥103・144
小説「津軽」の像記念館 ‥‥‥‥141
青函トンネル記念館 ‥‥‥‥‥‥134
青函連絡船 メモリアルシップ 八甲田丸
‥‥‥‥‥‥‥‥‥‥‥‥‥‥155
世界遺産の径 ブナ林散策道コース ‥146
禅林街 ‥‥‥‥‥‥‥‥‥‥‥113
た 高照神社 ‥‥‥‥‥‥‥‥‥‥118
高野崎 ‥‥‥‥‥‥‥‥‥‥‥156
高山稲荷神社 ‥‥‥‥‥‥‥‥157
太宰治「思ひ出」の蔵 ‥‥‥137・141
太宰治記念館「斜陽館」‥‥‥138・141
太宰治 疎開の家「旧津島家新座敷」
‥‥‥‥‥‥‥‥‥‥‥138・141
太宰の宿 ふかうら文学館 ‥‥‥141
山車展示館 ‥‥‥‥‥‥‥‥‥116
立佞武多の館 ‥‥‥‥‥‥‥‥136
龍飛崎 ‥‥‥‥‥‥‥‥‥‥‥156
津軽岩木スカイライン ‥‥‥‥‥119
津軽金山焼 ‥‥‥‥‥‥‥‥‥137
津軽三味線会館 ‥‥‥‥‥‥‥139
つがる市縄文住居展示資料館カルコ ‥132

津軽鉄道 ‥‥‥‥‥‥‥‥105・137
津軽藩ねぶた村 ‥‥‥‥‥‥‥116
鶴の舞橋 ‥‥‥‥‥‥‥‥‥‥105
十和田湖 ‥‥‥‥‥‥‥‥103・166
十和田湖遊覧船 ‥‥‥‥‥‥‥166
十和田市現代美術館 ‥‥‥‥‥167
十和田神社 ‥‥‥‥‥‥‥‥‥166
な 中野もみじ山 ‥‥‥‥‥‥‥‥104
南台寺 ‥‥‥‥‥‥‥‥‥‥‥141
ニシメヤ・ダムレイクツアー ‥‥‥146
日本基督教団弘前教会 ‥‥‥‥115
ねぶたの家 ワ・ラッセ ‥‥‥‥‥153
は 弘前公園(弘前城) ‥‥102・105・109
弘前市 緑の相談所 ‥‥‥‥‥‥117
弘前市民会館 ‥‥‥‥‥‥‥‥117
弘前城植物園 ‥‥‥‥‥‥‥‥111
弘前市立観光館 ‥‥‥‥‥‥‥109
弘前市立郷土文学館 ‥‥‥‥‥117
弘前市立博物館 ‥‥‥‥‥111・117
弘前市立百石町展示館 ‥‥‥‥116
弘前市りんご公園 ‥‥‥‥‥‥117
弘前れんが倉庫美術館 ‥‥‥‥‥18
深浦町白神十二湖
エコ・ミュージアム ‥‥‥‥‥‥145
藤田記念庭園 ‥‥‥‥‥‥‥‥117
ま マザーツリー ‥‥‥‥‥‥‥‥146
ミニチュア建造物群 ‥‥‥‥‥115
棟方志功記念館 ‥‥‥‥‥‥‥155
森の物産館キョロロ ‥‥‥‥‥144
ら リゾートしらかみ ‥‥‥‥‥‥‥147

食べる

あ 青森のっけ丼 青森魚菜センター内 ‥160
赤い屋根の喫茶店「駅舎」‥‥‥139
アル・チェントロ ‥‥‥‥‥‥‥158
居酒屋 土紋 ‥‥‥‥‥‥‥‥‥123
一八寿し ‥‥‥‥‥‥‥‥‥‥159
か Cafe 4匹の猫 ‥‥‥‥‥‥‥‥151
亀乃家 ‥‥‥‥‥‥‥‥‥‥‥137
珈琲時代屋 ‥‥‥‥‥‥‥‥‥125
珈琲専科 壹番館 ‥‥‥‥‥‥‥125
さ サロン・ド・カフェ アンジュ ‥‥‥124
三忠食堂本店 ‥‥‥‥‥‥‥‥122
シェ・アンジュ ‥‥‥‥‥‥‥‥121
しじみ亭 奈良屋 ‥‥‥‥‥‥‥157
食事処 マタギ亭 ‥‥‥‥‥‥‥118
鮨処 あすか 新町店 ‥‥‥‥‥159
スターバックス コーヒー 弘前公園前店 ‥124
創作郷土料理の店 菊冨士 本店 ‥122
た 大正浪漫喫茶室 ‥‥‥‥‥‥‥124
津軽三味線 ライブハウス 杏 ‥‥‥123
な 長尾中華そば 西バイパス本店 ‥161
煮干し中華専門店 つじ製麺所 ‥161
は フランス食堂 シェ・モア ‥‥‥‥121
ま みちのく料理 西むら アスパム店 ‥160
名曲&珈琲 ひまわり ‥‥‥‥‥125
ら りんご茶屋 ‥‥‥‥‥‥‥‥‥161

レストランポルトブラン ‥‥‥‥‥120
レストラン山崎 ‥‥‥‥‥‥‥‥120
レストラン ラヴィ ‥‥‥‥‥‥‥158

買う

あ 青森県観光物産館アスパム ‥‥162
あげたいの店「みわや」‥‥‥‥137
A-FACTORY ‥‥‥‥‥‥‥‥‥162
か 亀屋革具店 ‥‥‥‥‥‥‥‥‥116
green ‥‥‥‥‥‥‥‥‥‥‥126
さ しかないせんべい ‥‥‥‥‥‥129
寿々炉 ‥‥‥‥‥‥‥‥‥‥‥129
た タムラファーム ‥‥‥‥‥‥‥129
chicori ‥‥‥‥‥‥‥‥‥‥‥127
つがる工芸店 ‥‥‥‥‥‥‥‥162
津軽塗の源兵衛 ‥‥‥‥‥‥‥127
は パティスリーヴェルジェ ‥‥‥‥128
パティスリー山崎 ‥‥‥‥‥‥‥128
BUNACO Show Room「BLESS」‥‥126
北洋硝子 ‥‥‥‥‥‥‥‥‥‥154
ま 宮本工芸 ‥‥‥‥‥‥‥‥‥‥127
ミュージアムショップ ‥‥‥‥‥151
や 洋菓子工房ノエル ‥‥‥‥‥‥128
ら ラグノオアプリ ‥‥‥‥‥‥‥129

泊まる

あ アートホテル弘前シティ ‥‥‥‥131
た 津軽のお宿 南田温泉
ホテルアップルランド ‥‥‥‥131
椿館 ‥‥‥‥‥‥‥‥‥‥‥‥163
な 南部屋・海扇閣 ‥‥‥‥‥‥‥163
は 弘前パークホテル ‥‥‥‥‥‥131
弘前プラザホテル ‥‥‥‥‥‥131
星野リゾート 界 津軽 ‥‥‥‥‥130
ホテル青森 ‥‥‥‥‥‥‥‥‥163
ホテルJALシティ青森 ‥‥‥‥‥163
ら ランプの宿 青荷温泉 ‥‥‥‥‥131

175

STAFF

編集制作 Editors
(株)K&Bパブリッシャーズ

取材・執筆 Writers
古田夏也　北村豪介　グラフ青森

撮影 Photographers
グレアトーン(江本秀幸　兼村竜介)
遠藤健次　尾野公一　グラフ青森　今井聡

執筆協力 Writers
内野究　好地理恵　成沢拓司　森合紀子

本文・表紙デザイン Cover & Editorial Design
(株)K&Bパブリッシャーズ

表紙写真 Cover Photo
PIXTA

地図制作 Maps
トラベラ・ドットネット(株)
DIG.Factory

写真協力 Photographs
五稜郭タワー株式会社
(公社)青森観光コンベンション協会
関係各市町村観光課・観光協会
関係諸施設
PIXTA

総合プロデューサー Total Producer
河村季里

TAC出版担当 Producer
君塚太

TAC出版海外版権担当 Copyright Export
野崎博和

エグゼクティヴ・プロデューサー
Executive Producer
猪野樹

おとな旅 プレミアム

函館・津軽 弘前・青森・白神山地 第3版

2021年7月27日　初版　第1刷発行

著　者	TAC出版編集部
発 行 者	多田敏男
発 行 所	TAC株式会社　出版事業部
	（TAC出版）

〒101-8383 東京都千代田区神田三崎町3-2-18
電話　03(5276)9492(営業)
FAX　03(5276)9674
https://shuppan.tac-school.co.jp

印　刷	株式会社　光邦
製　本	東京美術紙工協業組合

©TAC 2021　Printed in Japan　ISBN978-4-8132-9441-2
N.D.C.291　　　　　　　落丁・乱丁本はお取り替えいたします。

本書は、「著作権法」によって、著作権等の権利が保護されている著作物です。本書の全部または一部につき、無断で転載、複写されると、著作権等の権利侵害となります。上記のような使い方をされる場合には、あらかじめ小社宛許諾を求めてください。

本書に掲載した地図の作成に当たっては、国土地理院発行の数値地図(国土基本情報)電子国土基本図(地図情報)、数値地図 (国土基本情報)電子国土基本図(地名情報)及び数値地図(国土基本情報20万)を調整しました。